职业教育
课程思政类型特色论

杨春平　黄　蘋　著

重庆大学出版社

图书在版编目(CIP)数据

职业教育课程思政类型特色论 / 杨春平,黄蘋著. -- 重庆:重庆大学出版社, 2023.3

ISBN 978-7-5689-3748-1

Ⅰ. ①职… Ⅱ. ①杨…②黄… Ⅲ. ①职业教育—思想政治教育—研究 Ⅳ. ①G711

中国国家版本馆 CIP 数据核字(2023)第 036366 号

职业教育课程思政类型特色论

杨春平 黄 蘋 著

策划编辑:唐启秀

责任编辑:李桂英 杨 扬 版式设计:唐启秀

责任校对:刘志刚 责任印制:张 策

*

重庆大学出版社出版发行

出版人:饶帮华

社址:重庆市沙坪坝区大学城西路 21 号

邮编:401331

电话:(023) 88617190 88617185(中小学)

传真:(023) 88617186 88617166

网址:http://www.cqup.com.cn

邮箱:fxk@cqup.com.cn (营销中心)

全国新华书店经销

POD:重庆新生代彩印技术有限公司

*

开本:787mm×1092mm 1/16 印张:13 字数:233 千

2023 年 3 月第 1 版 2023 年 3 月第 1 次印刷

ISBN 978-7-5689-3748-1 定价:68.00 元

前 言

2006 年,《教育部关于全面提高高等职业教育教学质量的若干意见》明确指出:高等职业教育作为高等教育发展中的一个类型,肩负着培养面向生产、建设、服务和管理第一线需要的高技能人才的使命,在我国加快推进社会主义现代化建设进程中具有不可替代的作用。以“校企合作、工学结合”为突破口,以高职高专院校人才培养工作水平评估、国家示范性高等职业学校建设和国家骨干高等职业学校建设等重大项目为强力推手,高等职业学校开启了高等职业教育类型发展的探索之路,开创了高等职业教育类型发展的全新格局。

2006 年,我校连锁经营与管理专业成立,我有幸赶上高等职业教育快速发展的黄金时期,虽不是国家示范性高等职业学校和国家骨干高等职业学校建设的重点专业,但紧随高等职业教育类型发展探索的春风,我们一开始便走上了校企合作、订单培养之路,尽可能避免普通教育模式对本专业人才培养的影响。

2009 年,该专业第一届学生毕业,部分毕业生入职当时的合作企业“人人乐”“中百仓储”等大型超市,他们在企业的优异表现坚定了我们校企合作育人的信心,他们在企业的快速晋升引发了我们对高等职业学校学生成长成才规律的思考。在国家重视与社会歧视的夹缝中求生存的高等职业教育,到底路在何方?高等职业学校学生到底该如何培养?于是,连锁经营与管理专业团队启动立项了重庆市教学改革项目“连锁经营与管理专业人才培养模式研究与实践”,基于专业人才培养实践,着手高等职业教育人才培养的基础理论研究与实践模式探索。

我们坚持学生中心理念,聚焦学生行为特点研究,总结出了高等职业学校学生的“VAK”(Visual Auditory Kinesthetic)学习偏好;坚持德能并重的理念,聚焦学生职业能力与职业素质培养,创建了教师与师傅合一、学生与学徒合一、课内与课外合一、教育与训练合一、作业与作品合一、铸魂与强能合一的“六合一”教学模式;坚持校企双元育人思路,构建了人才培养规格与行业升级需求精准对接、人才培养体系与员工发展体系精准对接、“教练型”双师团队与“双师型”教练团队精准对接、学徒求学过程与新员工成长过程精准对接、德能培养目标与岗位胜任力要求精准对接的“五精准对接”双元育人机制和3天在学校、2天在企业与3天在企业、2天在学校相互转换的“3+2”双元育人模式,建立了“五层次发展五阶段递进”的素质能力培养过程系统化的课程体系,形成了较为完善的具有鲜明职业教育特点的校企双元育人实践模式,获得了显著的育人成效。

2019年1月,《国家职业教育改革实施方案》作出职业教育与普通教育不同类型同等重要地位的历史性定位,开启职业教育与普通教育并行发展、比翼齐飞的新时代,明确了职业教育“类型特色发展”的基本任务。

2020年5月,《高等学校课程思政建设指导纲要》发布,高校课程思政建设成为国家战略,必须全员行动。习近平总书记强调,做好高校思想政治工作,要因事而化、因时而进、因势而新。要遵循思想政治工作规律,遵循教书育人规律,遵循学生成长规律,不断提高工作能力和水平。职业教育与普通教育属于不同教育类型,必有不同的思想政治工作规律、不同的教书育人规律、不同的学生成长规律,职业教育的课程思政必须要遵循职业教育的思想政治工作规律、教书育人规律、学生成长规律,走不同于普通教育的类型特色之路。理论是行动的指南,将基于实践的经验总结形成具有普遍借鉴意义的理论,助力职业教育课程思政走符合职业教育规律的类型特色之路,成为撰写此作的初心与使命。

2020年10月,“类型定位下职业教育课程思政建设理论研究”立项重庆市社会科学规划项目;2021年10月,“职业教育课程思政类型特色与实践路径研究”分别立项重庆市高等教育教学改革研究重点项目和重庆市教育科学“十四五”规划重点项目。这三项研究旨在探寻职业教育课程思政的思想政治工作规律、教书育人规律和学生成长规律,回答职业教育课程思政的类型特色问题,解除职业教育教师如何开展课程思政的思想困惑。

我们坚持学生中心理念,系统梳理2009年以来的课堂教学实践,基于学生的课堂行为表现剖析学生的思维类型特征,解析他们的成长成才规律,进而探索职业教育的思想政治工作规律和教书育人规律,构建行为德育理论体系;深入分析2009年以来毕业生在企业的发展轨迹,探究技术技能人才的成长规律,探寻将职业学校学生培养成为高素质劳动者、能工巧匠和大国工匠等高技能人才的实境-实岗-实战-实感-实悟-实效“六实一体”的育人之道，为职业教育教师开展课程思政建设提供理论参考与实践借鉴。

学生是课程思政效果的唯一载体。激发学生的内生动力是职业教育课程思政的首要任务。“形象思维偏向型”的职业学校学生，不适应甚至不接受普通教育语言式思想教育模式，他们更喜欢在行动中自明事理、自省原理、自悟人生、自正言行，这是职业学校学生鲜明的类型特点，也是职业教育课程思政建设的逻辑起点。因而，真实反映学生的学习体验、重现学生学习过程、聚焦学生言行变化、注重学生习惯养成是此书的重要内容。本书收集的课程思政案例都是十余年来我们课堂教学实践的真实案例，也有近年来与不少同行分享交流后的推广应用实例。

常言道“教学有法、教无定法、贵在得法”，中等职业学校学生与高等职业学校学生各有不同，但不同的只是形式上“术”的变化，而根本的“道”却是相同的，即他们都属于“形象思维偏向型”的智力类型，都具有“VAK”学习偏好，都擅长自省自悟。因此，这些案例不是“术”上的实践模式，不具有照搬照抄的使用价值，而是“道”上“贵在得法”的事实证明。职业教育的课程思政需要走类型特色之路，希望这些案例能有助于解除职业教育教师的育人困惑，坚定职业教育教师的育人信念，助力职业教育教师走类型特色的课程思政建设之路。

教师是课程思政的主力军，是课程思政能否取得实效的决定性力量。不同于普通教育类型，职业教育首先需要建设一支不同于普通教育的教师队伍。“学高为师、身正为范”的普通教育教师标准已经不足以适应职业教育教师的职业要求，绝大多数接受普通教育成长起来的职业教育教师都面临着能力转型的紧迫任务。

不少教师常有“职业学校学生难育好”的思想困惑，其根源就在于普通教育体系成长起来的职业教育教师沿用普通教育模式教育职业学校的学生，“普通教育模式育职业学校学生”的类型错位必然导致学生反感、教师无感，课程思政效果基本无从谈起。李克强同志指出了“教练型”教师的职业教育教师发展方向，以心理学理论为基础的“教练技术”蕴含了丰富的育人理念，是事实证明了的有助于职业教育课程思政见实效的教学艺术，职业教育教师应尽快将自己由“能说会道”学者型转向“能说会做、能育会练”的“教练型”教师，灵活应用教练技术激发学生潜能、促进学生成长、助力学生进步，获得实实在在的课程思政效果。

课程思政不是课堂思政，课程思政实践除了守好课堂主阵地，还要合理用好课外多渠道。十年育树，百年育人，思想或行为的改变不是一朝一夕之功，也不是一招一式所能，需要全方位的立体的量的积累。案例《一首歌一堂课一个人》只是偶然事件，《此时无声胜有声》的长期坚持、朋辈助力、以身作则等才是职业教育课程思政的常态。

课程思政的关键不在于做法，而在于思想，即是否具备了育人为先的理念、是否真正把立德树人当作根本任务，只有摆脱普通教育以知识传授为己任的思想，摆脱普通教育在知识传授过程中育人的传统做法，坚定育人为先的理念，把能力培养、知识传授融合于育人的过程中，坚持在育人的过程中培养能力、传授知识，持之以恒、专注用心，用精益求精的工匠精神做好育人过程量的积累，职业教育的课程思政才能收获实效。

课程思政最需要团队同向同行，在此，感谢连锁经营与管理专业的教师团队和“类型定位下职业教育课程思政建设理论研究”“职业教育课程思政类型特色与实践路径研究”项目研究团队为此书完成给予的倾力帮助。

邱云：深度参与职业学校学生类型特点研究，推动连锁经营与管理专业课程思政实践形成鲜明的职业教育特色，为职业教育课程思政的类型特色理论研究积累了丰富的实践素材和实践经验。

刘婷：负责第一章“课程思政的历史渊源与发展”第一部分“思想政治教育的提出与发展”、第二部分“课程思政概念的提出与发展”和第二章“课程思政的内涵与属性”第一部分“课程思政的实质内涵”、第二部分“课程思政与思政课程的关系”等主要内容的撰写。

查克玲、孟子媛：负责毕业生跟踪调查，深度参与技术技能型人才成长规律研究。

朱云波：负责基于职业技能竞赛的课程思政实践与研究，为技术技能型人才成长规律研究积累了基础素材。

赵虹玉：负责材料收集与整理，全程参与书稿的讨论与审核，为著作的完成提供了坚实的保障。

另外，要特别感谢“黄蘋名师工作室”对此书完成提供的人力、财力、物力等条件保障和环境支持。

本书是2020年重庆市社会科学规划项目（项目批准号：2020YBJY149）、2021年重庆市教育科学“十四五”规划重点项目（项目批准号：2021-GX-048）、2021年重庆市高等教育教学改革研究重点项目（项目批准号：Z212023）和2022年重庆市教育委员会人文社会科学研究项目（项目批准号：22SKGH563）等项目的阶段性研究成果，在此，对相关单位给予的支持与帮助，表示衷心的感谢！

目　录

第一章　课程思政的历史渊源与发展

课程思政已成为当前我国教育界特别是高等教育界的热词，引领着新时代我国教育的改革和发展。2020 年 5 月，《高等学校课程思政建设指导纲要》（以下简称《纲要》）颁布，这标志着课程思政由前期的试点探索进入全面推进的新阶段。《纲要》明确了课程思政的战略地位，为不同类型课程开展课程思政建设提出了具体指导意见，是所有教师推进以"课程思政"为目标的教学改革的行动纲领。为帮助教师全面落实《纲要》精神，有效开展课程思政建设，有必要对课程思政的历史由来与具体内涵进行阐述与解析。

一、思想政治教育的提出与发展

（一）思想政治工作是新中国教育的根本工作

1949 年 12 月 30 日，在第一次全国教育工作会议上，钱俊瑞同志就明确指出，新区新解放区学校安顿后的主要工作是进行政治与思想教育，其主要目的乃是逐步地建立革命的人生观。

1952 年 3 月 18 日，中央人民政府教育部颁发的《中学暂行规程（草案）》和《小学暂行规程（草案）》中都提出，应对学生实施智育、德育、体育、美育全面发展的教育。

政治与思想教育不仅要求深入中小学，更要面向高等院校。1955 年，时任国家高等教育部副部长刘子载在《关于高等学校的政治思想教育工作问题》上指出，向学生进行政治思想工作的目的，就是不断提高学生的社会主义觉悟，培养学生的马克思列宁主义世界观和共产主义道德品质。政治理论课程是高等学校进行经常的、系统的政治思想教育最基本的形式。

1957 年 2 月,毛泽东同志在最高国务会议第十一次(扩大)会议上强调,我们的教育方针应该使受教育者在德育、智育、体育几方面都得到发展,成为有社会主义觉悟的有文化的劳动者。毛泽东同志在中华人民共和国成立初期关于教育的重要论述,不但指明了党的教育的总方针,突出了德育在社会主义教育中的重要地位,更标明了德育的价值指向,即培养"有社会主义觉悟""有文化"的劳动者,这依然是今天课程思政的基本方向和基础。

1964 年 10 月 11 日,中共中央宣传部等部门下发的《关于改进高等学校、中等学校政治理论课的意见》指出,高等学校、中等学校政治理论课的根本任务,是用马克思列宁主义、毛泽东思想武装青年,向他们进行无产阶级的阶级教育,培养坚强的革命接班人;是配合学校各项思想政治工作,反对修正主义,同资产阶级争夺青年一代。政治理论课教师应当在自己的教学活动中,积极配合学校党、团组织对学生进行的思想政治工作。此后,"思想政治工作"的说法一直沿用到改革开放初期。

由此可见,思想政治教育工作是新中国成立以来一直强调的根本任务,加强学生社会主义觉悟培养是新中国教育的根本目标。今天的社会主义核心价值观是社会主义觉悟的具化和发展,也是课程思政建设的根本目标与任务。

(二)教学育人相统一是新中国思想政治教育规律的认识突破

1978 年 3 月,第五届全国人民代表大会第一次会议通过的《中华人民共和国宪法》第十三条规定,党的教育方针是"教育必须为无产阶级政治服务,同生产劳动相结合,使受教育者在德育、智育、体育几方面都得到发展,成为有社会主义觉悟的有文化的劳动者",这是对 1949 年新中国成立后党的教育方针进行的宪法确认。改革开放后,党和国家的工作中心由"阶级斗争为纲"转移到经济建设上来,党的教育方针作了微调。1978 年 4 月,《关于加强高等学校马列主义理论教育的意见》指出,马列主义理论课与政治运动、形势教育、劳动教育、政治工作等,从不同角度对学生进行马列主义思想教育,各有侧重,不宜相互代替。国家教育部门开始恢复和重建政治理论课程,逐渐产生了"思想政治教育要多方协作"的思想。在接下来的十几年中,如何在教学过程中加强思想政治工作成为国家迫切需要解决的问题。“多方协作”育人，教学育人相统一，这是党在特定的历史时期对育人规律认识的新突破，是我们今天开展课程思政建设的理论基础和思想源泉。

1980年4月，教育部、共青团中央印发的《关于加强高等学校学生思想政治工作的意见》中提到，学校的思想政治工作必须紧密结合为“四化”培养人才这个中心来进行，决不能把思想政治工作和教学、科学研究工作对立起来或割裂开来。要正确理解政治工作在高等学校中的地位和作用，善于把思想教育结合教学、科研去进行，并切实解决学生在学习、生活中的一些实际问题。今天我们提出的“十大育人”体系，就是对党“把思想教育结合教学、科研去进行”的传承和发展。

1981年6月，党的十一届六中全会通过的《关于建国以来党的若干历史问题的决议》指出，要在全党大大加强对马克思主义理论的研究，对中外历史和现状的研究，对各门社会科学和自然科学的研究。要加强和改善思想政治工作，用马克思主义世界观和共产主义道德教育人民和青年，坚持德智体全面发展、又红又专、知识分子与工人农民相结合、脑力劳动与体力劳动相结合的教育方针。

1984年，中共中央宣传部、教育部颁发的《关于加强和改进高等院校马列主义理论教育的若干规定》强调，马列主义理论课和学校的日常思想政治工作是相辅相成、缺一不可的有机整体。思政课程必须与日常生活相结合，思政课程必须与其他德育工作相结合，这应是思政课教学改革的方向。思政课不能仅停留在对纸面上的理论知识的讲解，而应让学生从生活实践中去体悟真理的力量；思政课不能仅停留在课堂上的语言教育，还应与其他德育工作相结合，通过规范学生日常德育行为强化学生对社会主义核心价值观的认知。

1987年，《中共中央关于改进和加强高等学校思想政治工作的决定》（以下简称《决定》）更是明确指出，把思想政治教育与业务教学工作结合起来。要按照各个学科的特点，引导学生正确认识在校学习与今后工作之间的关系，解决好为谁服务的问题。哲学社会科学和文学艺术课程，应坚持以马克思主义为指导，努力联系我国改革和建设的实践，把思想政治教育贯穿到教学环节中去。自然科学课程的教学要注意讲述本专业在我国社会主义建设中的成就和当前要解决的重大课题。这标志着我国高校在日常教育教学过程中渗透思想政治教育工作已成为大趋势，“把思想政治教育与业务教学工作结合起来”“把思想政治教育贯穿到教学环节中去”，都成为今天课程思政的核心内涵。“要按照各个学科的特点，引导学生正确认识在校学习与今后工作之间的关系”，不同课程开展课程思政的方式方法或载体手段各不相同,不同教师开展课程思政的形式或有不同,但方向都是一致的,即培养社会主义建设者和接班人。

(三)"学科德育"是新中国思想政治教育的认识深化

1988 年,中共中央《关于改革和加强中小学德育工作的通知》和《中学德育大纲(试行)》出台,这是改革开放后第一次使用"德育"命名的文件,前者指出,在中小学教育中,德育即思想品德和政治教育。虽然该文件把德育只界定为思想品德和政治教育,但在其内容中包括了道德教育和良好心理品质的培养。后者虽没有直接定义德育,但在德育目标表述中涉及思想、政治、道德品质、个性心理素质和能力等方面内容。

以 1992 年邓小平同志南方谈话和十四大召开为标志,改革开放和社会主义现代化建设进入新的历史时期,高校德育也迎来了新发展。1996 年 10 月,中共十四届六中全会审议通过《中共中央关于加强社会主义精神文明建设若干重要问题的决议》(以下简称《决议》),《决议》对全面加强精神文明建设和德育工作作出了顶层设计和系统部署,提出"两手抓、两手都要硬"的方针,这对整个社会的道德建设具有重要意义。

1994 年 8 月出台的《中共中央关于进一步加强和改进学校德育工作的若干意见》正式提出"学校德育"概念,明确"加强和改进学校德育工作的首要任务和根本措施","要整体规划学校的德育体系","按照不同学科特点,促进各类学科与课程同德育的有机结合……各门课程的建设应体现社会主义的办学方向和全面发展的办学指导思想,教学大纲和教学评估标准要有正确的思想导向","要把德育贯穿在教育的全过程,落实在教学、管理、后勤服务的各个环节上。"目的就是将思想政治教育贯穿到教学环节中去。习近平总书记在全国高校思想政治工作会议上指出,其他各门课程要与思政课同向同行,形成协同效应,就是要按照不同学科特点,促进各类学科与课程同德育的有机结合的再部署、再强调。

1995 年,国家教委颁布试行的《中国普通高等学校德育大纲》进一步指出,要发挥各科教学中的德育功能,结合教学相关内容和各个环节,有机地对学生实施德育。这是我国第一部全面系统规范高等学校德育工作的大纲,该大纲的颁布和实施,对我国德育的建设提出了新的更高要求。

2000 年中共中央办公厅、国务院颁发的《关于适应新形势进一步加强和改进中小学德育工作的意见》强调,德育要寓于各学科教学之中,贯穿于教育教学的各个环节。

2004年中共中央、国务院发出的《关于进一步加强和改进大学生思想政治教育的意见》对"学科德育"理念作了系统概述,指出"高等学校各门课程都具有育人功能,所有教师都负有育人职责……要把思想政治教育融入到大学生专业学习的各个环节,渗透教学、科研和社会服务各个方面。要深入发掘各类课程的思想政治教育资源,在传授专业知识过程中加强思想政治教育,使学生在学习科学文化知识过程中,自觉加强思想道德修养,提高政治觉悟"。我们今天强调的课程思政实质就是"学科德育"的理念。

2007年10月,胡锦涛同志在党的十七大报告中明确提出,教育要坚持育人为本、德育为先,实施素质教育,提高教育现代化水平,培养德智体美全面发展的社会主义建设者和接班人。"育人为本、德育为先"重新定位了德育的重要价值和地位,也将德育由服务政治、服务经济转换到服务人的全面发展上来,回归了教育的本真和德育的人本价值,这是党对教育价值规律认识的再次突破,也是我们党民本思想的具体体现。这一时期高校德育的一个重大进步就是德育与思想政治教育进行了有机融合,课程内容越发科学,课程体系越发完善,德育中新增加了爱国主义教育、民主法制教育、中华传统美德教育等促进人的全面发展的内容。

二、课程思政概念的提出与发展

(一)课程思政概念的提出

多年"学科德育"的实践经验,为"课程思政"概念的提出奠定了深厚的理论与实践基础。2014年上海市教育委员会率先提出"课程思政"概念,该概念源于上海大学的"中国"系列课程的开设与教学改革。他们在思政课程之外开设了"大国方略""经国济民"等时事性时政性很强的"中国"系列选修课程,同时改革传统的教师一讲到底的授课方式,采取了两位甚至多位教师同台授课的"项链式"教学模式,灵活的教学方法、前沿的教学内容、深层的教学互动直触学生思想与灵魂,深受学生欢迎与喜爱。

而后他们又推出"创业人生""时代音画""量子力学"等与专业相关性越来越紧密的系列课程,围绕"知识传授"与"价值引导"相结合的课程目标,构建"显性教育"(高校思想政治理论课)与"隐性教育"(综合素养课和专业教育课)相结合的课程内容体系,挖掘专业课程思想政治教育资源与价值。

在总结经验的基础上，上海市一方面争取制定综合素养课程建设价值标准，围绕体制机制、课程设置、教师选聘以及教学方式等方面，强化政治方向和思想引领，突出综合素养课程的育人价值；另一方面努力制定专业课程育人教学规范和评价标准，编制课程教学指南，推广试点经验，努力彰显综合素养课程和专业课程的育人价值，实现思想教育与专业教育的高度融合，破解了非思政课课堂重教书轻育人或只教书不育人等育人功能弱化的教育难题，引起相关媒体的高度关注。

2016 年 10 月 30 日，上海的主流媒体《文汇报》在《上海高校："思政课程"转身"课程思政"》的报道中提出了"课程思政"概念，将其定义为"所谓'课程思政'，就是在专业课程中纳入那些能够引导学生树立正确价值观和世界观的内容"。由此，课程思政概念在教育领域迅速流传，逐渐为广大的教育工作者熟知。课程思政的本质是学科德育的传承与创新，是教学育人相统一的实践深化。

（二）课程思政概念的发展

2016 年 12 月，习近平总书记在全国高校思想政治工作会议中明确提出，要"用好课堂教学这个主渠道，思想政治理论课要坚持在改进中加强，提升思想政治教育亲和力和针对性，满足学生成长发展需求和期待，其他各门课都要守好一段渠、种好责任田，使各类课程与思想政治理论课同向同行，形成协同效应"，要"把思想政治工作贯穿教育教学全过程，实现全程育人、全方位育人，努力开创我国高等教育事业发展新局面"。课堂教学要遵循教学的教育性原则，把知识教学与思想品德教育结合起来，发挥各门学科的教育作用，将德育融入课堂教学的全过程，对全体教师提出了"教书和育人相统一、言传和身教相统一、潜心问道和关注社会相统一、学术自由和学术规范相统一"的师德师风要求，向全体教师发出了教书必须育人的动员令。由此，基于非思政课课程育人思想而提出的"课程思政"概念成为全体教师必须共同理解与执行的行动指南。

2017 年 9 月，中共中央办公厅、国务院办公厅印发的《关于深化教育体制机制改革的意见》指出，要健全立德树人系统化落实机制。健全全员育人、全过程育人、全方位育人的体制机制，充分发掘各门课程中的德育内涵，加强德育课程、思政课程建设。2017 年 10 月，党的十九大报告指出，要全面贯彻党的教育方针，落实立德树人根本任务，发展素质教育，推进教育公平，培养德智体美全面发展的社会主义建设者和接班人。2017 年 12 月，中共教育部党组关于印发《高校思想政治工作质量提升工程实施纲要》的通知中明确指出,要构建课程育人质量提升体系,大力推动以"课程思政"为目标的课堂教学改革,优化课程设置,修订专业教材,完善教学设计,加强教学管理,梳理各门专业课程所蕴含的思想政治教育元素和所承载的思想政治教育功能,融入课堂教学各环节,实现思想政治教育与知识体系教育的有机统一。在"十大"育人体系的"课程育人质量提升体系"里"大力推动以'课程思政'为目标的课堂教学改革"正式在国家文件用到"课程思政"概念。

2018 年 3 月,时任教育部部长陈宝生指出,要啃下一批"硬骨头",包括教师思政、课程思政、网络思政等,解决思政课和思想政治工作发展中的一些难点问题。其中,把"课程思政"作为"硬骨头"来啃,可见"课程思政"是亟待解决的大课题。2018 年 8 月,教育部、财政部、国家发展改革委印发《关于高等学校加快"双一流"建设的指导意见》的通知,确立大力推动以"思政课+课程思政"为目标的课堂教学改革的基础任务。2018 年 9 月,习近平总书记出席全国教育大会并发表重要讲话,他指出,要努力构建德智体美劳全面培养的教育体系,形成更高水平的人才培养体系。要把立德树人融入思想道德教育、文化知识教育、社会实践教育各环节,贯穿基础教育、职业教育、高等教育各领域,学科体系、教学体系、教材体系、管理体系要围绕这个目标来设计,教师要围绕这个目标来教,学生要围绕这个目标来学。课程思政概念逐步成为国家文件正式用语。

2019 年 10 月,中共中央、国务院印发的《新时代公民道德建设实施纲要》明确指出,要深化道德教育引导,把立德树人贯穿学校教育全过程。学校是公民道德建设的重要阵地,要全面贯彻党的教育方针,坚持社会主义办学方向,坚持育人为本、德育为先,把思想品德作为学生核心素养、纳入学业质量标准,构建德智体美劳全面培养的教育体系。加强思想品德教育,遵循不同年龄阶段的道德认知规律,结合基础教育、职业教育、高等教育的不同特点,把社会主义核心价值观和道德规范有效传授给学生,转化为学生的思想和行为。注重融入贯穿,把公民道德建设的内容和要求带入各学科教育,体现到学科体系、教学体系、教材体系、管理体系建设中,使传授知识过程成为道德教化过程。加强师德师风建设,引导教师以德立身、以德立学、以德施教、以德育德,做有理想信念、有道德情操、有扎实学识、有仁爱之心的"四有"好老师。对课程思政的实施进一步提出明确具体的要求。

2020 年 5 月颁布的《纲要》明确提出,要紧紧抓住教师队伍"主力军"、课程建设"主战场"、课堂教学"主渠道",让所有高校、所有教师、所有课程都承担好育人责任,守好一段渠、种好责任田,使各类课程与思政课程同向同行,将显性教育和隐性教育相统一,形成协同效应,构建全员全程全方位育人大格局。要求"教育部成立课程思政建设工作协调小组,统筹研究重大政策,指导地方、高校开展工作;组建高校课程思政建设专家咨询委员会,提供专家咨询意见。各地教育部门和高校要切实加强对课程思政建设的领导,结合实际研究制定各地、各校课程思政建设工作方案,健全工作机制,强化督查检查。各高校要建立党委统一领导、党政齐抓共管、教务部门牵头抓总、相关部门联动、院系落实推进、自身特色鲜明的课程思政建设工作格局",形成全国上下一盘棋。由此,课程思政建设正式成为国家战略,进入全员行动时代。

三、课程思政概念兴起的背景与缘由

课程思政是相对于思政课程而提出的新概念,是对"学科德育"的继承和发展,因触动了当前我国教育重教书轻育人的社会痛点,跟上了党和国家高度重视学生思想政治教育的时代步伐,破解了非思政课程育人困惑的普遍难点而为教育界广泛接受,逐渐成为常见于国家各项政策的文件用语,成为新时代引领我国教育深化改革、回答好"培养什么人、如何培养人和为谁培养人"的教育根本问题的热点词汇。

(一)抓住了社会的痛点

百年大计,教育为本。教育是国家经济社会发展的基石,教育强则国家强。实现中华民族伟大复兴,教育的地位和作用不可忽视。改革开放以来,我国经济社会高速发展,教育规模日益扩大,九年义务教育全面普及,普通高校扩招,促进职业教育发展成为国家战略。

教育大计,教师为本。教师是教育发展的灵魂,教师的成长与培养周期较长,成长速度滞后于教育的发展,教师的数量和质量与人民对教育的需求之间产生结构性矛盾,数量不足导致教师疲于应付完成显性的教学任务而无暇顾及隐性的育人职责;教师教学能力参差不齐,部分教师违背教育规律导致教育怪象百出,少数教师政治意识淡薄对学生进行错误价值观引导,已成为民族复兴路上亟待解决的社会问题。

2016 年曝光的北大学子吴谢宇弑母事件:一个从小在家人、老师、同学和朋友眼中学习成绩优异的乖孩子,在北大就读期间亲手杀死了自己的母亲,这让公众一片愕然。

2018 年河南栾川的常某怒扇班主任耳光事件：一位年过 30 的成年男人，在家乡的马路上拦住了 20 年前的班主任，嘴里骂着难听的脏话，手掌狠狠地扇在已年近退休年龄的班主任脸上。语言之粗俗、耳光之响亮、出手之狠重，令人瞠目结舌，不寒而栗。这一桩桩一件件奇葩事件，无不挑战着公众的道德认知底线，深深刺痛了全社会人民的心。

教育事关社会稳定和经济发展，习近平总书记强调，新时代我们对高等教育的需要比以往任何时候都更加迫切，对科学知识和卓越人才的渴求比以往任何时候都更加强烈。他提出“教育者先受教育”的基本要求，引导教育回归育人属性，将立德树人作为根本任务，每位教师都应履行好育人职责。课程思政概念的应运而生，及时回应了人民对教育回归育人价值的呼声，顺应了教育对社会经济发展基石作用的基本要求。

（二）跟上了时代的步伐

教育事关国家、社会安全。拿破仑说过，世界上只有两种强大的力量，即刀枪和思想；从长远看，刀枪总是被思想战胜的。党的十八大以来，全国人民在党的领导下凝心聚力，共同为实现中华民族伟大复兴的中国梦而奋斗。2015 年 12 月 11 日，习近平总书记在全国党校工作会议上指出，国内外各种敌对势力，总是企图让我们党改旗易帜、改名换姓，其要害就是企图让我们丢掉对马克思主义的信仰，丢掉对社会主义、共产主义的信念。而我们有些人甚至党内有的同志却没有看清这里面暗藏的玄机，认为西方“普世价值”经过了几百年，为什么不能被认同？西方一些政治话语为什么不能借用？接受了我们也不会有什么大的损失，为什么非要拧着来？有的人奉西方理论、西方话语为金科玉律，不知不觉成了西方资本主义意识形态的吹鼓手。

习近平总书记在《全国党校工作会议上的讲话》中指出，冷战结束以来，在西方价值观念鼓捣下，一些国家被折腾得不成样子了，有的四分五裂，有的战火纷飞。如果我们用西方资本主义价值体系来剪裁我们的实践，用西方资本主义评价体系来衡量我国发展，符合西方标准就行，不符合西方标准就是落后的陈旧的，就要批判、攻击，那后果不堪设想！最后要么就是跟在人家后面亦步亦趋，要么就是只有挨骂的份。

习近平总书记在关于意识形态工作的重要论述中指出，在对待坚持以马克思主义为指导问题上，绝大部分同志认识是清醒的、态度是坚定的。同时，有一些同志对马克思主义理解不深、理解不透。社会上也存在一些模糊甚至错误的认识。有的认为马克思主义已经过时，中国现在搞的不是马克思主义；有的说马克思主义只是一种意识形态说教，没有学术上的学理性和系统性。实际工作中,在有的领域中马克思主义被边缘化、空泛化、标签化,在一些学科中"失语"、教材中"失踪"、论坛上"失声"。这种状况必须引起我们高度重视。

意识形态工作,是党的一项极端重要的工作。2016 年 12 月,习近平总书记在全国高校思想政治工作会议上,要求所有课程都要与思政课同向同行,形成协同效应,每位教师都要守好一段渠,种好责任田;2018 年 9 月,在全国教育大会上,习近平总书记强调,思想政治工作是学校各项工作的生命线,各级党委、各级教育主管部门、学校党组织都必须紧紧抓在手上。要精心培养和组织一支会做思想政治工作的政工队伍,把思想政治工作做在日常、做到个人。2019 年 4 月,在纪念五四运动 100 周年大会上,他再次强调,把青年一代培养造就成德智体美劳全面发展的社会主义建设者和接班人,是事关党和国家前途命运的重大战略任务,是全党的共同政治责任。

《纲要》对课程思政的重要性作出了"影响甚至决定着接班人问题,影响甚至决定着国家长治久安,影响甚至决定着民族复兴和国家崛起"的顶格定位,体现了国家对课程思政的高度重视;同时提出了"所有高校、所有教师、所有课程都承担好育人责任"的政策要求,标志着课程思政由前期的自愿自主行为进入到国家政策要求、由前期的探索试点进入到全员行动的历史新阶段,将作为指导我国教育发展的基础概念,影响和决定着国家教育发展的方针政策,成为新时代深化教育改革和加快教育现代化的主旋律。

(三)破解了教育的难点

思政课程是承载思想政治教育功能的核心课程。精英教育时期,教育的主要任务是传授知识,非思政课程教师大多将自己定位为知识的传播者,学校也多将知识的传播能力如语言表达、逻辑思维、形象气质等作为教师招聘与考核的重要指标,而多忽略了教师育人的职责和能力要求。进入 21 世纪,互联网的快速发展、教育由精英向大众化的转型以及人工智能的突破性进步,极大弱化了教师知识传播的职责,正如一位人工智能专家所言:"目前,人工智能已经可以替代 70% 的传统教学工作,但是在育人这方面,人工智能很难替代真人"。育人能力作为教师的职业核心能力越来越受到重视。

长时间以来,由于教师、教育管理者等对教书育人如何统一都缺乏深刻的认识,更缺乏统筹的安排,部分非思政课教师甚至教育管理者都将思想政治教育的职责默认为思政课程的专属职责,因而未能跟上时代的步伐陷入育人困境,甚至出现学校将教师的教学工作量与教育工作分开计算的现象。这导致只教书不育人或今天教书明天育人等把教书与育人的血肉联系人为割裂的现象。

课程思政是一线教师基于成功育人实践的经验总结提炼出的新概念,对思政课程与非思政课程的育人职责和育人方式等进行了清晰划分,是对“各类课程与思想政治理论课同向同行,形成协同效应”的形象概括,是对教书与育人相统一的生动阐释,为非思政课教师强化育人意识、提高育人能力、增强育人效果指明了方向和路径。

第二章　课程思政的内涵与属性

一、课程思政的实质内涵

（一）关于课程思政内涵的统一认识

“课程思政”是在全面加强思想政治工作的大背景下，在加强和改进高等学校思想政治课教育教学的过程中，特别是在进一步强调其他课程必须与思想政治课程同向同行、协同发力的形势下提出来的。

那么，究竟什么是“课程思政”呢？有学者认为“所谓课程思政，简而言之，就是高校的所有课程都要发挥思想政治教育作用。”“‘课程思政’是将思想政治教育融入课程教学的各环节、各方面，以‘隐性思政’的功用与‘显性思政’的思想政治理论课一道，共同构建全课程育人格局。”有学者认为：“课程思政”就是通过高等学校课程建设和课堂教学对大学生进行的思想政治教育。

《纲要》的出台强化了课程思政概念的学术性和规范性，但依然没有对课程思政内涵给予明确的界定，只是给出了“全面推进课程思政建设是落实立德树人根本任务的战略举措”的作用定位。综观学界的各种观点，尽管目前“课程思政”的内涵不尽一致或未获得一致认同，对基本概念的理解大同小异，但对课程思政的目标却认识统一，即都是育人。

（二）课程思政实质就是课程育人

课程思政概念源于一线非思政课教师的育人实践，兴起于新时代对教书育人属性高度重视的现实推动，已成为所有教师的共同价值追求，《文汇报》将其定义为“就是在专业课程中纳入那些能够引导学生树立正确价值观和世界观的内容”。梳理中华人民共和国成立以来我们党关于思想教育的系列要求与历史传承，细读《纲要》关于课程思政建设的目标内容和重点任务，我们可以发现，课程思政其实质不是新概念，更不是对教师的新要求，而是落实立德树人根本任务的具体抓手，是“教书与育人相统一”的重新强调，是育人为先理念的再次更新，是“知行合一”育人内涵的再度解析，是对“培养什么人、如何培养人和为谁培养人”的教育根本问题的时代回应。

简而言之，“课程思政”是在其他非思政课程教学过程中贯穿育人理念，融入育人元素，设计育人方案，落实育人行动，取得育人实效，从而实现全员育人、全过程育人、全方位育人，而非将育人职责局限于思政课程。大学生世界观、人生观、价值观的养成是一个复杂的系统工程，仅靠几堂思想政治课肯定是不够的，还需要其他课程的配合和支持。因此，不仅思想政治课程的教师要通过教育教学履行好育人职责，其他各类各门课程教师也必须要守好一段渠、种好责任田，在育人方面发挥积极作用，履实课程育人职责，这是课程思政的实质内涵。

二、课程思政与思政课程的关系

“课程思政”与“思政课程”在字面上容易混淆，必须深刻区分二者的内涵，不能把“课程思政”与“思政课程”混为一谈，把每一门课程都上成了“思政课程”。“课程思政”是让教师在各门专业课中深入挖掘育人思政元素，在专业知识的传授和专业能力的提升中融入育人理念，起到“润物细无声”的效果。为了“思政”而“思政”是错误的观点，思政元素不应该生硬地植入专业课程，而是在某些知识点和教学环节中自然地融入，使学生在专业知识的学习或专业能力的提升中，得到精神、思想和情感的感悟与升华。

（一）育人载体不同

“课程思政”与“思政课程”最大的区别在于授课内容即育人载体的不同。“思政课程”主要是以马克思列宁主义、毛泽东思想、邓小平理论、“三个代表”重要思想、科学发展观和习近平新时代中国特色社会主义思想等为课程内容，具体课程包括“思想道德修养与法律基础”“毛泽东思想和中国特色社会主义理论体系概论”“形势与政策”等。

“课程思政”不是增开一门课，也不是增设一项活动，而是将高校思想政治教育融入原有的课程教学和改革的各环节、各方面，实现立德树人润物无声，是在“非思政”课程的教学过程中融入思政元素，通过教学内容和教学方法的创新，将思想政治教育理念寓于各专业课程的教学过程。

（二）育人方式不同

“课程思政”与“思政课程”在育人方式上也不相同。“思政课程”是显性育人，“课程思政”更多的是“隐性育人”。“思政课程”主要指学校专门开设的为实现思想政治教育目标的一系列显性课程，主要是以马克思主义为指导传播社会主义意识形态，具有鲜明政治属性，是一种显性的社会意识形态灌输，通过系统化的课程体系，由具有专业知识背景的教师将各种社会主流价值观及道德规范讲授给学生。

“课程思政”的实质是一种教育理念，它既不是指具体的思政课程，也不是要新增几门思政课替代原有的思政课程，而是通过深入挖掘专业课和综合素养课的德育内涵和德育因素，结合各类专业课教学相关内容和各个环节，由各专业课教师有机地对学生实施思想政治教育，以隐性渗透的方式开展潜移默化的熏陶教育。

“课程思政”促进显性教育和隐性教育相融合，即寻求各门课程教学中专业知识与思想政治教育内容的融合，在课程教学开展的过程中，将思想政治教育的相关内容融入学科专业教学之中，通过学科渗透的方式达到思想政治教育的目的拓展了思政育人路程。

（三）育人目标一致

树人先立德，人的培养，必须坚持德育为先。教育从来就不应该只是“教知识”“教文化”“教技能”，它理应包含更为重大、更为深远的育人使命。学校教师要加强正面引导，以文化人、以德育人，要学会塑造人、发展人。无论是思政课程还是课程思政，目标都是育人，都是培养社会主义事业建设者和接班人。

习近平总书记说过，要用好课堂教学这个主渠道，思想政治理论课要坚持在改进中加强，提升思想政治教育亲和力和针对性，满足学生成长发展需求和期待，其他各门课都要守好一段渠、种好责任田，使各类课程与思想政治理论课同向同行，形成协同效应。非思政课程要与思政课程同向同行，形成协同效应，我们不能让思政课程在高校中孤立存在，其他课程要配合和支撑思政课程，达到协同育人、殊途同归的目标一致效果。

三、课程思政的根本任务

（一）立德树人是教育之根本

儒家学派在我国教育史上占据了重要地位，是对中国社会文化和精神思想影响最深的思想流派。在中华文明发展的漫漫长河中，儒家思想成了人们思想道德行为的基本规范和准则。儒家思想中提倡的“大学之道”就是要培养既有高尚的道德情操，同时具有“齐家、治国、平天下”家国情怀的治国理政人才，这一教育目标定位深深影响了现代教育中关于人才培养的目标设置，成为《纲要》提出的课程思政建设“影响甚至决定着接班人问题，影响甚至决定着国家长治久安，影响甚至决定着民族复兴和国家崛起”战略定位的思想基础，即教育事关国家安全与发展。

从儒家思想的教育目的来看，儒家教育思想的目的是建立一种“大学”的教育观念，儒家思想中对人和人性的完善是一种基本的信念，而这种信念也是让儒家教育思想能够延续至今的原因。总的来说，儒家思想十分看重其道德和伦理，体现了一种通才的教育观念，提出教育的目标是培养“德”与“才”，更进一步提出教育的终极目标是为政治、国家服务。

孔子极其重视道德教育的社会功能和促进个体发展的作用，认为治理国家不能只靠政令、法律，而需要通过教育引导实现德政。他的“道之以政，齐之以刑，民免而无耻；道之以德，齐之以礼，有耻且格”表明：教育可以感化人，既使百姓守规矩，又使百姓有“羞耻之心”，形成道德信念的力量，起到德治的效果。儒家后学通过《中庸》等传世书籍，总结了儒家的教育思想和教育经验，阐述了教育的作用、道德教育体系、德育教学原则和方法、教师的地位等方面的理论，奠定了中国德育教育的理论基础。

儒家的经世思想得到后世的认同，被董仲舒、程颢、程颐、朱熹等人推到至尊地位。这种传统儒学的经世致用是站在道德的角度，由修身而经世，目的虽是维护封建秩序，巩固封建君主专制制度，将教育作为政治的附庸，但立德树人思想却历史性延续至今，成为后世教育的根本任务，成为今天课程思政建设的出发点和目标归宿。

（二）立德树人是课程思政之根本

课程思政看似新概念，实则是“新瓶装旧酒”。立德树人是教育的根本任务，习近平总书记反复强调，要把立德树人的成效作为检验学校一切工作的根本标准。2017 年 12 月，中共教育部党组印发的《高校思想政治工作质量提升工程实施纲要》列举了立德树人的“课程育人、科研育人、实践育人、文化育人、网络育人、心理育人、管理育人、服务育人、资助育人、组织育人”十项举措，简称“十育人”，排在首位的“课程育人”的基本任务为“大力推动以‘课程思政’为目标的课堂教学改革”，即课程思政是课程育人的核心内容。

课程育人是相对其他九个“非课程”育人方面而言的。课程育人主要指除思政课以外的所有课程，要以“课程”作为教师与学生直接思想交流的纽带，教师通过“课程”教学达到“育人”的目的。这里的“育人”，不仅仅是知识的传授，而是一个更大的范畴，学校对学生所进行的德智体美劳各方面的教育培养都是“育人”。但在育人的所有方面中，“立德”方面的育人，即德育或思想政治教育是最重要、最根本的。

学校的主要工作是教育，而教育的主要平台和载体是课程。通过课程建设和课堂教学实现对学生正确世界观、人生观和价值观的塑造，是学校思想政治工作的主要渠道，也是学校办学和育人工作的首要任务。“课程育人”之外的其他“九育人”工作渠道也很重要，它们与“课程思政”相互配合，发挥着协同育人的作用。

所谓根本任务，浅显地说就是此任务的完成对后续其他任务的完成起着决定性作用，如果此任务没有完成，则后续其他任务的完成要么不可能，要么等于零。2019 年 4 月 21 日，北大学子弑母案凶手吴谢宇在重庆江北国际机场被抓捕归案，8 月 5 日由福州市晋安区人民检察院报送福州市人民检察院，以涉嫌故意杀人、诈骗、买卖身份证件等三项罪名对其提起公诉。一位在所有亲人、朋友、同学和老师眼中的天才少年，典型的“别人家的孩子”，智育教育成功的典范，最后却成了弑母凶手，归根结底还是学校教育未完成好“立德树人”的根本任务。

“课程思政”的一大优势就在于它能让学生在学习各种知识的过程中潜移默化地接受思想洗礼和价值观塑造，更好地实现自身思想素质和政治水平的不断提高。在这一过程中，教师必须坚持立德树人目标，坚守“一棵树摇动另一棵树，一朵云推动另一朵云，一个灵魂唤醒另一个灵魂”的教育情怀，以情动人、以理晓人、以事实服人，以对教育的热爱和对学生的关爱拉近与学生的情感距离，在“润物无声、化育无形”的过程中增强思想政治教育实效。

（三）课程思政是教师的职业初心和法定职责

1. 课程思政是育人思想的历史传承与创新

1912 年 1 月至 7 月，蔡元培就任南京临时政府和北京临时政府的教育总长。随着旧王朝的倒台、新生的资产阶级临时政府的成立，教育文化事业百废待兴。在这样的历史境遇中，教育的指导方略呼之欲出。蔡元培于 1912 年 2 月发表了《对于新教育之意见》一文（后改为《对于教育方针之意见》），第一次明确提出“五育并举”的思想：国民教育、实利主义教育、公民道德教育、世界观教育、美感教育。

“五育并举”作为一种自由与和谐发展的教育观，具有重大的传承和创新意义。从儒家的中庸与入世、墨家的兼爱与科学，到黄宗羲、戴震、俞理初等人的自由精神，再到龚自珍的开风气和严复的新学进化论以及谭嗣同的“冲决网罗”的锐气，都体现在蔡元培先生的救国热忱和道德理想中，其政治教育和超逸政治的思想教育内容都蕴含着传统文化的精华。

这一时期，大学文科课程注重对中国传统学科文史哲的传授、研究与发扬，从中挖掘其德育要素，同时提高了音乐、美术、手工、农业等课程的地位，关注对学生的美感和情感教育，注重课程的应用性、平民化和实践理论协同发展的特色，可见这一时期民国大学德育教育初见端倪，德育环境初步构建完成。

蔡元培先生的教育思想，着眼于民魂和国魂的塑造，把德、智、体、美四种教育看作一个整体，旨在人格的养成；把传统的思想教育资源，如独立不惧、安贫乐道、同情心等，与外来的思想观念，如个性、自由、平等、博爱等，结合在一起；把宏观的制度保障与微观的教育机制结合在一起；把国家富强、民族独立与健全的人格教育联系在一起，成为我们今日丰富“课程思政”内涵的历史资源宝库。

今日“课程思政”建设纵向上有对“五育并举”的历史传承，横向上更体现习近平新时代中国特色社会主义思想教育的理论创新与发展。蔡元培先生“五育并举”的教育思想，诞生于资产阶级临时政府时期，虽经过百年历史的风雨浪涛，但其塑造“民魂”和“国魂”的基本思想仍然是中国特色社会主义新时代的教师需要坚守的职业初心。

2. 课程思政是社会现实的要求与历史使命

《中华人民共和国教师法》(2009 年)第三条明确:教师是履行教育教学职责的专业人员,承担教书育人,培养社会主义事业建设者和接班人、提高民族素质的使命;第七条第一款规定:教师享有“进行教育教学活动,开展教育教学改革和实验”的育人权利;第八条第三款、第四款同时规定:教师应承担“对学生进行宪法所确定的基本原则的教育和爱国主义、民族团结的教育、法制教育以及思想品德、文化、科学技术教育,组织、带领学生开展有益的社会活动”和“关心、爱护全体学生,尊重学生人格,促进学生在品德、智力、体质等方面全面发展”的育人义务。可见,教书育人既是教师的法定权利,更是教师的法定义务。

《纲要》指出,全面推进课程思政建设,就是要寓价值观引导于知识传授和能力培养之中,帮助学生塑造正确的世界观、人生观、价值观,这是人才培养的应有之义,更是必备内容。课程思政作为课程育人的重要抓手,立德树人的战略举措之一,实质就是教书育人,而教书育人是《中华人民共和国教师法》赋予教师的法定使命,既是教师应该享有的权利又是教师应当履行的义务,而非外溢要求或额外负担。

2019 年 2 月,重庆某大学教师、文学副教授唐某在“鲁迅研究”课程教学中,发表损害国家声誉的言论,违反政治纪律,严重违反教师职业道德,在师生中造成不良影响,被给予降低岗位等级处分。近些年,网上频频曝光类似的教师因发表不当言论而被处分的事件。部分教师打着所谓言论自由的幌子,违背塑造“民魂”和“国魂”的职业初心,突破师德师风底线,哗众取宠,“语不惊人死不休”,全然不顾教师享有的言传身教的法定育人权利和身正为范的法定育人义务,我行我素,任意玷污神圣的教师职业。类似唐某的言论如果严格评判,已触犯法律,应该承担相应的法律责任,而最终唐某所在单位只是依据《教育部关于高校教师师德失范行为处理的指导意见》给予其撤销教师资格、降低岗位等级的行政处分,这一方面体现了社会对唐某的包容和宽宥,另一方面也说明高校的依法治校氛围还有待加强,要用好法律武器,为教师履行教书育人职责提供保障,为不履行或乱履行教书育人职责的教师划清底线。

四、课程思政的核心理念

传道、授业、解惑是公认的师者三大任务,其中“传道”位列三大任务之首,起着统领作用,正所谓"道之所存,师之所存也。""传道"是教师职业存在的前提和基础。"彼童子之师,授之书而习其句读者,非吾所谓传其道解其惑者也。"知识传授不是传道解惑的本义,也不是教师职责的根本。

乾隆时期,王杰曾任上书房总师傅,教当时的皇子、后来的嘉庆帝读书。王杰十分严厉,皇子不用功读书,他就让其罚站甚至罚跪。有一次,乾隆皇帝碰见王杰罚跪他的儿子,即命儿子站起来,并且生气地对王杰说:"你教者天子,不教者亦天子,君君臣臣乎?"意思是说,你教不教我们,我们都是皇子龙脉,你这样罚我们,是臣子应该有的态度吗?王杰当场就不卑不亢地回了一句:"教者,尧舜,不教者桀纣,为师之道乎?"意思是说,虚心受教的将来能成为尧舜那样的明君,不受教就会成为桀纣那样的昏君,师道不就该如此吗? 乾隆皇帝听了,深为叹服,立马让皇子重新跪下。之后,乾隆皇帝对王杰更加尊重。

《道德经》说"道生一、一生二、二生三、三生万物",即"道"乃万物之源。教育界常说"举一反三",这个"一"首先要由"道"生来,没有"道生一"就没有"一"可举,更不可能生"二"和"反三",所以"道"是"举一反三"的前提和基础,只有解决了"道"的问题才有"一"可举,"生二"和"反三"才有可能。

何谓"传道"?"举一反三"这个词语来自论语"举一隅而不以三隅反,则不复也",意思为:当学生不能举一反三时就不要反复教他了。这句话其实还有个前语——"不愤不启,不悱不发"常被忽略,意思为:不到学生主动想要知道或怎么想也想不明白的时候不要去启发或教导他,即"举一反三"的前提是学生要"愤"和"悱",学生要主动了解或主动进行过深入的思考。因而,"传道"实质就是解决学生的思想主动性问题,激发学生主动了解或主动进行思考的能动性,即思想教育,这是一切问题的根本。

具体到课程思政,作为落实立德树人根本任务的战略举措,就是要将"传道"即思想教育放在首位,就是要在课程教学的全过程中始终将"思想引领、价值塑造、人格完善"等"道"作为课程教学的首要目标,只有解决了"道"这个根本问题,"授业""解惑"才能继续进行。因而,课程思政就是在任何时候脑海里都要牢固树立"育人为先"的教育理念,时刻不忘履行"传道"的第一职责。

引导学生"悟道"是课程思政的实践艺术之一。2018 年 6 月至 2020 年 5 月,我积极开展课程思政实践,用 2 年时间成功改变了一位大一时被同学们称为"除了饭是自己吃,其他都是女朋友代办"的男生,引导其于 2020 年 5 月专升本进入本科院校学习。这靠的就是始终坚持育人为先理念，切实履行“传道”第一职责，全方位多角度助力学生“悟道”。

五、课程思政核心目标

（一）明清“经世致用”的育人思想

我国明末清初伟大的思想家、学问家黄宗羲，提出了新民本政治思想，他超越了传统儒家重民、爱民、为民请命的旧民本范式，开始走向民有、民主、民治、民主监督的新范式，他提出的“经世致用”育人思想就是对传统儒家教育理念的修正和发展。

黄宗羲认为，教育一方面是为了维护社会稳定与发展，另一方面是为了实现个人的价值，这与以朱熹为代表的传统儒学教育相比有更明显的进步意义，更加民主、开放。黄宗羲将“经世致用”作为基本教育理念，更加强调学习与事功相统一，为社会现实服务。他说：“道无定体，学贵适用，奈何今之人执一以为道，使学道与事功判为两途。事功而不出于道，则机智用事而流于伪；道不能达之事功，论其学则有，适于用则无，讲一身之行为则似是，救国家之急难则非也：岂真儒哉！”在黄宗羲看来，学道和事功是辩证统一的，二者不可偏废。事功以学道为根本，如果脱离“道”而单一追求事功，则会流于伪诈。反之，如果学道不与事功相结合，不将所学之“道”用于救国安民，其“道”也就流于虚无，就不能称之为“真儒”。

黄宗羲认为书本内容的教化最终要服务现实生活。黄宗羲所言“奈何今之人执一以为道，使学道与事功判为两途”，这正是我们当前教书与育人分离的现实写照，应试教育片面追求文化课考试成绩这个“一”，并执文化课考试成绩这个“一”为“道”，忽视对学生思想、心理、性格等健全人格的“道”的培养，这导致我们的教育陷入学生之间相互拼时间消耗、拼题海战术的“内卷”怪圈，家长、社会陷入所谓“不能输在起跑线上”的育人焦虑，培养出来的人才与社会需求严重脱节，所学与事功“判为两途”，这是“课程思政”概念得以提出并迅速成为国家战略的现实背景。

明清德育致力于“经世致用”人才的培养，既立足于现实生活又有所超越，反映在人才培养上，即应试性质的八股文与实用的数学、地理知识并举，已不限于四书、五经等儒家经典的学习。在这种“经世致用”思想所反映的社会风习的影响下，即使是在科举考试中成功的人士，也有许多人努力学习各种实用知识，成为明清的科技人才。中华民族伟大复兴的历史新时期，对教育、对科技人才的需求比历史上任何时候都迫切，明清“经世致用”的育人思想，对当前如火如荼推进的“课程思政”无疑具有现实的指导意义，即课程思政不能脱离现实空谈阔论，而需结合实际、结合实用稳步前行。

（二）“行为德育”的课程思政内涵

我国著名的教育家蔡元培先生说：“教育是帮助被教育的人给他能发展自己的能力，完成他的人格”。习近平总书记在全国教育大会上强调，办好人民满意的教育就是要“遵循教育规律，坚持改革创新，以凝聚人心、完善人格、开发人力、培育人才、造福人民为工作目标”，明确教育的重要任务之一是帮助学生完善人格；2021 年 3 月 6 日，习近平总书记在看望参加全国政协会议的医药卫生界、教育界委员时再次强调，“教育，无论是学校教育还是家庭教育，都不能过于注重分数。分数是一时之得，要从一生的成长目标来看。如果最后没有形成健康成熟的人格，那是不合格的。”直接将健康成熟的人格作为教育是否合格的基本标准。

所谓人格，心理学上又称个性，是个人显著的性格、特征、态度或习惯的有机结合；《说文解字》对教育的解释为“教者，上所施，下所效也；育，养子使作善也”。可见，“教”的最重要方式是以身作则，“育”的最主要内容是使人向善，把握善的标准，使其能够做善人；因而通过自己的以身作则健全学生向善向好的人格，即帮助学生形成适宜的性格、鲜明的特质、积极的态度和良好的习惯，这是育人内涵的核心要义。

性格、特质、态度和习惯四个方面，应选择先从哪一方面来健全学生向善向好的人格呢？拿破仑讲得非常直接与现实：“播下一种行为，你将收获一种习惯；播下一种习惯，你将收获一种性格；播下一种性格，你将收获一种命运”，也就是我们常说的性格决定命运，而性格又源于外在的一种习惯性行为，即行为习惯决定人生命运。教育家叶圣陶先生讲得更简单：“教育就是培养习惯”。2021 年 4 月 12 日至 13 日，全国职业教育大会召开，李克强总理在给大会作批示时指出，职业教育要“探索中国特色学徒制，注重学生工匠精神和精益求精习惯的养成”。

性格是人格的核心内容，习惯是形成性格的关键要素。由此可见，育人内在表现为培养学生向善向好的健康成熟人格，外在则表现为培养学生现实中积极向上的行为习惯。思想是行为的先导，习惯是思想的自然流露，思想指导行为，行为形成习惯，习惯影响思想，即行为—习惯—思想—行为—习惯实现良性循环，则课程思政见到实效。所以，课程思政的育人效果简单来讲讲就是“思想上正向震撼,行为上良好改变,习惯上源于自然”。思想教育效果要听其言、观其行,更要察其心。

北京大学中文系教授钱理群说过,“我们大学当然也包括北京大学正在培养一批‘精致的利己主义者’,他们高智商,善于表演,懂得配合,更善于利用体制达到自己的目的。这种人一旦掌握权力,比一般的贪官危害更大。”钱教授这里说的“精致的利己主义者”,其实质就是中央纪委通报里常说的表里不一的“两面人”,这些人的行为和思想是分离的,即他们看起来的良好行为并非源于内心思想的自然表达,而是根据利己需要作出的习惯性表演选择。近些年锒铛入狱的各级高官就是这类人的典型代表,他们台上高呼反腐倡廉,台下大肆收受财物。课程思政要培养的必须是行为与思想有机统一的良好行为习惯,要考察的也是学生在自然状态的行为习惯而非在特定环境中的习惯性行为表演。

2020 年 1 月 2 日,2019 级新生在课程总结里写道:“学会了抓住别人讲话的重点并且做简单的记录,这个习惯我觉得很好,而且在别的课上和会议上我也用上了,效果还真不错”;2020 年 9 月 6 日,我指导的实习学生同样写下了“每天上班都没有迟到也没有早退,我都会提前到店里,在学校养成的习惯已经根深蒂固”的实习日志,他们的语言表述都是在非思政环境下的自然行为,他们所说的习惯也是他们日常工作生活中的自然表现,是源于内心思想的自然表达,这是课程思政追求的知行合一、表里如一的真正效果。

【案例分享】

2011 年 6 月底,我承担了连锁经营与管理专业大二学生的基础管理素质培养课程“管理基础素质训练”。根据职业教育能力培养的基本要求,坚持行为德育的基本思想,采用项目化教学方式,我将全班同学分成四个小组,每个小组自主设计一项主题活动,以周为单位制订学期执行计划,每周按计划完成任务,每周小组内部轮流派人向全班同学汇报任务完成情况,展示任务完成效果,其他小组同学根据汇报对本小组过去一周的任务完成情况作出评价,提出建议或意见。最后,老师在点评学生的汇报情况中讲解管理学的基本知识,帮助学生提升计划、组织、指挥、协调和控制五大基础管理能力,着力培养学生系统思考问题、团队执行计划、合作完成任务、协调沟通交流、倾听评价判断、用心认真细致等基础管理素质。经过四周的适应期,全班同学学习热情高涨,任务完成效果良好。通过引导学生在完成任务的行动中悟原理、明事理、省道理,行为德育实践效果显著。学期最后一周,根据教学计划安排,应是教师根据学生学期学习情况总结相关管理学基础知识,课前有位学生主动到讲台找到我商量:“老师,今天这节课,您能不能少讲 10

分钟?”

我当时一愣,没有明白什么意思。

“您能不能给我留10分钟时间,我想给同学们讲讲?”

原来,她是想用我的课堂时间给同学们说事,按人才培养计划,学生大二结束就要到企业顶岗实习,也就是说他们就要各奔东西了,我以为是班干部有事要与同学们交流,所以,我随便问道:“10分钟够吗?”

“能多留点时间当然更好!”学生高兴地回答。

“那就留给你20分钟吧!”

然而,最后20分钟发生的事,让我终生难忘!

那位要求留给她10分钟时间的女同学,居然不是讲班上的事情,而是向全班同学展示自己悄悄完成的一份PPT,主题为“我想对你们说”。她为全班27位同学每人准备了一张PPT,在PPT里选用了她认为的同学们最美的靓照,写下了她最想对同学们说的心里话!

封面:《我想对你们说》

连锁二班的每一个人,包括我们最敬爱的杨老师,这么久的相处让我心里有好多的话想对你们说,遇见你们每一个人都是我这一生的幸运,不管以后我们变得怎样,我都会记得你们每一个人,我都会记得你们每一个人的笑脸,记得我们大学在一起的这两年。谢谢你们,因为你们让我觉得我的大学不再有遗憾。

大学最幸运的是遇见了您——杨春平老师,您让我明白了很多,懂得了很多,是您教会了我如何用心去做一件事,让我明白,每一次的努力,每一次的成长都是来之不易的,都是令人兴奋的。是您让我知道我们还可以更加优秀,是您让我知道我们还可以那么与众不同,是您让我们从幼稚走向成熟,也是您让我知道我们真的是一家人。谢谢您,真的谢谢您!

内容(为保护隐私,特隐去相关学生真实姓名):

QY:这张照片很漂亮哟,呵呵……

在我心里你是个很坚强很可爱的女生。

还有,你做PPT很棒呢!

PW:天空中,你是最耀眼的那颗星星……

潘大爷!认识你一年多了,你是一个很好的朋友,刀子嘴豆腐心,平时我们打打闹闹，我说话又直你总会包容我，呵呵……有时候我们也一起散步，说说我们的心事，大学两年很庆幸遇到了你。

LFJ：鹃，有你的单人照不容易哟，呵呵……

我知道你不喜欢照相啦，其实我觉得你是个很可爱的女生，娇小但是很有爆发力，我很喜欢你大大的眼睛，嘻嘻……

LX：做事永远都是你最积极，呵呵……爱学习的好孩子哟！相信你的态度一定会伴你走向成功的。

FL："范导"果然是既有才又有"范"呀，看这气势，不是一般人能做得到的哟！人才，人才呀，佩服，佩服！

KYS：是个很漂亮、很文静的女孩……

第一次比较深的接触是在"人人乐"实习，我觉得你是个做事很认真、很努力的女孩子。

CJL：教授夫人（注：因 CJL 的男朋友看起来很儒雅，所以同学们都戏称他为"教授"），我们的佳丽姐姐，永远都像个大姐姐一样，而且还强悍得像个……

我们第一次见面，你给我的感觉就很大气，是个不拘小节的人。

你让我感觉很有安全感，因为你是我们的佳丽姐姐嘛！

LL：吃，就是你最大的乐趣。呵呵……

好像这学期之前，我们都不熟悉，也没说多少话，不过现在大家都是好朋友啦！

RML：你是天使，给我们每个人最美的笑容，你的笑容永远都会让人感觉温暖……

WJ：一个与众不同的男孩，很有思想，敢做敢当，不知道这样的颜色是否适合你，感觉你应该是一个喜欢大自然的人吧。（注：她是根据每个同学的性格特点和喜好选择了不同的 PPT 背景颜色和风格）

HB：教授，波儿（注：CJL 的男朋友）。

第一次见你是在领军训服的时候，你给我的第一感觉是皮肤很白，一看就是个天真的男孩，后来邱老师（注：我们专业另一位老师）要组队，我就很想让你和我们一组，结果就真的促成了你和佳丽姐的好事，哈哈……

SC：这张照片很有"范"哟！

你看，我就说我们重庆是个好地方嘛，你到重庆之后都变白了哟！

你呀，要学会自己爱自己，要坚强一点，不要哭，再多不开心的事都会过去的，记得你的身边还有我们。

很有文采,你写的东西很美,就是太伤感了,看了会让人想哭。

HPP:萍萍,你给我的感觉就是你是一个很文静、很听话的女孩子。

ZZH:第一次见你感觉你很成熟,很有女人味耶,呵呵……

你喜欢背影吗? 不懂。不过我更希望看到你幸福的笑脸! 就像现在这样。

WCM:最打动我的是你对事情的乐观和坚持不懈,你一直用你自己的方式在努力,我相信你一定会越来越优秀的,加油!

YL:看上去吊儿郎当的,其实是个很好的人啦,跟谁都能打成一片,对每个人都很好,照顾得很周到。

JY:我们说话第一次好像是在"文娱部"的面试吧,很有缘我们都那么热爱音乐。

你很阳光,也很活泼!

WLF:可爱、腼腆的你!

一个来自外地的女孩,用属于你的坚强和独立谱写你的大学生活!

LYJ:第一眼看到你我就眼前一亮,很漂亮、很可爱的一个女生,新生军训的时候我们是一个连,无聊的时候我总喜欢看看你,因为感觉你就是一道美丽的风景!

XXQ:小琼,你是一个很特别的女生。

你的笑容让人感觉很真诚,很舒服!

LJ:和你接触不多,感觉你是个有点内向的人,可能是因为不太熟悉的原因,我觉得你应该是个很好玩的人吧。

TQL:从开始的"槟榔哥"到"唐总",你一直是个有梦想、了不起的人。我很欣赏你!

SLQ:你给我最深的印象就是优秀! 除了这个外还有点小幽默哟!

CW:第一感觉:帅!

很有艺术气息的男生。

HF:对你的最深的印象就是没印象啦! 因为印象太多都记不清了,总之一句话:和你相处让人感觉很不错啦!

你长得很可爱,这样说你不要生气哈,没办法嘛,确实可爱呀!

KML:漂亮的、多才多艺的女孩子。

WZJ(我自己):

他们眼中的我:

积极、热心的一个人。

活蹦乱跳的。

好像不知疲倦为何物。

偶尔有点暴力。

很好相处。

开得起玩笑嘛!

平时爱唠唠叨叨的,做事的时候还是很认真的。

开朗、比较疯、做事认真。

认识你,不枉费我读了个大学。

C J L&H B:(展示的是两人大学里的合照)

"幸福就是可以每天看到你,幸福就是每天和你一起吃饭,幸福就是睡前给你打电话,幸福就是……"

幸福其实很简单,就是可以和你在一起。

祝你们永远幸福!

封底一张是写给我的信:

杨老师:

您好!

第一次上您的课您对我们要求很严格,说真的我有点埋怨您,但是后来慢慢地由埋怨变为了感激。在所有教过我的老师中,您是我最敬佩的一位,是您给了我们健康成长的机会。

团队一起努力的日子虽然有时辛苦,但是更多的是幸福。上您的课我学到的不只是知识,更多的是我从中得到的体会,原来没有任何事情比自己亲手去做更加让我们快乐,因为每一次我们总能有很多意外的收获,每一次的收获总能让我们兴奋,这些都是您给我们的。心里的感激无法用言语表达,我只想说三个字:"谢谢您!"

最后祝您和师母永远幸福!

这不是课程作业,是学生自主自发的自然行为。在课堂上,当她一一展示自己制作的关于同学们的PPT时,欢声笑语与喜极而泣声相互交织,同学们那种心灵交融、情意真切的现场互动,即便十多年过去了,现在想起来依然情难自抑、幸福满满。也正是因为这次意外的课堂"事件",为我在课程教学中开展行为德育提供了新的方法:朋辈教育法。

我不知道这位同学在哪里收集到每位同学照片的，也不知道她自主做这份PPT花费了多少时间和精力，但她按学号排序PPT、为每位同学制作个性化PPT、写出关于每位同学的简短心里话，这里面的很多细节，无不体现这位同学做事的用心、细心，她将课程要求的管理基础素质在完成每周小组作业的过程中形成行为习惯，再内化为个人基本素养，然后在自主的PPT制作中自然呈现，将“行为—习惯—思想—行为—习惯”的行为德育思想演绎得精彩异常，展现得淋漓尽致。

六、课程思政目标内容的两个维度和四个类别

习近平总书记指出，培养什么人是教育的首要问题。回答“培养什么人”是课程思政的首要任务。《中华人民共和国教育法》(2021年)第五条明确规定：“教育必须为社会主义现代化建设服务、为人民服务，必须与生产劳动和社会实践相结合，培养德智体美劳全面发展的社会主义建设者和接班人。”习近平总书记在2018年全国教育大会上强调，我国是中国共产党领导的社会主义国家，这就决定了我们的教育必须把培养社会主义建设者和接班人作为根本任务，培养一代又一代拥护中国共产党领导和我国社会主义制度、立志为中国特色社会主义奋斗终身的有用人才。这是教育工作的根本任务，也是教育现代化的方向目标；这是所有教育必须遵循的根本目标，更是课程思政的总体目标。

什么样的人才是社会主义的建设者和接班人呢？《中华人民共和国宪法修正案》(2018年)规定：“社会主义的建设事业必须依靠工人、农民和知识分子，团结一切可以团结的力量”，与此同时，它还规定：统一战线对象包括“全体社会主义劳动者、社会主义事业的建设者、拥护社会主义的爱国者、拥护祖国统一和致力于中华民族伟大复兴的爱国者”。广泛的爱国统一战线是我们党战胜敌人的三大法宝之一，也是我们党取得中国特色社会主义建设伟大成就的重要法宝之一；统一战线的对象就是《中华人民共和国宪法修正案》(2018年)规定的社会主义建设事业必须依靠和团结的力量。课程思政的总目标是培养社会主义事业的建设者和接班人，而社会主义事业的建设者应该包括统一战线对象在内的一切可以团结的力量，社会主义建设事业的接班人应在社会主义事业建设者的范围内，属于社会主义事业建设者中的先进或优秀代表。

统一战线对象的划分主要是依据政治态度和行为态度两个维度，借鉴统一战线理论，从政治态度和行为态度两个维度划分，社会主义事业的建设者和接班人即课程思政

的总目标具体应该包括以下四个类别：一是政治上维护、行为上示范的英才；二是政治上拥护、行为上看齐的俊才；三是政治上认同、行为上一致的良才；四是政治上认可，行为上执行的劳动者。

上述四类对象根据数量由少至多、由上至下构成课程思政目标金字塔结构，四种类型人才都是中国特色社会主义事业必须团结和依靠的力量。不同学校、不同课程、不同学生确定的课程思政目标类别应不尽相同，但方向必须一致，即政治上拥抱社会主义、行为上建设社会主义。

政治觉悟是课程思政的重要内容。习近平总书记强调，觉悟看似无形，关键时就会明心见性。学习强国平台有部纪录片《留法百年》，讲述了 1918—1922 年，包括周恩来、邓小平和陈毅等老一辈革命家在国家危亡之际远赴重洋，寻求救国救民真理的厚重故事。纪录片中令人印象深刻的是 1921 年 10 月陈毅同志在被遣送回国的途中写下的报国诗篇：

欧陆的风云苍茫，
一股横流东向。
袖手空归的我呀，
怎好，怎好还乡？
去国的壮怀，
只如今垂头气丧。
曾记否少年的肩头，
应担负什么分量？

无论是“为中华之崛起而读书”的周恩来、不忘少年肩头分量的陈毅，还是“中国人民的儿子”邓小平，他们当时都正处在现在中学生或大学生的年龄阶段，但因时势所迫，已有胸怀国家、救民水火的崇高政治觉悟，并为此矢志不渝，奋斗终身，成为改变国家命运的中流砥柱。中国共产党成立后，在党的领导下，无论是新民主主义革命时期、社会主义革命和建设时期，还是改革开放和社会主义现代化建设新时期、中国特色社会主义新时代，一代又一代共产党人为了党和人民的事业英勇奋斗，甚至献出生命，靠的就是政治觉悟。战场上共产党人冒着枪林弹雨勇往直前，冲锋陷阵；刑场上共产党人视死如归、从容就义；危难时共产党人豁得出来，冲得上去，他们不是靠强迫命令，而是靠政治觉悟。

中国特色社会主义的大厦既需要“四梁八柱”，也需要“千砖万瓦”。无论是四梁八柱还是千砖万瓦，他们只是在不同的位置发挥作用，都是中国特色社会主义大厦不可或缺的部分，都发挥着不可替代的重要作用。因而，课程思政既要培养引领国家前进的国士英才和支撑国家运行的贤士俊才，即“四梁八柱”，也要培养推动国家前行的志士良才和奠基国家发展的基础人才，即“千砖万瓦”，他们都是具有社会主义政治觉悟的中国特色社会主义事业的建设者和接班人。

因而，课程思政的目标金字塔纵向上反映的是数量上的差异，横向上反映的是人才类型的差别，而不是人才层次的划分。具体选择什么样的课程思政目标，需要根据其所面向学生的类型特点和实际情况，因人制宜，适时做出针对性的选择。

七、课程思政的根本属性是政治性

（一）政治立场是实施课程思政的前提和基础

马克思认为，人民群众只有经过无产阶级思想政治教育，才会自觉意识到自己的阶级属性和革命力量，塑造出社会主义属性的世界观、人生观和价值观，最终转化成具体的社会主义革命实践。2016 年 10 月 21 日，在纪念红军长征胜利 80 周年大会上，习近平总书记指出，理想信念的坚定，来自思想理论的坚定。认识真理，掌握真理，信仰真理，捍卫真理，是坚定理想信念的精神前提。中国共产党人的理想信念，建立在马克思主义科学真理的基础上，建立在马克思主义揭示的人类社会发展规律的基础之上，建立在为最大广大人民谋利益的崇高价值的基础之上。我们坚定，是因为我们追求的是真理。我们坚定，是因为我们遵循的是规律。我们坚定，是因为我们代表的是最广大人民根本利益。

1945 年 4 月 24 日，毛泽东同志在党的七大上作了《论联合政府》的政治报告，在第七部分“工业问题”里指出“在一个半殖民地的、半封建的、分裂的中国里，要想发展工业，建设国防，福利人民，求得国家的富强，多少年来多少人做过这种梦，但是一概幻灭了。许多好心的教育家、科学家和学生们，他们埋头于自己的工作或学习，不问政治，自以为可以所学为国家服务，结果也化成了梦，一概幻灭了。这是好消息，这种幼稚的梦的幻灭，正是中国富强的起点。”

现在也有不少人认同所谓“知识无国界、科技无国界”，仍然希望“两耳不闻窗外事，一心只读圣贤书”，这种幼稚的梦其结果也只会幻灭。教育者要先受教育，传道者自己首先要明道、信道。马克思的“无产阶级革命理论”要想“说服”人民群众，无产阶级思想政治教育者就必须不断推动教育内容的科学性与实践性，更加重视人民群众进行社会主义革命的斗争需要，实现社会主义革命理论自身的发展完善，建构起符合人类历史发展的理论，说服人民群众从内心深处认同社会主义的真理性和必然性。

人民立场是社会主义思想政治教育的阶级立场，是社会主义思想教育鲜明的政治属性。关于人民立场，习近平总书记有过许多阐述，在2014年文艺工作座谈会上，他指出，“文艺创作方法有一百条、一千条，但最根本、最关键、最牢靠的办法是扎根人民、扎根生活”，“文艺要对人民创造历史的伟大进程给予热情的赞颂，对一切为中华民族伟大复兴奋斗的拼搏者、一切为人民牺牲奉献的英雄们给予最深情的褒扬。”“源于人民、为了人民、属于人民、是社会主义文艺的根本立场，也是社会主义文艺繁荣发展的动力所在”。

社会主义文艺，从本质上讲就是人民的文艺。把人民放在心中最高位置，把人民满意不满意作为检验艺术的最高标准，才能创作出更多满足人民文化需求和增强人民精神力量的优秀作品，让文艺的百花园永远为人民绽放。

社会主义教育，从本质上讲就是人民的教育。教育与文艺一样，同是铸造灵魂的伟大工程，源于人民、为了人民、属于人民也是社会主义教育的根本立场，教育者同样需要扎根人、扎根生活开展思想政治教育，需要讲好人民创造历史的精彩故事，用好一切为中华民族伟大复兴奋斗的拼搏者、一切为人民牺牲奉献的英雄们的感人事迹，切实开展好学生思想政治教育，不得用所谓学术质疑、学术自由、学术争论等借口，随意怀疑历史，随便否定英雄，信口胡说，这是社会主义教育的政治属性对教师的政治纪律要求。

“课程思政”必须坚持新时代思想政治教育的人民性、科学性、革命性的基本立场，坚持思想政治教育的社会主义方向，坚持党对教育事业的全面领导。坚持思想政治教育是学校各项工作的生命线，坚持在同各种错误思潮的辨析与斗争中加强思想政治教育，解决“培养什么样的人、如何培养人以及为谁培养人”这个教育根本问题。同时，“课程思政”要更加明确新时代思想政治教育理论武装、观念铸塑、实践转化的主要任务，坚持用习近平新时代中国特色社会主义思想铸魂育人。

“课程思政”教学改革的一个重要使命是从专业教育的角度回应时代发展关切、关注学生成长需求，同“思政课程”同频共振、相互补充，为中国特色社会主义事业的建设与发展服务。因而，习近平总书记强调，教师要做到潜心问道与关注社会相统一；无论是教师还是学生，都要牢固树立政治意识，只有坚持了正确的政治方向，教师所教、学生所学才能真正为民所用、为中国特色社会主义事业建设与发展所用，避免“学道与事功判为两途”。

（二）家国情怀是课程思政努力的目标和方向

2020 年 8 月，习近平总书记的重要文章《思政课是落实立德树人根本任务的关键课程》指出，要成为社会主义建设者和接班人，必须树立正确的世界观、人生观、价值观，把实现个人价值同党和国家前途命运紧紧联系在一起。习近平总书记强调，理想信念是共产党人的政治灵魂，没有坚定的理想信念，就会在乱云飞渡的复杂环境中迷失方向，在泰山压顶的巨大压力下退缩逃避，在糖衣炮弹的轮番轰炸下缴械投降。共产党人只有树立了崇高的理想信念，才能做到不忘初心、牢记使命。

随着我国日益开放、走向世界舞台，我国同世界各国的联系更趋紧密、相互影响更趋深刻，意识形态领域面临的形势和斗争也更加复杂。学校是意识形态工作的前沿阵地，而不是象牙塔，也不是桃花源。课程思政，就是要在课程教学中潜移默化地开展马克思主义理论教育，用习近平新时代中国特色社会主义思想铸魂育人，引导学生增强中国特色社会主义道路自信、理论自信、制度自信、文化自信，厚植爱国主义情怀，把爱国情、强国志、报国行自觉融入坚持和发展中国特色社会主义、建成社会主义现代化强国、实现中华民族伟大复兴的奋斗之中。

古人说：“敬教劝学，建国之大本；兴贤育才，为政之先务。”教育是民族振兴、社会进步的重要基石，是功在当代、利在千秋的德政工程，对提高人民综合素质、促进人的全面发展、增强中华民族创新创造活力、实现中华民族伟大复兴具有决定性意义。未来 30 年，我们培养的人才要能够完成“两个一百年”的伟业。这就是教育的历史责任。我们党立志于中华民族千秋伟业，必须要培养一代又一代拥护中国共产党领导和中国特色社会主义制度、立志为中国特色社会主义事业奋斗终身的、具有家国情怀的有用人才。

（三）青年塑造是课程思政的使命和担当

习近平总书记在党的十九大报告中指出，青年一代有理想、有本领、有担当，国家就有前途，民族就有希望。课程思政将“课程”作为国家与青年连接的纽带，将教育教学向理想信念教育、学术能力培养、社会责任培育等多维度延伸，高校只有加强思想政治教育，才能培养一批批“有理想、有本领、有担当”的新时代大学生，使他们成为担当民族复兴重任的排头兵和主力军。

青少年是祖国的未来、民族的希望。青年人的素质与国家和民族的长远发展息息相关,在全球化背景下,人才是最紧缺、最重要的资源。在中华民族伟大复兴的每个节点上,每位青年都需要不断提高思想觉悟和道德水平,掌握专业技能,以实际行动践行社会主义核心价值观。历史和现实告诉我们,青年一代是党和人民事业的生力军,是实现中华民族伟大复兴中国梦的强大力量。中国共产党一直高度重视青年人的发展,新时代需要有能承载历史、引领未来、敢担重任的新青年,青年一代要树立担当意识,认真履行职责使命,推动实现中华民族伟大复兴的中国梦。只有抓好青少年思想道德教育,才能让抓住未来、走得更远。

青年阶段是一个人价值观形成阶段,也是一个人可塑性最强的阶段,对于青少年,最重要的是教给他们正确的思想,引导他们走正路。课程思政的核心任务就是增强青年对中国特色社会主义的道路自信、理论自信、制度自信、文化自信,确保青年人向着正确的自信方向迈进,为当代青年人建功立业提供科学的行动指南。

培育社会主义核心价值观,必须坚持从青年抓起、从学校抓起。在我国,高等教育必须巩固马克思主义在高校思想领域的主导地位,通过"课程思政"的理念,用科学的理论培养人,用正确的思想引导人,帮助青年人认真学习马克思主义理论,掌握科学的世界观和方法论,正确认识和把握人类社会和中国特色社会主义发展的历史必然性。引导青年学生深入学习优秀的中华传统文化,弘扬爱国主义精神,树立坚定的民族自信心和自豪感,为实现中华民族伟大复兴做出贡献。这是课程思政的历史责任和使命担当。

"课程思政"的提出和其生命力,就在于它是建设新时代中国特色社会主义的现实需要,有利于巩固马克思主义在高校意识形态中的指导地位,强化高校坚持中国特色社会主义的办学方向,是全面落实党的教育方针、落实立德树人根本任务的主渠道,是进行社会主义核心价值观教育,帮助青年大学生树立正确世界观、人生观、价值观的重要载体。

第三章 课程思政建设的基本原则

“为谁培养人”是课程思政必须回答的方向问题。教育必须首先解决道路和方向问题,只有坚持正确的政治方向,教育才能更清晰地回答“为谁培养人”的问题。习近平总书记强调,我国高等教育发展方向要同我国发展的现实目标和未来方向紧密联系在一起,为人民服务,为中国共产党治国理政服务,为巩固和发展中国特色社会主义制度服务,为改革开放和社会主义现代化建设服务。这是我国教育事业的重要使命,也是教育事业义不容辞的责任担当。作为立德树人战略举措的课程思政建设,承载了与思政课程同向同行、形成协同效应的育人重任,必须坚持法律规定原则、政策要求原则、党的领导原则、时代主题原则和实践需要原则,才能保证“同我国发展的现实目标和未来方向紧密联系在一起”的方向不偏,效果不减。

一、课程思政必须坚持法律规定原则

法律是国家意志的集中体现,规定着党和国家教育发展的政治方向。2015 年 2 月 2 日,习近平总书记在省部级主要领导干部学习贯彻十八届四中全会精神全面推进依法治国专题研讨班上指出,法是党的主张和人民意志的统一体现,党领导人民制定宪法法律,党领导人民实施宪法法律,党自身必须在宪法法律范围内活动,这就是党的领导力量的体现。

《中华人民共和国宪法》是我国的根本法,规定了我国人民当家作主的地位,明确了中国共产党在治国理政中的领导核心,指明了中国特色社会主义事业的发展方向,确定了改革开放的基本国策和社会主义现代化建设的基本任务;《中华人民共和国教育法》是国家教育的根本法，规定了“教育应当坚持立德树人，对受教育者加强社会主义核心价值观教育，增强受教育者的社会责任感、创新精神和实践能力。国家在受教育者中进行爱国主义、集体主义、中国特色社会主义的教育，进行理想、道德、纪律、法治、国防和民族团结的教育”的育人方向，《中华人民共和国高等教育法》和《中华人民共和国职业教育法》是分别面向普通教育与职业教育的国家法律，规定了不同类型教育的育人职责与内容，赋予了社会主义事业建设者和接班人不同的内涵。“高等教育的任务是培养具有社会责任感、创新精神和实践能力的高级专门人才，发展科学技术文化，促进社会主义现代化建设”(《中华人民共和国高等教育法》，2018 年)，“本法所称职业教育，是指为了培养高素质技术技能人才，使受教育者具备从事某种职业或者实现职业发展所需要的职业道德、科学文化与专业知识、技术技能等职业综合素质和行动能力而实施的教育，包括职业学校教育和职业培训”“职业教育必须坚持中国共产党的领导，坚持社会主义办学方向，贯彻国家的教育方针，坚持立德树人、德技并修”“实施职业教育应当弘扬社会主义核心价值观，对受教育者进行思想政治教育和职业道德教育，培育劳模精神、劳动精神、工匠精神，传授科学文化与专业知识，培养技术技能，进行职业指导，全面提高受教育者的素质。”(《中华人民共和国职业教育法》，2022 年)，它们都是课程思政对“培养什么人”和“为谁培养人”的根本遵循，是课程思政实践的最高原则。

课程思政建设必须遵守《中华人民共和国宪法》《中华人民共和国教育法》《中华人民共和国高等教育法》和《中华人民共和国职业教育法》等法律规定，明确“培养什么样的人”和“为谁培养人”，以确保方向不偏。不同类型的教育在定位课程思政目标时，必须遵循下位法服从上位法的原则，在不违反上位法的基础上选择与自己关系最近的法律为依据。如职业教育的课程思政目标定位就应首先以《中华人民共和国职业教育法》为依据，而高等职业教育的课程思政则在选择《中华人民共和国职业教育法》的同时，必须考虑《中华人民共和国高等教育法》的基本要求，做到两者兼容而不能两者相悖。

课程思政的实施也必须要遵循法律规定原则，主要是课程思政的实施内容和实施方式必须要符合法律要求。我曾应邀担任过课程思政教学能力竞赛评委，有位计算机软件应用课程的授课教师在竞赛中选择了“图片编辑软件应用”部分作为参赛现场展示内容，他给学生布置的图片编辑任务有修筑长城和天安门，同时有拼整国旗(即把国旗图案碎成无数小块，由学生用图片编辑软件完成完整拼接)，这堂课的教学内容选择符合《中华人民共和国国旗法》(2020 年)第二十一条“国旗应当作为爱国主义教育的重要内容”。

但同时违反了《中华人民共和国国旗法》第十九条“不得升挂或者使用破损、污损、褪色或者不合规格的国旗”，该教师将完整的电子版国旗进行碎片化处理后作为教学载体，这一方面在课堂教学中使用了破损国旗，另一方面根据《中华人民共和国国旗法》第二十三条“在公共场合故意以焚烧、毁损、涂划、玷污、践踏等方式侮辱中华人民共和国国旗的，依法追究刑事责任”，比赛课堂属于公共场合，国旗碎片化处理可以视为对国旗的毁坏，尽管是电子图片，但在数字化普及的今天，电子版国旗也受法律保护。因而该教师的课程思政实施方式就有悖法律规定，因为他没有侮辱中华人民共和国国旗的主观故意，故不至于追究他的刑事责任。

2019 年 3 月 26 日，网曝上海某知名高校的博生导师在微信群里辱骂学生是垃圾；2019 年 4 月 15 日，网上又传出南京某学院女教师在课堂上辱骂女学生化妆，这些教师的出发点可能都是育人，骂人或许有恨铁不成钢之意，但他们的育人方式违背了《中华人民共和国教师法》第八条教师应当“尊重学生人格”的法律规定，学生不接受不认同，育人肯定也难有效果，甚至适得其反。学生网曝教师不当言行引发网络舆情致使相关教师受到相应处罚，就是适得其反的例证，同时是这些教师违背相关法律规定任性育人的必然结果。

二、课程思政必须坚持政策要求原则

政策是国家法律的具体实践，是教育目标实现的路线图，具有现实的实践指导作用。“培养什么人、怎样培养人”，国家政策文件都有清晰的规定。《中国教育现代化 2035》提出的“更加注重以德为先，更加注重全面发展，更加注重面向人人，更加注重终身学习，更加注重因材施教，更加注重知行合一，更加注重融合发展，更加注重共建共享”八大理念和“坚持党的领导、坚持中国特色、坚持优先发展、坚持服务人民、坚持改革创新、坚持依法治教、坚持统筹推进”七大原则，以及“学习习近平新时代中国特色社会主义思想、发展中国特色世界先进水平的优质教育”等重点任务，是未来 15 年我国教育改革与发展的行动纲领，是课程思政建设的基本遵循。

“十四五”规划明确的“建成文化强国、教育强国、人才强国、体育强国、健康中国，国民素质和社会文明程度达到新高度，国家文化软实力显著增强”的远景目标，是未来 5 年我国各类教育同向同行、形成协同效应的行动指南，是课程思政建设的目标方向。其中，

2035年远景目标纲要要求的课程思政建设要"紧紧围绕坚定学生理想信念,以爱党、爱国、爱社会主义、爱人民、爱集体为主线,围绕政治认同、家国情怀、文化素养、宪法法治意识、道德修养等重点优化课程思政内容供给,系统进行中国特色社会主义和中国梦教育、社会主义核心价值观教育、法治教育、劳动教育、心理健康教育、中华优秀传统文化教育",界定了课程思政的基本内容,是教师立足当前开展课程思政建设的现实依据,是规范课程思政教学改革的基本原则。

建设文化强国、树立文化自信是国家政策反复强调的重点教育任务之一。2019年7月,成都某大学教授郑某在给学生布置选修课作业时,要求学生根据近期所学的课程撰写有关"创新"内容的作业。有同学在微信群里问老师"四大发明"可不可以写,郑教授说不行,如果写了就按不及格处理。郑教授的理由是:"四大发明在世界上都不领先,也没形成事实上的生产力""中国古代没有实质性的创新"。而微信群里一些不同意郑教授观点的学生,在与郑某辩论后被移出了群聊。

四大发明是中国古代劳动人民长期实践经验的积累和生产智慧的结晶,是人类文明史上杰出的发明创造,特别是造纸术传到欧洲后大大推动了欧洲的文艺复兴运动和宗教改革,促进了欧洲思想解放和社会进步,对人类社会的发展起到重要的推动作用。郑某全盘否定四大发明的历史创新价值,与国家政策要求的"坚定文化自信"不符,违背了政策要求原则,不利于学生树立正确的价值观念。2019年7月16日该校发布声明,认定郑某有师德失范行为,取消其评奖评优、职务晋升、职称评定的资格,停止其教学工作,停止其研究生招生资格。要防止类似郑某的行为再次发生,国家和高校应加强全体教师对政策原则的理解。

三、课程思政必须坚持党的领导原则

中国共产党是《中华人民共和国宪法》确立的中国特色社会主义事业领导核心,中国共产党领导是中国特色社会主义最本质的特征,党的集中统一领导和全面领导制度是我们党和国家的根本领导制度。我们党是世界上最大的政党,是马克思主义执政党,不是因利益而结成的政党,而是以共同理想信念组织起来的政党。党在不同历史时期肩负不同的历史使命,对教育有不同的思政要求,不同历史时期高校的课程思政也应有不同的目标定位。2022年4月25日,习近平总书记在中国人民大学考察调研时强调,中国人民大学从陕北公学成立之初就鲜明提出要培养“革命的先锋队”，到新中国成立之初提出培养“万千建国干部”，到改革开放新时期提出培养“国民表率、社会栋梁”，再到新时代提出培养“复兴栋梁、强国先锋”，始终不变的是“为党育人、为国育才”，展现了“党办的大学让党放心、人民的大学不负人民”的精神品格。希望中国人民大学落实立德树人根本任务，传承红色基因，让听党话、跟党走的信念成为人大师生的自觉追求。

课程思政必须坚持党的领导原则，服从并服务于党的领导，与党的要求同向同行，清晰回答“为谁培养人”的根本问题。“教者，上所施下所效也”，习近平总书记在全国高校思想政治工作会议上强调“教育者要先受教育”。想把学生培养成什么样的人，自己首先要成为什么样的人。培养社会主义建设者和接班人，迫切需要我们的教师既精通专业知识、做好“经师”，又涵养德行、成为“人师”，努力做精于“传道授业解惑”的“经师”和“人师”的统一者。坚持党的领导原则，关键是教师要自觉阅读党的文件、了解党的政策、聆听党的新闻，学习党的领导人的讲话，做到潜心问道与关注社会相统一；坚持党的领导原则，关键是教师要站稳人民立场，练就过硬本领，增强政治意识、大局意识、核心意识、看齐意识，带头自觉坚决维护习近平总书记党中央的核心、全党的核心地位，坚决维护党中央权威和集中统一领导，把党对青年学生的思政要求落实到位，践行见效。

2018 年 9 月 10 日，全国教育大会在北京召开。习近平总书记出席会议并发表重要讲话，他强调要在坚定理想信念上下功夫，教育引导学生树立共产主义远大理想和中国特色社会主义共同理想，增强学生的中国特色社会主义道路自信、理论自信、制度自信、文化自信，立志肩负起民族复兴的时代重任。要在厚植爱国主义情怀上下功夫，让爱国主义精神在学生心中牢牢扎根，教育引导学生热爱和拥护中国共产党，立志听党话、跟党走，立志扎根人民、奉献国家。要在加强品德修养上下功夫，教育引导学生培育和践行社会主义核心价值观，踏踏实实修好品德，成为有大爱大德大情怀的人。要在增长知识见识上下功夫，教育引导学生珍惜学习时光，心无旁骛求知问学，增长见识，丰富学识，沿着求真理、悟道理、明事理的方向前进。要在培养奋斗精神上下功夫，教育引导学生树立高远志向，历练敢于担当、不懈奋斗的精神，具有勇于奋斗的精神状态、乐观向上的人生态度，做到刚健有为、自强不息。要在学生中弘扬劳动精神，教育引导学生崇尚劳动、尊重劳动，懂得劳动最光荣、劳动最崇高、劳动最伟大、劳动最美丽的道理，长大后能够辛勤劳动、诚实劳动、创造性劳动。

2019 年 4 月 30 日，习近平总书记在纪念五四运动 100 周年大会上的讲话中寄语青年“面对美好岁月，要有饮水思源、懂得回报的感恩之心，感恩党和国家，感恩社会和人民”。2022年4月，习近平总书记在中国人民大学考察调研时再次指出，立足新时代新征程，中国青年的奋斗目标和前行方向归结到一点，就是坚定不移听党话、跟党走，努力成长为堪当民族复兴重任的时代新人。他希望广大青年用脚步丈量祖国大地，用眼睛发现中国精神，用耳朵倾听人民呼声，用内心感应时代脉搏，把对祖国血浓于人、与人民同呼吸共命运的情感贯穿学业全过程，融汇在事业追求中。习近平总书记的殷切期望，就是课程思政的努力方向。

2019年11月28日是感恩节，我利用上课时间，组织了一堂以“感恩”为主题的课堂教学，设计了课前和课中感恩行动两个环节，课前是完成一次感恩活动，课中有一个重要环节就是学生课堂上给父母打电话，大声说出感恩父母的话语；课前行动中有小组同学早上5点钟起床为学校环卫工人送早餐。

早上5点多迷迷糊糊起来，去食堂买好早餐，看到那些环卫工们忙碌的身影，深知他们挣钱真的不易，而且他们比我们早起几个小时，我们去的时候他们都快收尾了。当天完全亮的时候，他们呈现给我们的就是干干净净的道路。同时包括食堂里的那些叔叔阿姨，他们同样的早起，给我们准备早餐。我们的父母也是一样，为了我们，任劳任怨，所以我觉得应该尽量为自己的父母多分担一点，该感恩的时候，要用实际行动表示出来。

感恩活动中我对父母说出了自己的心声，当时我整个人都是“甜”的，很久以前我就想对妈妈说我爱你，就是没有勇气说出口，但在感恩节那天，我勇敢地说出了“妈妈我爱你”，我真的无比开心，感谢父母给了我生命，让我快乐成长。

上面是学生期末结束时撰写的课程总结，即便时间已经过去6周，但学生回想起当时的举动，依旧爱意浓浓。尊重劳动人民、感恩父母的思想感悟自然流露、跃然纸上。党的要求，即课程思政的前进方向，这是课程思政政治属性的具体体现，也是扎根中国大地办教育的基本要求。

四、课程思政必须坚持时代性原则

习近平总书记在党的十九大报告中指出，中国特色社会主义进入了新时期。新时代我国社会的主要矛盾已由“人民日益增长的物质文化需要同落后的社会生产之间的矛盾”转变为“人民日益增长的美好生活需要和不平衡不充分的发展之间的矛盾”，“创新、协调、绿色、开放、共享”成为新时代新发展理念，绿水青山就是金山银山成为新时代社会的共识，全面依法治国成为新时代国家战略，人民对美好生活的向往成为新时代党的奋斗目标。新时代信息革命加速推进、人工智能突飞猛进、大数据应用普及推广，人民生活、社会生产、教育教学等正发生深刻的革命性变革。

新时代课程思政必须紧扣时代主题，因应社会要求，顺势而为、乘势而上，线下线上相结合，守好线下课堂主渠道，守住线上网络主阵地，引导学生将“对美好生活的向往”作为自己的价值追求目标，着重培养学生的创新精神、和谐心态、环保观念、合作意识、共享理念，着重培养学生扎根基层、助弱扶困、体谅感恩、互帮互助等基本素养，着重培养学生诚信友善意识、爱岗敬业精神、服务奉献品德、孝老爱亲美德等社会主义核心价值观，着重培养学生信息素养、网络文明、法治意识，提高学生懂原理、明事理、悟真理的能力，养成不轻信网络传言、不传播网络谣言、不妄议网络流言的信息文明素养和自觉守法、遇事找法、化解矛盾用法、解决问题靠法的法治观念，增强自觉抵制网络谎言、自主明辨社会是非、自信应对科技变革等思想素质，为实现中华民族伟大复兴的中国梦培养具有社会责任感和担当精神的合格建设者与可靠接班人。

逆行的白衣天使是我们这个时代的重要代表，伟大的“战”疫行动为课程思政提供了生动的现实素材。网课期间，我承担了“职业核心能力训练”课程教学，我以网上的一段近3分钟的视频——《“90后”医护人员的战疫夜班》为载体，设计了一堂旨在培养学生爱岗敬业精神的网络课教学方案，让同学们看完视频后结合视频中的具体镜头分析视频中医护人员所展现出来的职业核心能力。

虽然已经看过这段视频一段时间，但现在我的内心多多少少还有些波动，前线抗疫的医护人员和志愿者在为了国家和人民与病魔殊死搏斗，我们能做的就是给他们送去一点点微不足道的关心和少给他们增加负担。说句实话，那段时间我和母亲在家待着的时候，都在想要不要直接奔赴一线，去尽自己的一份绵薄之力，哪怕给他们送些饭菜，我也觉得比待在家里好。虽然这些想法最终不了了之，我们也只是在我们的小乡村做了小小的志愿者，但是我们也感到很满足了。

最初看完这段视频我莫名地心痛，这或许是每一位中华儿女的那份责任感和爱国之心的表现。有句话我觉得说得真的很赞，“此生不悔入华夏，来世还做中国人”，我为我是一个中国人而感到自豪，我为我有一个这样的祖国感到骄傲。现在的幸福生活，都是先辈和这些奋战在一线的工作人员为我们创造的，我们有什么理由不好好努力，让自己变得更加强大,去为自己的祖国贡献出自己的一份力量。

见微知著,这堂课选择了一个很小的角度为切入点,向学生讲述了一个“全民抗疫”的宏大时代主题,通过将时代主题融入课程内容的巧妙教学设计,让时代精神扎根于学生内心,从而增强学生的社会责任感和民族自豪感。

五、课程思政必须坚持实践性原则

马克思主义指出,劳动是人维持自我生存和自我发展的唯一手段;自由自觉的活动即劳动或实践是人类的本质。劳动或实践在人类社会的产生中发挥着决定性作用,人类所有的思想认识只有通过劳动或社会实践转化为可见的自由自觉的活动行为,才能推动自我发展和社会进步,因而课程思政必须符合实践需要才具有现实的指导作用。毛泽东同志在《实践论》中指出:“无论何人要认识什么事物,除了同那个事物接触,即生活于(实践于)那个事物的环境中,是没有法子解决的。”“理性认识依赖于感性认识,感性认识有待于发展到理性认识”,思想认识水平的提高必须基于足够实践经验的积累,课程思政建设必须也只能立足实践需要顺势而为、乘势而上才能见到实效。

习近平总书记强调,幸福是奋斗出来的,人民对美好生活的向往最终都要靠脚踏实地的奋斗实践来实现。2019 年 7 月 16 日,习近平总书记在视察内蒙古大学时,对青年大学生们提出“要志存高远、脚踏实地、行循自然”的基本要求和“学生要好好干,好好学,好好干就是好好学”的临别叮嘱。实践是实现理想抱负、坚定理想信念、改造主观世界的有效路径,是课程思政落实立德树人根本任务的重要途径。《中华人民共和国教育法》要求“教育必须为社会主义现代化建设服务、为人民服务,必须与生产劳动和社会实践相结合”,实践是教育的逻辑起点,也是教育的终极归宿,课程思政必须从社会实践和学生自我发展需要出发,基于学生已有实践基础循序渐进推进,通过学生实践行为效果货真价实检验,方能确保课程思政行稳致远,落实见效。

此处的实践必须是行为上建设社会主义的实践,即实践需要必须是建设社会主义事业的实践需要,具体到专业或课程来说,实践需要即本专业面向的行业企业或机关事业单位用人需要。我是从事连锁经营与管理专业教学的教师,培养的学生主要面向零售行业的各大连锁企业,全国连锁百强企业永辉超市是主要合作对象,通过调研和分析,永辉超市提出的“团队合作”“沟通交流”和“抗压解压”三种素养和能力成为本专业课程思政的主要目标，通过课程教学贯穿在专业人才培养的全过程，把社会主义核心价值观的爱岗敬业与企业要求的主人翁意识有机统一起来，将对学生的思想教育目标具化为“行业认同感”和“企业归属感”培养，学生通过课程学习，写下了：“高中因为作业太多，学习压力较大，情绪烦躁，对任教的老师特别反感，谁布置的作业多，谁就是同学们共同打击的对象。好不容易摆脱了那样的生活，而这学期我仿佛又回到了从前，我的‘连锁企业人力资源管理’课老师，他最特别——人特别，教学方式也特别，人特别是因为他布置的作业、任务，再难，我都要记在心上，尽力去完成，心里抱怨但还是得去做；教学方式特别，太创新了，也高估了我们。他的方法会让我透不过气，第一节课、第二节课、第三节课，第一周、第二周、第三周……我一直都有压力，一直都反感，他把一个又一个任务布置给我们，好像没有结束的一天，所以我们注定‘没有呼吸新鲜空气的那天’。每一次完成作业后，我都会祈祷‘老师，你别再下达命令了，我们会去执行’，但过程是多么的艰苦，内心是多么的不满，心情是多么地压抑，大学课堂上我没有见过第二个这样的杨老师。”“我们可以靠意志力挣扎着起床了，我们可以牺牲小我以集体利益为主了，我们可以时时刻刻想着我们是一个团体了，我们可以在发生矛盾后自己去和解了”等系列成长感言。长期的坚持，培养了大批被企业称为“留得下、用得上、发展好”的行业人才，有月薪上万的实习生，有毕业 3 年成长为年经营额过亿元的永辉大卖场店长、毕业 4 年半即获得全国连锁经营协会金牌店长的“永辉 20 年人物”、毕业 22 个月晋升为麦当劳重庆地区最年轻的餐饮店总经理，创造麦当劳重庆地区最快晋升纪录等毕业生，还有毕业生毕业半年获得全国技术能手称号；一批批爱岗敬业的毕业生服务于人民对美好生活的向往，开创了行业企业、家长学生和学校老师共赢的新局面，彰显了职业教育的类型价值。

上述五原则回答了“为谁培养人”的问题，由宏观到微观，具有内在的逻辑关系，依顺序后者服从于前者，微观服从于宏观，是所有教育定位课程思政目标、开展课程思政实践时都必须遵守的基本原则，只是不同教育课程思政目标的定位和建设实践原则因人才培养目标和任务不同而侧重点有所不同。

第四章　课程思政的实施与效果

一、课程思政的实施

《纲要》指出，全面推进课程思政建设，要紧紧抓住教师队伍“主力军”、课程建设“主战场”、课堂教学“主渠道”，构建科学合理的课程思政教学体系。课程思政是项系统工程，需要全面规划，协调推进。学生是课程思政的主体，要坚持学生中心、产出导向、持续改进，不断提升学生的课程学习体验、学习效果。

（一）课程思政实施的要素构成

1. 课程思政实施的三个基本要素

教师、学生和课程是课程思政实施的三个基本要素。

《纲要》指出，教师是课程思政的主力军。教师是课程思政实施三要素中的首要要素，是课程思政实施的主导者，也是课程思政实施的原动力，教师的主观育人意愿决定了课程思政的推动力度，教师的个性化育人理念决定了课程思政的切入角度，教师的专业化育人能力决定了课程思政的实施效果。教师如果缺少主观育人意愿，课程思政就无从谈起，模糊育人理念课程思政就不知从何做起，弱化育人能力课程思政就难以见到实效。

学生是课程思政的靶向目标，是课程思政实施三要素的核心，学生的成长需求是课程思政实施的基本前提，学生的成长规律是课程思政实施的根本遵循，学生的成长收获是课程思政实施的唯一效果。脱离学生成长需求的课程思政就是无本之木、无源之水，偏离学生成长规律的课程思政就可能南辕北辙、适得其反，脱离学生成长收获的课程思政就是过眼云烟、海市蜃楼。

课程是实施思政教育的基本载体,课程内容的价值导向是实施课程思政的基础,课程设计的育人理念是实施课程思政的关键,课程教学的组织过程是实施课程思政的保障,课程教学的师生共鸣是课程思政实施的核心,课程考核的过程记录是课程思政实施的效果呈现。离开课程本身内容的课程思政就是空洞说教,没有针对学生实际情况而精心设计的课程思政就是"自娱自乐",缺失严密组织实施过程的课程思政就是不负责任,未能产生师生共鸣的课程思政就是一厢情愿,未有过程记录和前后比较的课程思政就难言效果。

人是事业发展最关键的因素。2021 年 12 月 14 日,习近平总书记在中国文学艺术界联合会第十一次全国代表大会、中国作家协会第十次全国代表大会开幕式上的讲话指出,"文艺工作者的自身修养不只是个人私事,文艺行风的好坏会影响整个文化领域乃至社会生活的生态。文学家、艺术家是有社会影响力的,一举一动都会对社会产生影响""立德树人的人,必先立己;铸魂培根的人,必先铸己",要求"广大文艺工作者要把个人的道德修养、社会形象与作品的社会效果统一起来",这是对文艺工作者提出的德艺双馨形象要求,也是对同为立德树人、铸魂培根的广大教育工作者的共同要求。

教师是传播知识、传播思想、传播真理的职业,是塑造灵魂、塑造生命、塑造人的工作,习近平总书记强调,一个人遇到好老师是人生的幸运,一个学校拥有好老师是学校的光荣,一个民族源源不断地涌现出一批又一批好老师则是民族的希望,"教育者要先受教育",老师自己首先要明道、信道。1957 年 3 月,毛泽东同志在中国共产党全国宣传工作会议上的讲话中指出,知识分子也要改造,不仅那些基本立场没有转过来的人要改造,而且所有的人都应该学习,都应该改造。情况是在不断地变化,要使自己的思想适应新的情况,就得学习。即使是对于马克思主义已经了解得比较多的人,无产阶级立场比较坚定的人,也还是要再学习,要接受新事物,要研究新问题。知识分子如果不把自己头脑里的不恰当的东西去掉,就不能担负起教育别人的任务。如果我们的知识分子读了一些马克思主义的书,又在同工农群众的接近中,在自己的工作实践中有所了解,那么,我们大家就有了共同语言,社会主义制度方面的共同语言。如果是这样,大家的工作就一定会做得好得多。

教师要与学生产生思想共鸣,必须坚持潜心问道与关注社会相统一,坚持认真教书与用心育人相统一,坚持教学方法与学生实际相统一,以课程为纽带,及时了解学生,随时关心时事，因“生”制宜改革教学方法，实现教师、学生和课程三要素的有机融合，获得课程思政实际效果。

2. 课程思政三要素是相互依存的有机统一关系

课程思政体系是由教师、学生与课程三要素共同构成的以思想教育为目标的教学体系，课程是教师与学生间的桥梁纽带，学生是教师与课程间的归宿，教师是学生与课程间的黏合剂与动力源，教师与学生依托课程形成教学、互动，产生思想共鸣，在课程思政的五项基本原则引导下同向同行，教学相长，共同进步。

教师、学生、课程三要素在基于实现育人目标的自然自主状态下的有机统一，构成完整的课程思政实施状态，缺少任何一个要素的教育活动都不是真正意义上的课程思政，任何强制构建或人为割裂三者间关系的课程思政都难以取得实质性效果。

《纲要》要求：要综合运用第一课堂和第二课堂，组织开展“中国政法实务大讲堂”“新闻实务大讲堂”等系列讲堂，深入开展“青年红色筑梦之旅”“百万师生大实践”等社会实践、志愿服务、实习实训活动，不断拓展课程思政建设方法和途径。严格意义上讲，系列讲堂、社会实践、志愿服务等活动，如果不是课程教学需要而安排的，则应属于“三全育人”的内容范畴，而不是课程思政的内容，因为它缺少了课程这个黏合师生关系的连接要素。

教育界如火如荼推进的教师课程思政教学能力大赛、课程思政示范课程建设等系列活动，严格意义上讲，也不是课程思政的实施范畴，因为在这些特定的背景下，教师、学生和课程三要素的关系已不是自然自主状态下的有机结合，而是有强烈的人为构建痕迹，这些活动所反映的课程思政效果也不是真正意义上的效果，而是带有不少的表演成分。特别是在这些活动中，课程思政的主体要素学生，此时已基本失去了主体地位，而更多的是配合老师完成教学设计，学生虽然入镜了，但却难以入境；虽然见行了，却难以践心！

（二）课程思政实施的时空范围

习近平总书记强调，思想政治工作要用好课堂教学这个主渠道；《纲要》指出，全面推进课程思政建设，要紧紧抓住教师队伍“主力军”、课程建设“主战场”、课堂教学“主渠道”。毫无疑问，课堂是课程思政实施的主阵地。

课程思政不只是课堂思政。有主即有次，有课堂主渠道也有其他多渠道，如教学内容选择、课程作业批阅、课前课后答疑、线上线下交流等，都是实施课程思政的渠道，“主渠道+多渠道"共同构成课程实施的时间和空间范围。具体讲，课程思政的空间范围应包括课内外即课前课中课后全过程、校内外即学校内校园外与课程教学相关的任何时间与空间、线上下即线上线下与课程教学相关的任何互动。

因而课程思政的实施应起始于接受课程教学任务而终止于课程教学任务的全部完成，即接受课程教学任务时开启的教学目标确定、学生状况分析、教学内容选择、教学方案设计等工作就应同时融入课程思政的基本思想。课程的教学档案包括成绩登记表等全部归档，标志着本门课程的课程思政时空范围全部结束。所以，课程思政应在课程教学的全过程中坚持育人为先理念、采取育人实践措施、履行育人传道职责、引导学生思想行为持续发生积极改变，而不仅仅局限在课堂空间和上课时间。这个全过程从空间上包括课内外、校内外、线上下全方位，时间上包课前、课中、课后全天候。

信息化时代，线上阵地的坚守有时比线下阵地更重要，课程思政的实施在守好课堂主渠道的同时，更需要充分重视线上、课外等多渠道，更需要用好课前、课后时间，更需要立足作业批阅、解惑答疑、讨论交流、课程考核等与学生直接接触的课程教学机会，结合学生实际情况，因势利导，针对性地加强学生的思想触动和价值引导，个性化开展行为规范教学活动，对学生产生系统性的思想影响，引发学生持续性的行为变化，稳定实现思想和行为双重改变的课程思政目标。

十年育树，百年育人。2014 年 10 月 8 日，在党的群众路线教育实践活动总结大会上，习近平总书记强调，思想滑坡是最严重的病变，"总开关"没拧紧，不能正确处理公私关系，缺乏正确的是非观、义利观、权力观、事业观，各种出轨越界，跑冒滴漏就在所难免了。思想上松一寸，行动上就会散一尺。思想认识问题一时解决了，不等于永远解决了。就像房间需要经常打扫一样，思想上的灰尘也要经常打扫，镜子要经常照，衣冠要随时正，有灰尘就要洗洗澡，出毛病就要治治病。思想教育不可能一招制胜，也不可能一朝见效，一劳永逸，需要综合施策，因时而进，顺势而上，乘势而为，随时而新。

【案例分享】

2020 年秋季学期，我承担了连锁经营与管理专业大一新生两个班的"基础管理素质训练"课程，为实现全过程育人，课程考核设计为过程考核，即课程学习得分需要所有学生在每周的课程学习过程中由自己和小组成员共同努力获取，每周所得分数之和即为期末课程学习得分，超过 60 分即为合格。有一个小组全体成员不知为何，扣分很严重，每周挣分都很低。时至教学中期，我专门组织过一次学生中期课程学习得分统计，目的是以此警示那些平时学习态度不端正、课堂学习不认真的同学,希望引起他们的重视,然后自主改变,奋起直追,但收效甚微。期末考核时这个学习小组差点全组都不及格,经反复核实后,其中两位同学的得分怎么统计都过不了60分,只能以挂科结束本门课程的学习。换言之,至此,对这个小组的同学,或者至少对这两位不及格的同学来说,本学期的课程思政是失败的,完全没能解决他们"愤"和"悱"的"道"的问题。

作为本门课程的老师,在成绩录入与归档环节,我不甘心就这样结束本门课程,2021年1月6日晚,我在上海同济大学参加国培项目学习,晚上回到宾馆,利用成绩录入和归档这段时间,将最终录入的成绩截屏分享在前期建立的课程学习QQ群里,要求每位学生核实最终成绩,看是否有误。其显性目的是避免成绩录入错误,隐性目的则是公开全班同学成绩,通过分数比较对低分段学生特别是两位成绩不及格的学生进行本门课程最后的思想教育。这两位成绩不及格的学生也作了回应,首先是因旷课扣分过多而成绩不及格的男生,带着怀疑的口吻通过QQ发问:"老师,这是不是就是挂科了?"然后,就是因学习过程不认真而挂科的女生,带着不满的口吻质疑:"老师,我认为那个分数有问题,不公平!"

"愤"和"悱"的问题此时在两位学生身上同时产生。我针对两位同学的不同情况,借机与他们进行了深入的线上交流。两天后,挂科的女生主动申请加入了一个月前就号召大家加入的连锁经营协会,最后还参加了副会长竞选。2021年,她的学习态度明显改变;2022年1月5日,她主动通过微信找我咨询报考教师资格证的相关事宜。另一位成绩不及格的男生,此后再未有过迟到、早退或旷课。2021年4月14日,他在驾校约了上午练车,因怕下午的课迟到,提前向我请假,但最后他仍踩着铃声跑进了课堂;2021年12月27日下午2点16分,他主动在QQ上找我询问:"杨老师,商品物价签上的价格和DM单上面的价格不一样的时候,应该以商品的物价签为准吗?"原来他正在完成"连锁企业王牌店长实务实训"课程作业,直到下午6点08分,他再次发消息:"做了一下午,终于做完了!",此次作业他花了4个多小时完成!2022年1月21日,他通过QQ向我报喜:"杨老师,我这学期一科都没有挂!感谢杨老师这学期拉了我一把,不然,结果又是惨不忍睹!"

立德树人是课程思政的根本任务,学生课程学习成绩是否过关相较于思想是否端正,显得不再那么重要。利用学生课程学习成绩不及格的事实,依托网络渠道,运用成绩公示的方式,在课外校外实现引导学生思想走上正轨,帮助学生在正确的道路上行稳致远，这是课程思政实施全时空育人的重要内容和形式，这有时甚至比课堂主渠道更重要。

（三）课程思政实施的主要内容

《高校思想政治工作质量提升工程实施纲要》提出“大力推动以‘课程思政’为目标的课堂教学改革”的课程育人质量提升任务，明确课程思政实施的基本内容是课堂教学改革，具体讲，它主要包括课堂教学目标的确定、教学载体的选择、教学方案的设计、教学过程的组织、教学方法的应用和教学效果的呈现等。

育人为先是课程思政的核心思想，课堂教学的目标首先是育人，这是课堂教学改革的根本。课程思政的课堂教学目标必须由传统的按教学计划完成知识讲授任务，转向系统运用教学内容、教学方法、教学手段等，实现对学生思想引领与价值引导或行为规范与习惯养成的育人目标。教学载体如案例、事件、问题的选择必须将过去经常忽略的思想性放在第一位，教学方案的设计必须紧紧围绕育人目标的实现，将隐性的思想教育有机融入显性的知识或技能教育中；教学过程的组织必须由过去单一的知识信息传递转向基于思想情感体验的知识信息感悟；教学方法必须由传统的一讲到底转向动态静态结合、声音图像结合、现实虚拟结合、线上线下结合、听思行悟结合等多种情感体验式、思想冲击式教学方法的灵活组合应用；课堂教学效果由过去单一关注知识理不理解、试题会不会做转向综合关注思想是否有感悟、行为是否有改变、能力是否有提高。总之，以“课程思政”为目标的课堂教学改革就是要将育人为先的核心思想贯穿课堂教学改革的始终，坚持在实现育人目标的过程中完成知识传授等教学任务，而非在完成知识传授等教学任务的过程中顺带育人。

我曾经开展过“一堂课一首歌一个人”的课程思政课堂典型案例，即选用一首歌设计了一堂课，成功改变了一个思想极度不积极的学生。这位学生上课从不迟到早退，也不旷课，但在课堂上就是坐着不动，从不参与课堂教学，也不参加小组活动，在尝试了各种方法引导其融入课堂失败后，一次偶然的机会，我听了一首歌，发现这首歌的每一句歌词都是我想对这个学生说的话，于是回家后我便以这首歌为载体，设计了一堂课，总共分为听和演两个部分，以玩小组听歌记歌词的游戏为形式结束第一部分听的任务，以小组用任何形式集体演绎这首歌为方式结束了第二部分演的任务。课堂结束，这位学生主动找我把这首歌拷到自己的 U 盘，之后也很快融入了他们的学习小组。

这堂课从教学目标确定、教学载体选择、教学过程设计、教学现场组织、教学方法应用等都完全坚持了育人为先理念，显性教育目标是训练学生的团队合作能力，隐性教学目标则是震撼学生思想，是在育人的过程中完成对学生团队合作意识的培养和能力的训练。期末课程总结时，这位学生以《我们的杨老师》为题，写了这么一段话：

或许在课堂上我没有认真地完成杨老师的教学安排，在我脸上看到的更多的是对杨老师的排斥感，但从我深知杨老师的良苦用心后，我非常敬重杨老师的严肃、务实、创新，负责任的教学方式，以及杨老师严肃下的仁慈之心。

他"深知杨老师的良苦用心"应该就是在那堂以他为主要教育对象的听歌记歌词课堂上。当然，这堂课最终思想被震撼的不仅是他一个人，而是全班同学，后面案例部分会进行详细介绍。

除了课堂教学主渠道，其他多渠道也是课程思政实施不可或缺的重要内容，甚至有着主渠道不可替代的重要作用。课程思政要守好课堂主渠道，同时要用好其他多渠道。课堂主渠道思想教育针对的是全体学生，思想教育的形式偏重于"大水漫灌"，而其他多渠道如作业反馈、线上交流等则是在对学生的现状有了具体了解基础上的具体问题具体处理，针对性更强，实效性更高，有"甘露滴润"之妙。因而课程思政的实施必须要坚持主渠道与多渠道相结合的原则，既要抓住问题的主要方面，又不能忽视问题的次要方面，既要注意矛盾普遍存在的事实，又要做到具体问题具体分析，因材施教、因地制宜。只有这样，课程思政才能落到实处，取得实效。

2018 年上半年，我承担了连锁经营与管理 2016 级学生的"职业核心能力训练"课程，学生首次完成课堂作业（300 字以上的感想）就出现不少学生应付敷衍的情况。为培养学生们认真做事的态度，端正学生蒙混过关的消极思想，我利用假期，把每位学生的书面作业一个字一个字地输入电脑，并做成 PPT 在全班展示。这深深地震撼了学生的心灵，一位因课堂表现不好而延长学习年限的学生，在期末课程总结里甚至用"伟大"来评价老师。

其实在经历过短暂的抱怨后，客观地说，您的职业精神，以及您对待事物认真的态度，让我觉得您是伟大的，这个时代是需要伟人的时代，伟人不一定有多么感人的经历，能择一事终其究便是伟大。您的行为才真正让我们知道什么叫职业核心竞争力。

全篇总结，学生在提到老师时用的字都是"您"而不是"你"，"伟大"一词用在此处虽然有些夸张，但它反映的却是学生内心真实的感受，体现的是教师在课堂外以身作则的强大育人力量。

我们有的时候在课堂做的纸质作业，老师也不辞辛劳地用电脑打印出来，然后用PPT的方式呈现给我们，我觉得我应该给老师点个赞。在今后我也要像杨老师那样，认真对待每一次的作业，不要偷懒。

另一位学生这样评价。始终坚持育人为先的理念，将课堂主渠道与其他多渠道有机融合，课程思政的实施才能取得良好的效果。

（四）课程思政实施的路径选择

学生是课程思政的主体，课程思政的实施必须坚持学生中心原则，根据学生的实际情况做出实施路径选择。思想和行为的有机统一是课程思政的目标追求，思想与行为的相互影响为课程思政的实施提供了路径选择。一是通过思想震撼来促使其行为改变，二是通过行为规范来实现其思想感悟，具体选择哪条路径，必须要以学生的现实状态为依据。学生的现实状态会根据课程教学的实施逐步发生变化，课程思政的实施路径也必须要根据学生的现实状态变化作适时路径调整。因此，课程思政的路径选择是一个顺势而为、乘势而上的动态变化过程，需要教师敏锐洞察学生的思想状态变化，及时调整路径策略。

思想的变化离不开量的过程的积累，课程思政的路径选择要坚持变与不变相结合的原则。根据学生初始状态做出的路径选择应坚持不变原则，为思想教育积累时间上的过程量变；根据学生过程状态做出的路径选择应坚持积极应变，抓住临界点促进思想教育发生质变。简单说就是战略方向上不变，战术方法上应变。例如，根据学生初始状态选择了行为规范路径，则对行为的规范就应坚持一定的时间周期，一般来讲应是课程教学的全周期，但在这个周期内，要根据学生思想状态的变化情况，在规范行为的基础上，适时采取一些震撼思想的策略，让思想与行为良性互动，由此实现思想教育由形式到内容的、从量变到质变的目标追求。

2017年，我在承担连锁经营与管理2016级学生的“职业核心能力训练”课程教学任务时，在课堂现场调研时，学生们提出希望通过学习这门课程提高“团队合作能力、沟通交流能力和自我管理”能力。团队合作能力和沟通交流能力都可以通过课堂系统训练提高，而自我管理能力则需要一个长期思想变化而改变行为的量变到质变的过程。为此，针对职业教育不少学生两手空空进教室的实际情况，我提出了一项课堂行为基本规定，即全班同学必须每堂课带笔和作业本到课堂，未带笔和作业本进课堂的学生，发现一次扣本人和其所在小组期末考核分数各 1 分。该规定实施的第二周，仍有学生没有带笔和作业本！于是，我要求该同学所在小组全体同学陪同他回寝室去拿笔和作业本。等 20 分钟后他们回来，我们开始上课，但必须延迟 20 分钟下课，将前面等他们的时间补回来。统一带笔和作业本的要求始终不变，但监督和处理不带笔和作业本的学生或所带笔和作业本不合规定的学生的方式方法却根据情况随时改变，如此反复紧盯一学期，期末时学生在课程总结中写道：

自我管理能力提高了。为什么呢？因为刚开始，课上我从不带笔和作业本，后来我没有旷课，也每一次都带笔和作业本了。

通过行为上规范，过程中应变，切实提高了学生的自律意识，实现了课程思政目标。

习近平总书记强调，思想教育工作要因事而化、因时而进、因势而新。“势”是课程思政实施路径选择必须关注的重要因素。“势”主要指教学环境、思想氛围、师生或生生关系、社会热点事件等外部因素的综合效应。这个“势”可以是客观存在的，也可以是教师根据课程思政实施需要自主构建的，俗称“造势”，比如生生的关系，教师就可以根据课程思政需要自我构建，形成朋辈相互教育的“势”。一人未带笔和作业本与全组同学期末得分相关联（扣小组分），与全组同学行为相关联（陪同去拿），与全班同学时间相关联（陪着等他回来并延迟下课），就是营造一种个人行为与全体同学相关、个人行为受全体同学监督的“势”。

因势而新就是根据形势选择适时的路径，例如，新冠肺炎疫情时期，全民抗疫的社会客观形势已对学生思想产生巨大冲击，这时课程思政的实施路径最好是选择思想震撼，结合课程内容和专业思想教育目标，选择与课程内容相关的抗疫感人事件，对学生形成持续的思想冲击，通过持续的思想震撼来促使其行为改变；通过持续的行为改变并形成其行为习惯，强化其思想认识，形成思想—行为—习惯—思想的良性循环。

【案例分享】

2017 年上半年，为了让班上学生自觉自愿在课前擦黑板、整理讲台、开电脑和投影仪，从教学周第二周开始，我提前 3 分钟进教室，站在讲台上，等到上课铃响后才开始开电脑，同时静等教学电脑 3 分钟至 5 分钟的启动过程，而后站在旁边静盯同学们将作业拷在电脑上（每堂课每个小组要作 5 分钟任务完成情况汇报或展示），针对同学们 U 盘读不起、电脑操作不熟练等问题，我并未直接帮他们解决，而是在一旁静静地观察，甚至直接靠近默默催促，给他们造成一种紧张的压迫感。经过持续地造“势”，不断地对学生思想形成震撼，期待通过量变引起质变。到了第六周，当我推开教室门时惊奇地发现，电脑打开了，学生们已经自主将U盘的任务展示PPT提前拷到电脑桌面了！我当时对他们给予了表扬。此后，每次上课前讲台整洁了、电脑提前打开了、黑板也擦干净了，由量变到质变的思想—行为—习惯—思想良性循环就这样发生了。

作为教师，这个问题我也可以直接点名班干部来解决，但这样却难以对全体同学形成思想震撼，也难以让同学们思想与行为自然统一。班干部即便按要求整理了讲台、开启了电脑，其内心也不一定认同这件事情该由他们做，因为他的行为不是发自内心的自觉行为，即使问题解决了，也不能切实践行育人为先的课程思政理念。

【案例分享】

2017年有位来自厦门的吴老师在听完我的课程育人经验分享后，就关于如何实现职业能力训练与职业精神融合问题和我有段交流。

吴老师：杨老师，您好！上周末在成都有幸聆听您的讲座，受益匪浅。从上课的实例中，看到您的职业核心能力训练的课程。现想请教您一个问题：商务英语专业如何实现职业能力与职业精神融合。我们的职业核心能力主要包括商务情景下英语沟通能力和外贸业务实操能力；职业精神也包括诚实、守信、责任、热情。现在很困惑能力与精神该如何有机结合？不胜感激！

杨老师：吴老师您好，很开心您能学以致用！您这个问题也是很多人一直没有想明白的问题，其实您只要想清楚了，问题就很容易解决！每个业务的完成除了需要技能，也需要职业精神，所以您在训练学生某一职业技能时，同时在涵养他们的职业精神。比如，你要求学生每堂课准时到教室，这本身就是对他们诚实守信的一种训练；您在训练他们英语沟通能力时要求他们先进行情感酝酿，然后带着情感去与人沟通，这自然就训练了他们对工作的热情。不知您是否还记得我让学生每堂课带固定的笔和作业本的案例，那就是培养他们坚持做事的习惯，增强他们的团队合作意识，约束他们自由散漫的言行。

吴老师：非常感谢！谢谢杨老师，很有启发意义。从平时做起，从小事做起！将能力和素养自然地联系起来！太谢谢您了！

（五）课程思政实施的时机把握

课程思政的实施，“强按牛头喝水”是行不通的，硬赶鸭子上架更是不可行的。习近平总书记在纪念五四运动100周年大会上讲话时强调，"我们要悉心教育青年、引导青年，做青年群众的引路人""当青年在工作上取得进步时要给予他们热情鼓励，当青年在事业上遇到困难时要帮助他们重拾信心，当青年犯了错误、做了错事时要及时指出并帮助他们纠正，对一些青年思想上的一时冲动或偏激要多教育引导，能包容要包容，多给他们一点提高自我认识的时间和空间，不要过于苛责"。

这段话为我们指出了课程思政实施的两个基本要求，一是对青年学生的思想教育，要多引导少强制，二是对青年学生的思想教育要有耐心，要注意把握时机，急不得，更乱不得。因势利导是对青年学生进行思想教育的关键。

需要特别强调的是，我们需要正确理解习近平总书记讲的"及时"的概念。有不少老师将"及时"等同于"马上"，因而只要看到学生犯了错误、做了错事，马上就要给学生指出来或对学生的错误言行进行纠正，结果往往是学生不予接受甚至与学生直接发生矛盾，这容易导致学生犯更大的错误。

"能包容要包容"是教师有效实施课程思政的基本前提，过于苛责学生很容易适得其反。"多给他们一点提高自我认识的时间和空间"是课程思政实施的基本策略，学生的成长需要时间量的积累也需要空间量的影响，急于求成很容易做成"夹生饭"。因而，所谓的"及时"，是要等到天时地利人和等有利于实施思想教育的要素出现时，而非发现学生犯错误时的"马上"，就如前面讲到的"势"，我们常说形势比人强，当天时地利人和的"势"基本形成时，再对学生进行思想教育，就很容易事半功倍，马到成功，瞅准这个"势"的时机，才是真正的"及时"。

【案例分享】

2018年，我首次承担连锁经营与管理专业大一新生的教学任务，课堂上有一位戴着鸭舌帽的男生"专心致志"地捧着手机打游戏。第一次我走到他身边以示警醒，他在同学的提醒下慌乱地把手机扣在了桌面上，可还没等我走回讲台，他又拿起了手机进入游戏模式。我估计此时肯定是游戏进行到关键时刻，如果这个时候强行终止他的游戏进程，可能引起师生课堂冲突，这对学生不会产生任何思想教育效果。于是第二次我慢慢走到他身边，轻轻地提醒他："是不是打到关键时候了？如果不能停下来，你先出去打完了再回来吧！"

估计这位同学在中学时听老师这样说过很多次，所以他看了一眼，"噌"地一下站了起来，一脚踢倒凳子走出了课堂。看着他的背影，我很庆幸没有"及时"地教育他。当天晚上他没有再回到课堂，等到下一周上课时，我进教室便第一时间寻找这个学生，欣慰地发现他居然来了，开始上课时，让我惊讶的是他成了他们小组本周作业汇报的主持人，而且汇报得还相当不错，课后我在课程学习群里找到他的 QQ 给予了鼓励：“今天的小组活动主持得很不错嘛！不打游戏的你还是挺能干的啊！”学生及时回应：“谢谢老师哈，我以后上课一定不打游戏，再打我就请全班吃糖，望老师监督。”

我不知道过去的一周到底是什么让他改变了，但我深刻地理解了“能包容要包容”在课程思政中的重要性，懂得了“多给他们一点提高自我认识的时间和空间”的重要性，此后的课堂，他真的再也没打过游戏的表现更让我深刻地明白了“及时”的真正含义。

习近平总书记还强调，青年要顺利成长成才，就像幼苗需要精心培育，该培土时就要培土，该浇水时就要浇水，该施肥时就要施肥，该打药时就要打药，该整枝时就要整枝。要坚持关心厚爱和严格要求相统一、尊重规律和积极引领相统一，教育引导青年正确认识世界，全面了解国情，把握时代大势。

“培土、浇水、施肥、打药、整枝”是青年学生成长的必经阶段，课程思政坚持以学生为中心，就是要准确把握学生所处的成长阶段，时刻关注学生的成长状态，守好课堂主渠道，同时要用好其他多渠道，在面对普遍存在的思想问题实施课堂主渠道的“大水漫灌”的同时，要针对不同个体思想问题的差异性因时、因地、因人而异实施其他多渠道的“甘露滴润”式精准育人，切忌在该培土时去浇水、在该施肥却打药。所以课程思政没有一招制胜的绝招，更没有一劳永逸的模式，只有永恒不变的变化和对育人时机的精准把握。

曾有学生在课程总结中这样写道：

真的很庆幸大学能够遇到邱老师和杨老师这两位对我而言很重要的老师，如果把自己比喻成一颗种子，那么邱老师就是那播种人，培育种子发芽，然后呵护其长成小树苗；而杨老师就像园艺师，修枝剪叶，帮助我长成一定的形状。

邱老师是我们专业的时任教研室主任，当时负责大一学生的专业课程教学，我负责大二学生的专业课程教学，邱老师的任务是培土、浇水，培育小树苗，我则负责施肥、打药、整枝，帮助他们成长为社会主义事业的建设者和接班人。

因而，课程思政不仅是某一门课程要把握好学生成长的节奏，在课程体系设计、教师团队协作等方面都需要尊重学生的成长规律，这可以称之为“专业思政”。

二、课程思政的效果

（一）课程思政的效果内涵

课程思政的根本任务是立德树人，是回答好“培养什么人、如何培养人和为谁培养人”的教育根本问题，人即学生是课程思政效果的唯一载体，学生受教育是实施课程思政的根本目的。除学生外的任何载体如学术论文、科研项目、优秀教材、理论专著、示范课程等，严格意义上都不应是课程思政的实实在在的效果。

何谓学生受教育？2021 年 3 月 6 日，习近平总书记在看望参加全国政协会议的医药卫生界、教育界委员时，提出“健康成熟的人格”的教育合格标准。因而，课程思政的效果应为思想上正向震撼，行为上良好改变，言行一致形成习惯，塑造健康成熟的人格。《纲要》指出，“各类课程与思政课程同向同行，将显性教育和隐性教育相统一，形成协同效应，构建全员全程全方位育人大格局。”显性教育与隐性教育相统一，是课程思政的方式与方法问题；课程思政的育人效果同样具有显性效果和隐性效果之分，显性效果表现为学生线下与线上良好的行为改变和保持好的行为习惯，具有现实可见性；隐性效果则表现为学生因思想震撼或习惯养成而塑造的向善向好的健康成熟的人格，具有形成的过程性和隐蔽性，同时在一定程度上具有滞后性。

思想是行为的先导，良好的行为习惯是形成健康成熟人格的基础，健康成熟人格是良好行为习惯的内在支撑，二者互为因果，相互转化。只有良好的行为习惯和向善向好的健康成熟人格实现高度统一，形成良性循环，思想见诸行为、行为形成习惯、习惯源于自然，即知行合一、言行一致、习惯自然，即“道法自然”地政治上衷心拥抱社会主义、行为上用心建设社会主义，课程思政才算真正见到实效。

2020 年爆发的疫情，犹如一面照妖镜，让许多思想不端的人显露无遗。但同时也有无私奉献的“国士”堪称世人楷模，临危受命的逆行白衣天使树立了医者仁心的职业丰碑。国难当头，他们义无反顾，自告奋勇，一往无前的行为，是知行合一、“道法自然”的典范，是课程思政追求的目标。

其间，有段小视频令我印象深刻，它讲述的是一位用于隔离感染者的酒店的部门经理，在被隔离人员离开酒店后打开隔离房间门，发现每个房间都打扫得干干净净，日常用品都摆放得整整齐齐,后来才知道那是被隔离的环卫阿姨们离开时自主收拾的。画面中酒店经理讲到环卫阿姨们的举动时感动得几度哽噎。环卫阿姨们离开时自觉收拾隔离房间的行为完全是一种自然行为,她们的思想境界和行为表现是课程思政应追求的实际效果。

2020 年 2 月 14 日,湖南省纪委通报,张家界市疾控中心慢性病非传染性疾病防治科科长李某擅离职守、临阵脱逃,携家人到泰国躲避疫情。通报显示,李某 2020 年 1 月 21 日被抽调到张家界市新冠肺炎疫情防控指挥部,负责疫情信息报送工作,但因害怕自己及家人被感染,私自从单位取走个人护照,谎称母亲和武汉人员有接触,自己在老家自行隔离,实则乘飞机至泰国躲避疫情。

疾控中心的科长,"战"疫值班责无旁贷;疾控中心的科长,政治上接受过考察、业务上经历过考验,理应是政治上拥抱社会主义、行为上建设社会主义的良才,却在全民抗疫、共度时艰的历史时刻,政治上欺骗组织、行为上抛弃人民,这样的"两面人"是课程思政特别要防止和杜绝的伪效果。

(二)课程思政效果的考察

1. 聚焦学生主体地位

立德树人是教育的根本任务,课程思政是落实立德树人根本任务的重大战略举措,要回答的是"培养什么人、如何培养人和为谁培养人"的教育根本问题,影响甚至决定着接班人的"质量"。少年强则中国强,青年是祖国的未来和希望,习近平总书记强调,"把青年一代培养造就成德智体美劳全面发展的社会主义建设者和接班人,是事关党和国家前途命运的重大战略任务,是全党的共同政治责任"。这更是课程思政的历史使命。

《纲要》在序言中指出,制定本纲要的目的就是"全面推进高校课程思政建设,发挥好每门课程的育人作用",育人是课程思政的核心内容;《高校思想政治工作质量提升工程实施纲要》"十育人"基本任务排在首位的是课程育人,主要内容就是"大力推动以'课程思政'为目标的课堂教学改革",这充分凸显了课程思政的育人主阵地作用。

课程思政要守好课程建设主战场,建好教师队伍主力军,用好课堂教学主渠道,最根本的还是要育好青年学生这个唯一的课程思政效果载体,为建设社会主义现代化国家培养合格建设者和可靠接班人,为民族复兴和国家崛起提供强大支撑力量。没有学生的受教育,没有学生思想上的价值塑造和行为上的良好改变,没有学生内在的思想感悟持续地、稳定地、自觉地外化为积极的行为习惯,课程思政示范课程、示范教师、示范课堂等课程主战场建设成果、教师队伍主力军建设成效、课堂主渠道教学改革成绩等终究是空中楼阁,经不住现实和历史的检验。

在教师、课程、学生课程思政三要素中,学生是课程思政效果的唯一载体,育好学生是课程思政建设的根本目标。因此,课程思政的效果考察必须聚焦学生主体,而不是过多关注教师作为和课程建设。秉纲而目自张,执本而末自从,抓住学生主体这个根本,课程思政建设的教师队伍主力军、课程建设主战场、课堂教学主渠道等自然会因势而动,顺势而为,乘势而上,教师队伍主力军的主动性、积极性自主激发,课程建设的主战场自动风雷滚滚,课堂教学的主渠道自然清澈如许。

因此,课程思政建设的核心任务应该是构建学生思想状态的有效监测机制和评价机制,并以此倒逼教师主动育人、主动加强课程建设、主动进行课堂改革;绕过学生或学生丧失主体地位而进行的教师课程思政教学比赛、课程思政示范课程建设等活动,人为割裂了教师、课程和学生三要素间的自然联系,迫使教师远离真实课堂、远离现实学生,空谈课程思政,有些本末倒置、舍本逐末,难以获得实实在在的课程思政效果。课堂之外或学生之外的比赛、课程建设等耗费教师大量时间精力,某种程度上甚至会削弱教师实施课程思政的积极性。离开了学生载体或学生失去了主体地位也难以真正考察教师的课程思政意识和能力。

2021 年 2 月 25 日,网上爆出一段惊人视频,是天津一中学班主任辱骂学生的视频。一句句雷人的话语,不断刷新人们的认知底线。班主任,育人的主力军,无论如何也不应该当着全班学生的面说出那样的话!这到底是怎样的一位老师呢?好奇的网友很快扒出这位老师“区骨干教师”“学科优秀教师”“最美教师”等各种荣誉头衔。如果没有这段视频,很难有人将这样的话语跟所谓“区骨干教师”“学科优秀教师”“最美教师”等称号联系起来。或许这位老师有良好的学科水平、教学能力或理论功底,但遗憾的是这些并没有转化为育人的行为,更不可能取得育人的实效。打造课程思政主力军,不能离开学生这个课程思政唯一的效果载体,否则会南辕北辙、越行越远。

2. 关注学生自然状态

2013 年 1 月 5 日,习近平总书记在新进中央委员会的委员、候补委员学习贯彻党的十八大精神研讨班开班仪式上发表重要讲话,他指出,今天衡量一名共产党员、一名领导干部是否具有共产主义的远大理想,是有客观标准的,那就是要看他能否坚持全心全意为人民服务的根本宗旨，能否吃苦在前、享受在后，能否勤奋工作、廉洁奉公，能否为理想而奋不顾身去拼搏、去奋斗、去献出自己的全部精力乃至生命。一切迷惘迟疑的观点，一切及时行乐的思想，一切贪图私利的行为，一切无所作为的作风，都是与此格格不入的。

课程思政的效果考察也是有客观标准的，它主要包括学生的思想和行为两个考察维度，即我们常说的“听其言，观其行”，正如习近平总书记强调的，“理想信念不是拿来说的、拿来唱的，更不是用来装点门面的，只有付诸行动才有说服力”。因此，言行一致，表里如一是考察课程思政效果的基本要求。

趋利避害是人的本能。在特定环境里，人大多会根据利害关系做出利己选择，呈现非真实状态。例如，身陷囹圄、锒铛入狱的贪腐分子，在位时表面上个个义正词严、道貌岸然，背地里却物欲横流、腐化堕落，这种反差实在令人瞠目结舌、大跌眼镜。

厦门某知名大学的“洁洁良”，曾获大连市三好学生、国家奖学金等荣誉，本科期间担任所就读大学城市与环境学院学生会副主席，是学院第一批发展入党的学生党员，保送至厦门某知名大学读研期间，担任研究生第三党支部书记。表面看她无疑是又红又专的社会主义事业建设者和接班人，但却在网络上辱骂国人、挑战国民底线，成为公敌；“洁洁良”是接受过党组织培养教育、经党组织考察合格的优秀学生代表，她的“翻车”不是她在学业上表现不够优秀，而是她人前人后“两张皮”，骗过了党组织，骗过了周围人。

因此，课程思政的效果考察要避免在成果汇报、专项检查、竞赛比赛等特定思政环境下进行，而要重点观察日常状态下学生自然的言语和行为，尤其要注意线上线下相结合，“道法自然”为根本。

2017 年 6 月 28 日，红色之城遵义市精神文明办微信公众号“文明遵义”发布的一张图片引起网民围观。图片内容是一位小学生背着书包站在雨中操场上敬少先队礼。但事实是 6 月 27 日遵义市红花岗区老城小学的这名小学生迟到了，正冒雨奔向教室，当跑到操场中央时，听到国歌响起，小学生立刻伫立雨中面向国旗敬礼。这位小学生的行为完全是下意识的反应，是“道法自然”的真实表现。

无独有偶，学习强国上有段视频，讲述的是三位消防救援人员在抢险救灾时，从路边的泥泞里捡到了一面五星红旗，三位消防救援人员随即用水将五星红旗洗得干干净净，然后竖立一根树干，以树干为旗杆，在泥泞里升国旗敬礼。他们的行为同样是下意识的反应，也是“道法自然”的真实表现。

无论是天真的小学生还是忠贞的消防救援人员，他们的行为都是内心对神圣庄严的国歌和国旗的崇敬感的自然流露，这种“道法自然”状态下的行为才是课程思政追求的真实效果。

3. 注意学生长期行为

在2013年6月28日召开的全国组织工作会议上，习近平总书记指出，革命战争年代，检验一个干部理想信念坚定不坚定，就看他能不能为党和人民事业舍生忘死，能不能冲锋号一响立即冲上去，这样的检验很直接。和平建设时期，生死考验有，但毕竟不多，检验一个干部理想信念是否坚定确实比较难，X光、CT、核磁共振成像也没有办法。当然，也不是不能检验。那就主要看干部能否在重大政治考验面前有政治定力，是否能树立牢固的宗旨意识，是否能对工作极端负责，是否能做到吃苦在前、享受在后，是否能在急难险重任务面前勇挑重担，是否能经得起权力、金钱、美色的诱惑。这样的检验需要一个过程，不是一下子、经历一两件事、听几句口号就能解决的，要看长期表现，甚至看一辈子。

行为—习惯—思想—行为—习惯的良性循环，构成学生价值观螺旋式上升的形成模型。内在的思想外化为行为，行为的持续成为习惯，良好的习惯稳定成为自然表现，自然表现逐步内化为思想价值观念，则课程思政效果真正落到实处。所以，课程思政的效果隐性表现为学生思想的正向变化，显性则表现为学生长期行为形成的良好习惯。

课程思政的效果应具有持续性和稳定性，一时激动或冲动的言行都不是课程思政的真正效果。有研究表明，行为要形成习惯需要30天以上的不间断练习，要内化为思想则需要90天以上的不间断重复与改进。因而，课程思政的效果既要有前后时效的对比，更要有持续的稳定性积累，不能仅看课堂学生的一时激动，也不能仅看课后学生的一次或几次行动，而要留意观察学生自然状态下长期的习惯性行为；不能只看点上的横向截面表现，还要看线上的纵向延续变化，更要看面上的整体同向同行。

学生党员是学生中思想和行为具有先进性和模范性的代表，发展学生党员就需要特别注重对学生长期行为的考察。当前在发展学生党员的过程中，基层党支部基本都是按照程序审核学生入党材料，按照程序要求听取群众意见，考核学生的表现，这是党员发展的规定动作，是每个支部开展党员培养和发展的基本程序。但这些材料、意见或表现等，都是在党员培养和发展的特定背景下展开的，具有明显的思政情境，这个时候收集的信息，难以反映学生真实的思想或行为状态。厦门某知名大学的“洁洁良”事件，就是这样一个典型案例。

【案例分享】

我曾在担任二级学院党总支副书记期间，在发展学生党员时，除了考察入党要求的基本材料，还专门纳入了学生两年或三年来在校期间的课堂出勤数据、寝室违规违纪数据、课程考核数据等学生自然状态下的日常生活表现。为了体现学生党员的先进性和模范性，同时把党员发展对象所在寝室的整体表现、所在班级的整体表现均作为考察依据，以保证学生党员真正发挥模范带头作用。

一个学生人前人后都有优秀表现，优秀言行自然地融入日常生活，自然地引领或影响周边的人，自然地发挥着示范引领作用，则这样的学生所呈现的优秀状态才具有真实性和可信性，这样的学生才真正符合学生党员的发展条件。

三、课程思政实施的注意事项

（一）课程思政的目标确定要符合实情，切忌主观臆想

《纲要》在第三部分"明确课程思政建设目标要求和内容重点"指出，课程思政建设内容要紧紧围绕坚定学生理想信念，以爱党、爱国、爱社会主义、爱人民、爱集体为主线，围绕政治认同、家国情怀、文化素养、宪法法治意识、道德修养等重点优化课程思政内容供给，系统进行中国特色社会主义和中国梦教育、社会主义核心价值观教育、法治教育、劳动教育、心理健康教育、中华优秀传统文化教育。可见，课程思政目标内容很丰富，那实践中应该如何选择或确定课程思政的目标呢？

具体到每门课程或者每堂课，教师需依据实际情况作出选择，而不可主观臆想，随意确定。2021 年 9 月 1 日，习近平总书记在中央党校（国家行政学院）中青年干部培训班开班式上的讲话指出，坚持从实际出发、实事求是，不只是思想方法问题，也是党性强不强的问题。从当前干部队伍实际看，坚持实事求是最需要解决的是党性问题。干部是不是实事求是可以从很多方面来看，最根本的要看是不是讲真话、讲实话、是不是干实事、求实效。

"实事求是"是我们党思想路线的核心内容，是毛泽东思想的精髓，也是我们党百年奋斗的宝贵经验。近代以来，无数仁人志士为挽救民族危亡奋起反抗，洋务运动、戊戌变法等政治运动此起彼伏，但最后都以失败而告终；辛亥革命后，我们学习西方君主立宪

制、议会制、多党制、总统制等各种形式国家制度，仍未能救民于水火之中；自 1921 年中国共产党成立，我党在不断的失败教训中认识到教条主义的危害，意识到脱离中国实际搞革命是行不通的，直至 1935 年 1 月遵义会议确立毛泽东同志的领导地位后，中国革命才走上了“农村包围城市、武装夺取政权”的符合中国实际情况的正确道路，并取得成功。新中国成立后，我们学习苏联模式，虽然一段时间内取得成效，但随着国内条件发生改变，弊端也逐渐显现，于是毛泽东同志基于深入调查研究写下了《论十大关系》，提出了以苏为鉴走自己的路的光辉命题，把马克思主义基本原理同中国具体实际进行“第二次结合”。

改革开放和社会主义现代化建设新时期，邓小平同志明确提出“我们的现代化建设，必须从中国的实际出发”“把马克思主义的普遍真理同我国的具体实际结合起来，走自己的道路，建设有中国特色的社会主义，这就是我们总结长期历史经验得出的基本结论”，成功开辟出中国特色社会主义道路。

中国特色社会主义进入新时代，习近平总书记在不同场合反复强调实事求是的重要性，他曾指出“我们过去取得的一切成就都是靠实事求是。今天，我们要把中国特色社会主义事业继续推向前进，还是要靠实事求是。全党同志一定要坚持解放思想、实事求是、与时俱进，随时准备坚持真理、修正错误。”根据国际国内的百年未有之大变局的实际情况，《中共中央关于制定国民经济和社会发展第十四个五年规划和 2035 年远景目标的建议》提出，构建以国内大循环为主体、国内国际双循环相互促进的新发展格局的“双循环”战略。

实事求是是我党从胜利走向胜利的法宝，是对党员干部的党性要求，也是对教师教书育人的职业要求，课程思政务必要从学生的实际情况出发，干实事、求实效，而不能讲空话、讲大话，求形式。

与时俱进是实事求是的精髓，也是课程思政实施的关键。2009 年，有位学生在学期中期发给我一份邮件。

尊敬的杨老师：

您好！

很高兴在学校最后一段学习时间，能和你一同讨论和学习“基础管理能力提升训练”这门课程。通过短短几周的了解，深知您上课时的严肃、纠正问题时严谨的态度。我相信在接下来的学习中，我们会从杨老师身上学到很多学校以及社会中难以学到的管理和做人的知识。

在这几周的时间里，您让我们懂得了如何看待社会，怎样成为一个好的领导者，"勇于承担责任，敢于承担责任"是最基本的。在知识储备上，以前的要求是教学生一杯水，老师就要有一桶水，但现在老师有一桶水不够，"而是要有一泉活水，要能不断地更新知识"。

在此，希望在接下来的学习中杨老师能多多指导我们，让我们能更好地成长。

老师有一桶水不够，"而是要有一泉活水"，这是十多年前学生对我提出的要求，这一直提醒我，作为老师一定要与时俱进，任何时候都不能停下脚步，不能脱离现实。学生需要的是能指导他们适应社会环境的老师，而不是抱残守缺、故步自封的本本主义者。

实事求是就是要尊重客观事实，研究客观规律，采取符合客观实际的方式与方法。学生是课程思政建设的逻辑起点，也是目标归宿；学生思想受教育，行为有改变，是课程思政的效果体现。所以，课程思政强调的所谓实事求是：一是要尊重学生思想的现实状态和学生思维类型的基本特征；二是要尊重与课程内容紧密相关的基本要求；三是要遵循与当前教学条件或社会环境等客观实际相适应的基本原则。

马克思主义认为，事物的内部矛盾（即内因）是事物自身运动的源泉和动力，是事物发展的根本原因。外部矛盾（即外因）是事物发展、变化的次要因素。内因是变化的根据，外因是变化的条件，外因通过内因而起作用。要想学生思想受教育、行为有改变，关键是学生主观上愿意接受，即内因要发挥作用，这是课程思政见实效的决定性因素。

因此，课程思政的目标选择一定要符合学生的现实情况，满足学生的成长需要，符合学生的心理预期，遵循学生的成长规律。例如，学生在规矩意识、法治意识淡薄时，课程思政的首要目标是宪法法治意识培养；如果学生内心脆弱、抗压能力不足，课程思政的首要目标则要定位在心理健康教育；如果学生政治热情高、关注时事、关心社会，课程思政的首要目标则应定位在引导学生政治认同，培养家国情怀。只有外因的条件即课程思政的目标内容供给与内因的需求即学生的实际情况形成良性互动，课程思政才可能取得成效。

教师切忌根据个人的主观意愿随意确定课程思政的目标内容供给，否则，"强按牛头喝水"是难以达到实际效果的。《纲要》提出的"结合不同课程特点、思维方法和价值理念，深入挖掘课程思政元素，有机融入课程教学，达到润物无声的育人效果"，挖掘的课程思政元素符合学生的实际情况，在课程教学中才能实现有机融入，实现润物无声；如果不符合学生的实际情况,即便课程教学融入得再巧妙,学生主观上仍不愿接受或无法接受,即内因没有发挥作用,那课程思政的所有努力(外因)就只有“无声”而难有“润物”了。

2012 年 11 月 9 日,博主 Sunny 在微博账号上讲述了一个事实:

昨天上午党的十八大开幕,单位组织集中观看开幕式,学习报告精神。晚上回家赶紧打开电视准时收看新闻联播,继续关注相关新闻。在一旁玩的宝宝瞥着电视画面告诉我,“妈妈,上午我们在幼儿园里也看电视了,跟我们家电视里的一模一样,”宝宝上小班,看来幼儿园也组织孩子们观看了党的十八大开幕式,红色教育做得很好。

党的十八大是全国人民都关心的重大时事政治,是思想政治教育的绝好题材,组织收看十八大开幕式符合当时社会环境要求,再从党的十八大开幕式里找到与课程内容紧密相关的要素与学生交流讨论,可能取得非常不错的思想政治教育效果。但如果该博主讲述的事情属实的话,幼儿园组织小班的孩子收看党的十八大开幕式,主观意愿虽是加强对孩子的思想教育,但就幼儿园孩子的实际认知水平,怎么可能看懂党的十八大开幕式?这种主观臆想的不符合学生实际情况的思想教育,是很难实现预期成效的。

无独有偶,类似的案例在改革开放的前沿阵地——深圳市重复上演。

2018 年 9 月 3 日,家长在网上曝出一段视频,在幼儿园开学典礼上,一位黑衣女子在小朋友们的注视下,竟然大跳“钢管舞”。有家长向记者讲述,9 点左右,开学典礼开始,首先是升旗仪式,接着园长赖某开始讲话,介绍了一个培训机构,然后便开始了钢管舞的表演。“比较辣眼睛,很震惊,幼儿园怎么会有这样的表演?”众多在现场的家长都被惊呆了!而视频中赖园长还委屈地说:“为什么钢管舞能上世界锦标赛,可以作为运动舞蹈,我就不能向孩子们介绍这种舞蹈吗?”

加强对学生的艺术审美教育本属于课程思政的重要内容,但被审美的对象或内容一定要符合学生的认知水平,而不是园长主观臆想地认为美的东西就可以随便让学生观看。钢管舞的艺术美属于成年人的审美范畴,放在幼儿园的开学典礼上,实在不妥。赖园长的辩解暴露的是她对教育的无知,这是我们在实施课程思政时要特别注意和留心的。

(二)课程思政的载体要具体实在,切忌空洞无物

习近平总书记指出,实事求是,是马克思主义的根本观点,是中国共产党人认识世界、改造世界的根本要求,是我们党的基本思想方法、工作方法、领导方法。所谓“实事”

就是客观存在着的一切事物，“是”就是客观事物的内部联系，即规律性，“求”就是我们去研究。让学生通过学习，掌握事物发展规律，通晓天下道理，塑造品格，努力成为德智体美劳全面发展的社会主义建设者和接班人。这是《纲要》明确的课程思政建设任务。

“实事”即客观存在的事物是学生掌握事物发展规律、通晓天下道理的前提和基础，课程思政的关键是引导学生基于客观存在的具体事物去研究、探索、体悟真理，形成正确的世界观、人生观和价值观。用具体实在的事实让其感知远比用抽象空洞的语言让其理解更有效。

任何真理都必然经历无数实践的检验，马克思主义基本原理是经过中国革命的具体实践检验的具有蓬勃生命力的真理。我们要想让马克思主义理论武装青年学生的头脑，就必须要用具体的事实向青年学生讲清楚“马克思主义为什么行”；要让青年学生理解“中国共产党为什么能”，就必须用具体的实事向青年学生证明“没有共产党就没有新中国”；要让青年学生接受“中国特色社会主义为什么好”，就必须用具体实在的实事让青年学生相信“只有社会主义才能救中国，只有社会主义才能发展中国”。事实胜于雄辩，百年沧桑的党史、两百年波澜壮阔的民族复兴史，把这些具体的实在的史实讲好讲精彩，就足以坚定青年学生的理论自信、道路自信、制度自信、文化自信。

2012 年 11 月 29 日，习近平总书记在参观《复兴之路》展览时，基于陈望道先生翻译《共产党宣言》时误把墨水当红糖水喝的具体事实，阐述了“真理的味道真甜”；2020 年 9 月 16 日，习近平总书记在湖南考察“半条被子的温暖”专题陈列馆时，基于“半条被子的故事”的具体史实，讲述了中国共产党人的初心和本色，即便红军在缺吃少穿、生死攸关的时候，还想着老百姓的冷暖，这就是为人民谋幸福的初心实践！百年来，中国共产党为中国人民谋幸福、为中华民族谋复兴的初心历久弥坚，一代接着一代干，终于迎来从站起来、富起来到强起来的伟大飞跃。

2016 年 7 月 1 日，在庆祝中国共产党成立 95 周年大会上，习近平总书记指出，中国特色社会主义是不是好，要看事实，要看中国人民的判断，而不是看那些戴着有色眼镜的人的主观臆断。2020 年彻底消除绝对贫困、全面建成小康社会的事实，强有力地回答了中国特色社会主义为什么好的时代命题。将这些具体实在的事实里体现的马克思主义力量、中国共产党的初心、中国特色社会主义的优势等讲清楚、说明白，远比空洞地讲解或严密地论证马克思主义基本原理、中国共产党的初心及中国特色社会主义是什么、有什么等效果要好得多。

（三）课程思政的组织实施要聚焦重点，切忌面面俱到

2015 年 1 月 23 日，习近平总书记在中央政治局第二十次集体学习时的讲话中强调，积极面对矛盾、解决矛盾，还要注意把握好主要矛盾和次要矛盾、矛盾的主要方面和次要方面的关系。“秉纲而目自张，执本而末自从”，面对复杂多变的国际形势和繁重任务，首先要有全局观，对各种矛盾做到心中有数，同时要优先解决主要矛盾和矛盾的主要方面，以此带动其他矛盾的解决。

党的十八大以来，我们提出要协调推进全面建成小康社会、全面深化改革、全面依法治国、全面从严治党。在推进这“四个全面”的过程中，我们既要注重总体谋划，又要注重牵住“牛鼻子”。例如，我们既对全面建成小康社会作出全面部署，又强调“小康不小康，关键看老乡”；既对全面深化改革作出顶层设计，又强调突出抓好重要领域和关键环节的改革；既对全面推进依法治国作出系统谋划，又强调以中国特色社会主义法治体系为总目标和总抓手；既对全面从严治党提出系列要求，又把党风廉政建设作为突破口，着力解决人民群众反映强烈的“四风”问题，着力解决不敢腐、不能腐、不想腐的问题。

在任何工作中，我们既要讲两点论，又要讲重点论。没有主次，不加区别，眉毛胡子一把抓，是做不好工作的。矛盾论是马克思主义哲学的基本内容，也是中国共产党开展革命和建设的基本方法。十八大以来，习近平总书记运用集中精力抓主要矛盾和矛盾的主要方面的基本方法，面对纷繁复杂的国际国内形势，牢牢牵住“牛鼻子”，着力解决人民群众反映强烈的问题，推动中国特色社会主义进入了新时代。

《纲要》里明确的课程思政目标内容丰富，范围广泛，在组织实施时，要学会抓住主要矛盾和矛盾的主要方面，坚持以学生为中心，一切从学生的实际情况出发，根据学生思想教育的实际需要，尊重学生思想教育的基本规律，选择最紧迫最急需的目标作为重点内容供给，即具体到某一位老师、某一门课程，一定要聚焦重点目标内容，集中发力，切忌“面面俱到，天女散花”。当课程思政的目标高度集中时，以此为纲，以此为本，则相应的“目”和相关的“末”都将自然得到提升；不同的老师、不同的课程聚焦不同的思政重点，汇集到每位学生身上，则能有效实现其全面发展。

《纲要》明确要求的“以爱党、爱国、爱社会主义、爱人民、爱集体为主线，围绕政治认同、家国情怀、文化素养、宪法法治意识、道德修养”等重点内容、社会主义核心价值观“富

强、民主、文明、和谐、自由、平等、公正、法治、爱国、敬业、诚信、友善"24 个字等，都是课程思政的重点目标，然而每门课程的课时是有限的，而其中每一个目标都不是一堂课或几堂课就能实现的。课程思政实施时应根据课程特点，聚焦"爱党、爱国、爱社会主义、爱人民、爱集体"中的某一个"爱"开展系列的课程思政内容供给，提升学生对要"爱"的某一方面的强烈认同感，则其他"爱"也会相应增强。或者从 24 个字里选择两个字为重点进行持续深入地培养，例如，社会和企业都高度需要的"敬业"精神；一位热爱中国共产党，积极入党的青年学生，自然会热爱祖国，认同党领导的中国特色社会主义道路；一位热爱集体的青年学生，自觉地会把对集体的热爱移植到对人民的爱、对国家和社会的爱；一位爱岗敬业的员工自然也会爱企业、爱社会、爱国家。

奋战在抗疫一线的白衣天使，大多都是因为"敬业"的职业使命感毫不犹豫地冲到了"战"疫一线，下意识地流露出对国家、对社会、对人民的热爱，用自己自觉的敬业行动感动了亿万国人；修建雷神山、火神山医院的建筑工人，大多都是出于"一方有难八方支援"的"友善"认知，夜以继日奋战在建筑工地，书写建筑传奇，彰显强烈的家国情怀；郑州"7.20"特大暴雨灾害，社区工作人员基于"敬业"责任感而雨里来浪里去，与洪水争抢生命，成为人民生命安全的守护神，这体现了对人民的真挚的爱。他们生动地践行着全心全意为人民服务的宗旨。

因而，课程思政的实施，要牵住学生实际需要这个"牛鼻子"，聚焦重点目标，以此为本，落实见效，则自会纲举目张，执本末从，"眉毛胡子一把抓"，就会使课程思政流于形式，难见实效，是做不好育人工作的。

（四）课程思政的方法应用要扬长避短，切忌盲目跟风

"你打你的，我打我的"，这是毛泽东同志战略战术基本精神的高度概括，其核心思想就是扬长避短，争取主动，此思想无论是在抗日战争还是解放战争中都发挥了重要作用。改革开放初期，邓小平同志说过：不管白猫黑猫，抓住老鼠就是好猫。他鼓励各级地方政府发挥自身优势，大胆改革创新，力争杀出一条血路，促进经济大发展。深圳特区、上海浦东新区利用自身独有的区位优势，迅速成为世界创新中心、金融中心。

教育界常说，教学有法，教无定法，贵在得法。课程思政一定是有方法可循的，但不同的课程、不同的老师，对方法的应用肯定各不相同。每位教师应认真分析所教学生的实际情况和所授课程的性质特点，结合自身的优势特长，因生施教，组织实施课程思政，

变被动挖掘思政元素为主动选择思政目标内容，切忌看到别人怎么做自己就有一学一，有样学样，盲目跟风，盲目随从。

扬长避短的基本依据有三项：

一是专业人才培养方案。专业人才培养方案是育人的指导性文件，它对学生专业知识、专业技能、思想素养是否达标都有着具体规定，课程思政目标内容的重点首先应从人才培养方案中选择，从人才培养方案对学生思想素养的众多要求中，选择一项作为课程思政目标内容的重点。

二是学生的实际情况。它既包括整体学生的实际情况，也包括每位学生的具体情况。聚焦的重点是学生的整体情况，如高等职业学校大一的学生应侧重于自信心的培养，高等职业学校大二的学生可侧重于其敬业精神的培养等；学生的个人实际情况则需在课程思政实施过程中因材施教，因生制宜，积极向上的个体应引导其主动向党组织靠拢，消极懒散的个体应想方设法激发其内生动力，大众化的个体则全力推动其向善向好发展。其重点类似于战略安排，贯穿一学期的课程思政实践始终，这就是所谓的纲或本；学生个体和课程思政策略则要根据学生接受思想教育的实际状况随时作出调整和改变。

三是教师的个人特长。每位教师都有自身育人优势，可能是专业优势，可能是人格优势，也可能是爱好特长优势等。所谓扬长避短就是每位老师要根据自身的优势，结合学生的实际情况，从人才培养方案规定的目标内容里选择思政重点，贯穿课程教学全过程；同时用好自身优势，开展个体引导教育。例如，心理学专业毕业的教师，可以运用心理学的方法与技巧加强对学生内心的震撼；艺术专业毕业的教师则可以通过艺术欣赏、艺术展示、艺术创作或艺术交流、艺术探讨等方式加强对学生艺术审美能力的培养和美学价值观的塑造；管理类专业毕业的教师则可以运用管理学的基本理论、基本原理加强对学生团队意识、合作能力、沟通艺术、协调方法等管理情商的培养。不同专业毕业的教师用好各自专业优势，形成自己独特的育人特色。不同老师在不同课程中基于自身特长聚焦不同的重点目标，将课程思政落到实处，汇聚到每位学生身上，就是学生的健康、健全、完善、全面发展。

扬长避短也需要注意教师团队的协调配合。每门课程的思政目标可以重点聚焦，但每位学生接受的思想教育目标则应多元多样，这样才能实现学生的全面发展。因此，扬长避短时，专业教师团队应该首先做好内部分工协作，尽可能避免团队教师特长优势趋同而造成的课程思政目标内容单一的问题，也尽可能避免学生反复接受相同或相似的思想政治教育内容而产生的信息疲劳，产生拒绝接受教育的厌倦心理。扬长避短策略的施行，教师团队必须要做好合理分工。谁负责培养爱国主义精神、谁负责培养集体主义精神、谁负责培养爱岗敬业精神、谁负责培养诚信友善精神，诸如此类，要有具体的合作内容，形成专业的思政实施方案，培养具有专业特点、满足社会需求、具备可持续发展能力的德能双馨的专业人才。

（五）课程思政的方式组合要实用见效，切忌形式说教

2016 年 12 月，习近平总书记在全国高校思想政治工作会议上强调，做好高校思想政治工作，必须按规律办事，做到因事而化、因时而进、因势而新。“舟循川则游速，人顺路则不迷”。遵循思想政治工作规律和教书育人规律、学生成长规律，是提高工作能力和水平的有效途径。要落实好以文化人以文育人、运用新媒体新技术使思想政治工作活起来等要求，不断增强思想政治教育的亲和力和针对性、时代感和吸引力，从而春风化雨、入脑入心。

“同学们都在玩微博、网络社区、贴吧，学校的德育课却仍在说教”“思想品德课内容陈旧、脱离实际，学生兴味索然”“台上苦心全力灌，台下专心开小差”。这是高校学生对当前学校德育工作的评价；德育课往往是老师教和同学听“两张皮”，很多同学上课记笔记、考试背笔记、课后忘笔记，入脑入心基本成了一句空话。

教师要有效运用新媒体技术，线上线下相结合、音乐视频图片相融合、“情境式+体验式+交互式”相融合等教学方法，这是新时代青年学生思想教育的必然要求。新时代的课程思政，如果还局限于语言说教、局限于课堂现场、局限于教材内容，就不能做到因时而进、因势而新，也就很难提高思想政治工作的亲和力、针对性和有效性。

《纲要》指出，要“深入挖掘各类课程和教学方式中蕴含的思想政治教育资源”，大多数教师只关注了深入挖掘“课程”中蕴含的思想政治教育资源这个关键，而忽略了挖掘“教学方式”中蕴含的思想政治教育资源这个重点。事实上，在课程思政的建设中，教学方式对思想政治教育往往起着非常重要的作用。方式方法得当，可以起到事半功倍的效果；方式方法不当，则可能事倍功半，甚至“事倍功无”或“事倍功负”。“台上全力灌”的说教形式，导致“台下开小差”的抗拒局面，其后果不仅仅是学生不听课的“功无”，更可能是学生对德育工作排斥或否定老师所讲内容的“功负”。

2018 年 9 月，湖南某学院 2018 级土木工程学院大一新生王某因在网络上发表不当

言论被开除学籍。

2014 年 10 月 15 日，习近平总书记主持召开文艺工作座谈会，他在会上指出，文艺要赢得人民认可，花拳绣腿不行，投机取巧不行，沽名钓誉不行，自我炒作不行，“大花轿，人抬人”也不行。

现代信息技术的应用，为课程思政的实施提供了多种路径，但实践中需要注意，一切方式方法的应用都是为了取得实效，切不可单纯为了改变而改变，也不是方式方法组合越多越好。文字、音乐、视频、图片，不是每次教学过程都要全部应用，线上线下时间安排也不是非要平均分配或线上占多数时间，参与式、体验式、交互式也不是每次教学过程都要用上，这些方式的组合需要根据实际情况做出安排，以取得实际效果为目标追求，切忌搞些花里胡哨的形式哗众取宠或者为了应用信息技术而应用信息技术。

在听其他老师的课时，我曾遇到一位老师把自己想讲授的内容录制成微课，在课堂自己不讲课，而是给学生播放微课。人还是同一个人，内容也还是同样的内容，形式也还是同一个形式，只是运用信息技术把自己一分为二，这导致课堂上同时出现了两个老师，一个是讲台上不讲课的老师，一个是屏幕上说教的老师。

相信这位老师在微课的录制过程中肯定费了不少心思，但这种对信息技术的应用既不实用也难见实效，比传统的说教形式更不可取。课堂上师生完全没有互动，学生兴味索然，信息技术的应用不仅没有提高教师的亲和力和教学的针对性，而且更不利于师生的交流。

（六）课程思政的实践落实要持之以恒，切忌蜻蜓点水

十年育树，百年育人，育人是课程思政的根本任务，育人是一项长期的系统工程，需要持之以恒，切忌蜻蜓点水，浅尝辄止。1945 年 6 月 11 日，毛泽东同志在党的七大闭幕式上作了闭幕词——《愚公移山》，他强调，“这件事感动了上帝，他就派了两个神仙下凡，把两座山背走了。现在也有两座压在中国人民头上的大山，一座叫做帝国主义，一座叫做封建主义。中国共产党早就下了决心，要挖掉这两座山。我们一定要坚持下去，一定要不断地工作，我们也会感动上帝的。这个上帝不是别人，就是全中国的人民大众。全国人民大众一齐起来和我们一道挖这两座山，有什么挖不平呢?”

课程思政是国家战略，是所有教师都必须切实履行的法定职责，每位教师都没有退路，只有下定决心把它做好。教师、课程、学生是课程建设与实施的三要素，三要素中我

们只面临一座大山,那就是学生主观上不愿意,只要学生主观上愿意接受教育或相信老师的教育,只要学生自己从内心认同或接受老师的教育,教师的课程思政努力就能真正内化为学生的精神追求,外化为学生的行为习惯,课程思政就能收获实效。我们也有一个“上帝”,那就是学生本人,习近平总书记指出,教育者要先受教育,传道者自己要明道、信道,要想获得学生的信任,移走学生的主观“不愿意”这座大山,我们每位教师都得要有愚公移山的坚定信念和持之以恒的精神追求,用自己的坚定信念和不懈坚守,去感动我们的“上帝”即学生。

2019 年 4 月 30 日,习近平总书记在纪念五四运动 100 周年大会上的讲话指出,我们在教育引导青年时“多给他们一点提高自我认识的时间和空间”,其实质要求就是老师们要多给自己一些坚持与坚守,每位老师都应该树立愚公“子子孙孙无穷匮”的持之以恒理念,要有育人接力赛的思想准备,不求功成在我,但求方向不偏、工作不断、交接不乱。“能包容要包容”,其实质就是要求老师们要有像愚公一样的虚怀若谷的大气度和站在长远的历史角度视王屋、太行二山为泥丸的大格局,面对学生思想教育的困难既要有攻坚克难的勇气,同时要有长期坚持的毅力。

深入挖掘课程思政元素是当前教师实践课程思政的主要指导思想,这一指导思想将课程思政建立在课程内容体系上,即以课程内容的逻辑关系建构育人的内容体系,同时,基于课程内容的传授过程落实课程思政的实践行动,即在知识传播的过程中育人。这一指导思想在现实的实践中主要存在三个问题:

一是部分学校要求教师们在每堂课的教学方案里都要结合授课内容挖掘课程思政元素,明确课程思政目标。由此,教师们不得已生搬硬套,确保形式上完成任务。

二是授课内容在知识逻辑上是成体系的,而由此挖掘的诸多思政元素,却难以实现思想教育上的逻辑关系。用此思政元素对学生进行思想教育,其结果就是堂堂课都有思政内容,每节课思政目标都可能不同,每项思政目标点到即止,就会出现所谓的“蜻蜓点水式”思想教育,老师像蜻蜓一样看似忙碌不停,也能看到零星的波澜,但很快就会恢复平静,一切如故。

三是这一指导思想鼓励教师牢牢守住课堂主渠道,在形式上对学生开展整体的思想教育,这导致老师将课程思政狭隘地理解为课堂思政,用心在课堂上应用思政元素,而忽略了课外对学生的思想引导,在守好主渠道时有意或无意地放弃了多渠道。但对学生个体而言,多渠道有时比主渠道更重要。

第五章 职业教育课程思政建设的类型理论

职业教育是不同于普通教育的教育类型，具有与普通教育同等重要的地位，这是《国家职业教育改革实施方案》(国发〔2019〕4 号，下称《方案》)对职业教育作出的历史性定位，由此，我国教育体系进入职业教育与普通教育并行的“二元”结构新时期。职业教育类型地位的确立是职业教育类型理论争鸣的历史推动的结果，是职业教育发展史上的里程碑，为职业教育未来的发展开辟了无限空间。

理论是行动的指南，普通教育发展历史悠久，理论体系成熟，刚确立类型地位的职业教育，在类型化发展过程中必然面临很多新问题，职业教育的课程思政亟须探索职业教育的新规律、新特征、新内涵以及实践新途径、新措施，走自己的类型特色之路。

职业教育是在学习借鉴普通教育的基础上发展起来的，职业教育的课程思政要取得实效，不能亦步亦趋效仿普通教育，必须以职业教育的类型理论为基础，坚持以职业教育的类型理论为指导，走出自己的类型特色之路，才能行稳致远。

一、职业教育类型理论的争鸣与辨析

(一)职业教育的类型理论争鸣

职业教育类型地位的确立离不开职业教育类型理论的发展。近二十年来，得益于国家的职业教育优先发展战略，涉及职业教育的理论研究成为学界热点，关于职业教育的类型理论呈现百花齐放、百家争鸣的繁荣状态。目前，国内职业教育的类型理论主要可以归纳为以下四种，即跨界说、就业说、实践说和能力培养说。

跨界说是职业教育界影响范围较广的一种理论观点，持此观点的主要是姜大源先生。该理论认为，普通教育只涉及学校一个教学地点，是基于学校教育的认知规律开展的教学，是去情境化的教育，而职业教育跨越了企业和学校的界限，既要关注企业发展需求，又要关注学校发展需求，亦即要关注现代企业与现代学校两类需求理念的融合；跨越了工作和学习的界限，既要把握工作的需要，又要把握学习的需要，亦即要实现“做中学”与“学中做”两类学习途径的融合；跨越了职业与教育的界限，既要遵循职业成长及技能形成的规律，又要遵循教育认知及知识学习的规律，亦即要遵循职业发展与教育发展规律的融合。姜大源先生认为，跨界说奠定职业教育的类型地位。

就业说是流传时间较久的一种理论，其依据主要是教育部 2004 年的文件《关于以就业为导向深化高等职业教育改革的若干意见》（已废止）。该文件指出，高等职业教育应“以就业为导向，走产学研结合的发展道路”“以就业为导向确定办学目标”。2004 年是高等职业教育发展步履维艰的探索时期，而该文件无疑为高等职业教育是就业教育的就业说提供了强有力的理论依据。该理论也长期被职业教育界所接受。在此理论指导下，职业学校开始校企合作办学、面向行业企业开设课程、面向工作岗位重构教学内容，职业教育从此开启了艰难的职业性建设之路。

实践说是被职业教育教师广为接受的一种理论。他们认为职业教育主要培养的是动手能力较强的技术技能人才，主要培养方式是实践，即“做中学、学中做”。这个理论来源于 2006 年的《关于全面提高高等职业教育教学质量的若干意见》，该文件第五条指出“大力推行工学结合，突出实践能力培养，改革人才培养模式”，第六条呼应第五条指出“校企合作，加强实训、实习基地建设”。由此，职业教育开启“工学结合”的实践能力培养和生产性实习实训条件建设，启动顶岗实习人才培养模式改革等系列工作，对职业教育的类型特色形成起到重要推动作用。

能力培养说是在一定时期内很有说服力的一种理论。该理论认为普通教育是以知识传授为主要目标的教育，而职业教育是以能力培养为主要目标的教育；普通教育专注于知识的讲授，意在为学生构建系统的学科知识体系，而职业教育则专注于学生能力的培养，意在提高学生胜任职场工作的适应能力；普通教育多采用“师讲生听”的教学模式，而职业教育则多采取“生做师帮”的教学模式，二者的教育目的、教学载体、教育方式等完全不同。

这些理论在不同时期从不同侧面有力促进了职业教育的特色形成与类型发展，对职业教育类型地位的最终确立发挥了重要作用。跨界说清晰阐述了职业教育产教融合、校企合作的办学方向,就业说引导了职业教育面向就业岗位加强课程建设,实践说促进了职业教育的实习实训条件建设和实践教学改革,能力培养说推动了职业教育由知识讲授向技能训练的课堂变革,目标类型说帮助职业教育找到了属于自己的方向与定位。

事物类型的划分,正是因事物间存在根本区别。职业教育与普通教育作为我国教育的两种类型,他们的根本区别到底是什么呢?能支撑职业教育与普通教育并驾齐驱的理论依据是什么?判断二者的根本区别须有公认的权威标准,这个标准可以是为实践所证明、为业界所公认的、能揭示事物本质规律特征的成熟理论,也可以是集学界共识和国家意志于一体的法律法规。跨界说、就业说、实践说和能力培养说等理论丰富了职业教育的理论体系,促进了职业教育的发展,但是这些理论中大部分都没有清晰地划分职业教育与普通教育的类型界限,难以支撑职业教育与普通教育并行发展的类型地位,如对此不加以澄清,职业教育后续的类型发展和特色彰显将会困难重重。

(二)职业教育类型理论的辨析

1. 跨界不是职业教育与普通教育的本质区别

如果说跨界是职业教育与普通教育的根本区别,那么,职业教育跨界,普通教育就肯定不跨界。普通教育到底跨不跨界呢?2002 年和 2005 年,国务院分别召开第四次、第六次全国职业教育工作会议,针对当时职业教育存在的问题,提出探索有中国特色的职业教育发展之路。会议的主题报告指出,职业教育必须服务于社会主义现代化建设;必须满足城乡居民对职业教育的多样化需求;必须与社会主义市场经济体制相适应;必须与生产劳动和社会实践紧密结合。可见,跨越行业企业与职业学校的界限办学,是职业教育的显著特征。

然而,《中华人民共和国教育法》(2015 年,下同)第五条、《中华人民共和国高等教育法》(2018 年,下同)第四条也同时强调教育“必须与生产劳动和社会实践相结合”,《中华人民共和国高等教育法》第三十五条还强调“国家鼓励高等学校同企业事业组织、社会团体及其他社会组织在科学研究、技术开发和推广等方面进行多种形式的合作。”《中华人民共和国教育法》是面向所有教育的根本法,《中华人民共和国高等教育法》主要面向普通高等教育。从法律上讲,跨越企业和学校、跨越工作和学习、跨越职业与教育,与生产劳动和社会实践相结合是《中华人民共和国教育法》对所有教育的办学理念要求,并非职业教育独有，只是普通教育长期习惯于关门办学而跨界不够，职业教育校企合作跨界步子迈得较大而已，二者之间只是跨界程度不同，而非根本区别。

事实上普通高等教育跨界与企业合作，现在已呈遍地开花之势。2021 年 4 月 16 日，中国教育新闻网发布消息，武汉工商学院与君集环境科技股份有限公司校企合作共建污水资源化利用国家工程实验室；2021 年 5 月 24 日，广东工业大学官网发布消息，广东工业大学与东莞市彩丽建筑维护技术有限公司共建校企联合创新实验室；2021 年 6 月 24 日，贵州白山云科技股份有限公司与贵州大学签约省部共建公共大数据国家重点实验室。普通教育与职业教育，只是因为目标定位不同，与企业跨界合作的侧重点不同而已，普通教育多侧重于理论研究与突破，而职业教育则侧重于人才培养和技术改进与创新。

2. 就业是所有教育的归宿而非职业教育独有

就业是不是职业教育所独有呢?《中华人民共和国职业教育法》(2022 年，下同)第三条有关于职业教育“是国民教育体系和人力资源开发的重要组成部分，是培养多样化人才、传承技术技能、促进就业创业的重要途径”的表述，这是从作用角度对职业教育价值的肯定；《中华人民共和国高等教育法》第五十九条要求“高等学校应当为毕业生、结业生提供就业指导和服务”，这是从工作的角度对高等学校提出的具体要求。二者虽然角度不同，但实质是一样的，就是无论普通高等教育还是职业教育，就业都是学校人才培养的最终归宿，解决学生的就业问题都是学校日常的重要工作，二者殊途同归而非职业教育独行。

教育是培养人的活动。马克思主义教育学认为教育是一种社会现象，是人类特有的活动。人类教育中无论是生产经验的传授，还是社会行为规范的教导，都不是产生于人的本能需要，而是人们意识到的社会需要，是在明确意识的驱动下产生的有目的的行为。自有人类社会就有教育，它的职能是根据一定社会的要求，传递社会生产和生活经验，促进人的发展，培养社会所需要的人才。这个基本特点存在于各种社会的教育活动并使之区别于人类的其他社会活动。

普通教育借助语言文字这种信息载体，向受教育者传授经逻辑整理、抽象处理过的社会生产和生活经验，增强受教育者在社会上需要的竞争力，也就是我们常说的就业竞争力。而职业教育，也是借助于语言文字的信息载体功能，向受教育者传授“从事某种职业或者实现职业发展所需要的职业道德、科学文化与专业知识、技术技能等职业综合素质和行动能力”，增强岗位胜任力，同样是就业竞争力。因而，坚持就业导向，增强就业能力,满足社会需要,是职业教育和普通教育共同的归宿。

3. 实践也是普通教育人才培养的重要路径

教育是有意识的以影响人的身心发展为目标的社会活动,是塑造人的思想思维、价值观念和劳动能力的过程。早在1845年,马克思就指出,人的思维是否具有客观的真理性,这并不是一个理论的问题,而是一个实践的问题。人应该在实践中证明自己思维的真理性,即自己思维的现实性和力量,亦即自己思维的此岸性。关于离开实践的思维是否具有现实性的争论,是一个纯粹经院哲学的问题。毛泽东同志说:“真理只有一个,而究竟谁发现了真理,不依靠主观的夸张,而依靠客观的实践。只有千百万人民的革命实践,才是检验真理的尺度。”1937年7月,毛泽东同志在《实践论》里深刻论述了实践与认识的关系,他指出,实践的观点是辩证唯物论的认识论之第一和基本的观点,在实践中不断开辟认识真理的道路,达到主观和客观、理论和实践、知和行的具体的历史的统一,反对一切离开具体历史的“左”或“右”的错误思想。

实践出真知,伟大的毛泽东思想就是在马克思列宁主义普遍真理与中国的革命具体实践相结合的产物。在一段时期内,毛泽东同志的革命路线没有占主导地位,甚至遭到排挤,但长期的革命斗争与实践,成功的经验和失败的教训,从正反两方面证明了毛泽东同志的革命路线的正确性,形成了毛泽东思想。党的经验不是从天上掉下来的,也不是从书本上抄来的,而是我们党在历经艰辛、饱经风雨的长期摸索中积累下来的,饱含着成败和得失,凝结着鲜血和汗水,充满着智慧和勇毅。

实践既是检验真理的唯一标准,也是获取知识、掌握真理、增长才干、拓展思维的最直接有效的途径。实践具有把思想和客观实际联系起来的特性,一切直接经验或间接经验即认识均源于过去的实践,所有理论知识的价值都在于实践的应用。《中华人民共和国教育法》和《中华人民共和国高等教育法》明确要求“教育与生产劳动和社会实践相结合”,国家以法律形式确立了实践在所有教育中的不可替代的重要地位。只是长期以来,普通教育在落实法律规定时有一些不足,特别是普通高等教育,不少教师在较长时间内固守“两耳不闻窗外事,一心只读圣贤书”的传统观念,关门办所谓的“象牙塔”教育,使教育与生产劳动和社会实践严重脱节。这直接导致培养出来的学生“高分低能”“眼高手低”,为行业企业及社会所诟病,“钱学森之问”就是对普通教育特别是普通高等教育理论与实践脱节的当头棒喝。如今,教育部大力提倡劳动教育,实质是对普通教育理论与实践脱节的矫枉过正,是在实践层面上向职业教育靠拢。因而,实践教学和培养应用实践型人才应是普通教育和职业教育的共同追求而非根本区别。

4. 普通教育培养的依然是学生的能力

能力培养说理论确实初期被我所接受，我也进行过一定程度的研究与思考，而随着研究与思考的深入，我很快发现这一理论也是站不脚的。英国数学家、哲学家和教育理论家阿弗烈·诺夫·怀海德在《教育的目的》中写道："把学校学到的知识忘掉，剩下的那一部分才是教育"。把学到的知识忘掉，那还剩下什么呢？我国著名的教育学家蔡元培先生给出了答案："教育是帮助被教育的人，给他能发展自己的能力，完成他的人格"，把知识忘掉剩下的当然就只有能力和人格了。

这说明无论是普通教育还是职业教育，受教育对象最终受益的都是教育对自己能力的提升和人格的健全，即两类教育的终极落脚点都在能力培养和人格健全上，只是两类教育选择的能力培养与人格健全载体和方式有所不同，普通教育选择了以知识为载体、以做题考试为主要方式提高学生能力和塑造学生人格，而职业教育则选择以做事为载体，以训练考核为主要方式培养学生能力和健全学生人格。

普通教育是知识教育而不是能力教育的认识的形成是因为普通教育本身长期以来将关注重心放在学生对知识的掌握程度上，简单说就是文化课考试成绩上，而非能力提高和人格健全上，在关注对象上的本末倒置误导了社会认知，大众普遍认为普通教育的主要任务就是传授知识。这导致部分教师将自己简单地定位为知识的传播者，而忘却了"传道"的首要任务。今天国家推行课程思政战略，要求以立德树人为根本任务，所有课程所有教师都要承担好育人责任，与思政课同向同行，形成合力，就是让教育包括普通教育和职业教育回归提升能力和健全人格的育人本质。

（三）支撑职业教育类型地位的理论基础

1. 目标类型说

这一理论提出的基础是人才类型划分理论。国际上有人才类型划分的说法，人才类型划分的标准不同，内容也就有所不同。如果以能力类型为标准，国际上普遍将人才划分为学术型人才、工程型人才、技术型人才、技能型人才四类，按这个划分标准，普通教育主要培养的应是学术型和工程型人才，而职业教育主要培养的应是技术型和技能型人才，这是职业教育技术技能型人才目标定位的理论基础，为人才培养目标类型说提供了明确的理论依据。

那在法律上有依据吗?《中华人民共和国高等教育法》第五条对普通高等教育的人才培养目标定位是:“高等教育的任务是培养具有社会责任感、创新精神和实践能力的高级专门人才,发展科学技术文化,促进社会主义现代化建设。”通过发展科学技术文化促进社会主义现代化建设,这是普通高等教育培养的人才应肩负的历史使命;《中华人民共和国职业教育法》第四条对职业教育的人才培养也有目标定位,即实施职业教育应当弘扬社会主义核心价值观,对受教育者进行思想政治教育和职业道德教育,培育劳模精神、劳动精神、工匠精神,传授科学文化与专业知识,培养技术技能,进行职业指导,全面提高受教育者的素质。涵养职业道德,练就职业技能,全面提高受教育对象素质是职业教育应该承载的社会责任。

简单来讲,我们可以认为普通教育培养的是文化知识发展创新人才,主要属于学术型和工程型人才,而职业教育培养的则是技术技能传承创新人才,主要属于技术型和技能型人才,这二者在人才类型上确有本质区别,也于理于法有据。因而,“目标类型说”足以从国家战略层面支撑职业教育与普通教育并行的“二元”教育结构体系,奠定职业教育的类型地位。

2. 对象类型说

这一理论是基于多元智能理论的基本思想,在长期的教育教学实践中总结提炼的。根据多元智能理论的“智力没有层次之分只有类型之别”“不同智力类型具有同等重要作用”等观点,职业教育对象与普通教育对象的根本差别不在于智力水平高低而在于智力类型不同。如果我们把智力按大众观点分为“抽象思维”和“形象思维”两种类型的话,普通教育对象就属于“抽象思维强、形象思维不一定强”的“抽象思维偏向型”类型,而职业教育对象则属于“抽象思维弱,形象思维并不弱”的“形象思维偏向型”类型。普通教育的学生更善于进行抽象的理论思考辨析,而职业学校的学生则更善于在具体的实践中感悟体悟。

这门课培养的是我们的团队精神,在小组成员的实践中,我们也遇到了许多困难和麻烦,如在想法和动手方面。但是我们通过团队合作,共同解决了所有难题,大家也都提出自己的意见和建议,这让我们看到了团队的力量,团队让我们走得更远。通过这些实践,我深深体会到想法与实践的差距,一个想法可能很简单,然而实践起来就会碰到这样或那样的困难,如果不去做,不去亲身经历,永远都不会明白。例如,我们决定去送爱心早餐,早上五点多迷迷糊糊起来,去食堂买好早餐,看到环卫工们忙碌的身影,感觉到其挣钱不易,而且他们比我们早起几个小时,当天完全亮的时候,他们呈现给我们的是干干净净的马路。同时包括食堂里的那些叔叔阿姨,同样的早起,为我们准备早餐。自己的父母也是一样。所以我觉得应该尽量为自己的父母多分担一点,该感恩的时候就用实际行动表现出来。时间过得很快,一学期就这样过去了,但团队建设是个长期的过程,希望我们小组成员能够提高团队创作能力和团队意识,共同进步。

"挣钱不易""该感恩的时候,要用实际行动表现出来",这是学生经一学期实践悟出的道理,不是教师在课堂上传授给他们的道理。这是职业学校学生的类型特点。

抽象思维与形象思维本无水平高低之分,只是类型特点不同。职业学校学生不是被遗弃者与失败者,而是因为他们更适合形象思维教育。这就要求教育模式与制度为他们改革和创新,设计适合不同类型孩子成长的育人模式,让每一个孩子都成为有用之才,"他们是抽象世界的低智商,但却可能是形象世界的高材生"。现实中,学习成绩不好最后成为行业翘楚、社会名流或单位砥柱的案例比比皆是,这些案例反复验证了"智力没有层次之分只有类型之别"观点的正确性。

国家规划职业教育体系,构建职业教育与普通教育并行的"二元"教育结构,确立职业教育的类型地位。这宏观上是因为国家经济社会发展、产业转型升级需要不同类型的人才,需要职业教育担负起培养技术型和技能型人才的历史使命,这是职业教育存在的与普通教育同等重要的战略价值;而微观上是因为普通教育模式不适合形象思维偏向型的学生,长期的类型错位教育已成为家庭矛盾和社会矛盾的重要诱因,在一定程度上影响了人民对教育的满意程度。

职业教育接收的基本上是运用普通教育模式或方法难以育好的学生。事实上当我们转变思维,不再用抽象思维的指标而用形象思维的特点去考察他们时,我们马上就会发现他们根本不是什么差生,更不是什么问题学生,他们只是另一种类型的学生,是职业教育的"宠儿"。用职业教育的方法培养好普通教育难以育好的另一种类型学生,给父母以舒心、给社会以和谐。这是职业教育具有的普通教育不可替代的现实实践价值。

人才培养目标类型说与人才培养对象类型说共同构成职业教育类型地位的理论基石,奠定了职业教育类型特色的未来。

二、职业教育类型地位确立的历史沿革

2019 年 12 月 21 日，中国职业技术教育学会 2019 年学术年会在北京召开。中国职业技术教育学会会长、教育部原副部长鲁昕在会上作报告，她把新中国成立 70 年来的职业教育发展分为三个阶段：一是从 1949 年新中国成立到 1991 年，这段时期是我国职业教育的 1.0 时代，是奠基式发展阶段。二是从 1992 年我国确定了建立社会主义市场经济体制的改革目标后到 2013 年，这段时期是我国职业教育规模化发展的 2.0 时代。三是 2014 年国务院印发《关于加快发展现代职业教育的决定》至今，我国职业教育进入了内涵式发展的 3.0 阶段，从规模走向质量，凸显特色。职业教育的发展历程，也是职业教育类型地位提出、认识和确立的过程。

（一）高等职业类型地位的初次提出

关于职业教育类型问题的理论探讨起始于职业教育发展的第二个阶段，即职业教育规模化发展的 2.0 时代，核心是关于高等职业教育的定位问题。1994 年孟广平将高等职业技术教育定位为高等教育层次的职业技术教育，引发了国内学者对高等职业教育定位的类型与层次之争；1996 年版的《中华人民共和国职业教育法》规定，职业学校教育分为初等、中等、高等职业学校教育。实施以初中后为重点的不同阶段的教育分流，建立、健全职业学校教育与职业培训并举，并与其他教育相互沟通、协调发展的职业教育体系。这为职业教育的体系化发展提供了法理依据，高等职业教育发展进入快车道；1999 年 6 月，中共中央、国务院作出《关于深化教育改革全面推进素质教育的决定》，首次明确提出，要大力发展高等职业教育，培养一大批具有必要理论知识和较强的实践能力，生产、建设、管理、服务第一线和农村急需的专门人才。此后短短十几年，我国高等职业教育学校的数量增加了上千所；1999 年王浒提出高等职业教育是高等教育的重要类型，和以“学术目的为主”的普通高等教育并存于各层次教育中，这是早期提出的“职业教育”与“普通教育”二元教育概念的理论观点；2005 年中华人民共和国国务院《关于大力发展职业教育的决定》指出，要构建有中国特色的现代职业教育体系，回应了 1996 年的《中华人民共和国职业教育法》关于职业教育体系构建的规定，由此开启了人们对职业教育作为类型教育的内涵的进一步思考。

2006 年《关于全面提高高等职业教育教学质量若干意见》提到，“高等职业教育作为高等教育发展中的一个类型”“在我国加快推进社会主义现代化建设进程中具有不可替代的作用”，明确了高等职业教育作为高等教育类型的不可替代地位，这是国家文件第一次正式明确高等职业教育是我国高等教育的类型而不是层次。但该文件只针对高等职业教育做了类型表述，而没有涉及中等职业教育，也就是说关于职业教育的类型划分，并没有达成共识，中等职业教育和高等职业教育间还没有建立起一体化发展的相互依存关系。

事实上中等职业教育在我国的教育体系中自 1949 年新中国成立以来就一直存在，其发展过程虽有波折，但从未间断，只是在职业教育发展的 1.0 时代，中等职业教育的类型地位始终处于模糊状态，没有引起人们足够的重视，直到高等职业教育大规模出现后，高等职业教育与中等职业教育之间的教育层次关系问题才逐步成为现实问题，开始被重视。

2006 年中华人民共和国教育部、财政部联合开启了“国家示范性高等职业学校建设计划”，中央财政累计投入专项资金 45.5 亿元，拉动地方财政投入 89.7 亿元，行业企业投入 28.3 亿元，支持 200 所国家示范（骨干）高等职业学校建设，高等职业教育进入类型化发展的初步探索时期。2007 年，职业教育专家陈解放从人才培养目标的角度论述了高等职业教育成为类型的必然性；2008 年，职业教育专家姜大源从大职业教育观角度强调中等职业教育和高等职业教育都应属于职业教育类型体系，职业属性使得其在国民教育系统中具有类型的不可替代性。

（二）职业教育类型划分的初步实践

2014 年国家骨干高等职业学校建设基本完成验收。在国家示范性高等职业学校建设和国家骨干高等职业学校建设等重大项目推动下，订单班、大师工作室、引企入校、现代学徒制、校企共建实训基地等各种能够调动企业参与人才培养积极性的校企合作模式开花结果，学生实践学习的机会大大增加。工作过程系统化课程、项目模块化课程、基于岗位能力要求开发课程等世界先进的职业教育理念开始在本土落地生根并本土化。“校企合作”不再是简单地到企业实习，而是从人才培养方案制定、课程设置、教育教学到考核评价的一系列深度合作。产教融合、校企合作、工学结合、理实一体等高等职业教育的特点逐步显现，高等职业教育的职业属性日益彰显，高等职业教育的类型化发展探索初见成效，开始迈向特色凸显的3.0时代。

与此同时，中等职业教育同样经历了国家示范性中等职业学校和国家骨干中等职业学校建设等重点项目洗礼，积极参与到职业教育的类型化发展和体系构建的实践探索中，无论是规模还是质量都得到了蓬勃发展。2014年，中华人民共和国教育部将国家教学成果奖申报划分为基础教育、职业教育和高等教育三种类型，并明确职业教育包括中等职业教育和高等职业教育，同时将职业教育国家级教学成果奖组织申报工作由高等教育司划归到职业教育与成人教育司负责，由此，国家层面初步形成了中等职业教育与高等职业教育一体化的管理理念和管理体制，业务上初步确立了职业教育的类型地位。

但“基础教育、职业教育和高等教育”的类别划分标准，在逻辑关系上依旧存在不清晰的问题，基础教育和高等教育是按教育的层次划分的，主要依据为教育对象的年龄长幼或者认知水平，职业教育放在二者中间，中等职业教育对象基本与基础教育的高中教育对象年龄阶段相同，高等职业教育对象与高等教育的教育对象年龄阶段也基本相同。高等职业教育在层次上本应属于高等教育，由于允许普通高等学校办高等职业教育或参照普通教育办学模式办职业教育等，部分高等学校包括“985”、“211”院校都与高等职业教育有千丝万缕的关系。因而，“基础教育、职业教育和高等教育”的类别划分理论依据不是很充分，类型界限不明确，未真正意义上确立职业教育的类型地位。

（三）职业教育类型地位的正式确立

开始于20世纪90年初的近30年的关于职业教育类型定位的系列研究和实践，为2019年《国家职业教育改革实施方案》正式确立职业教育的类型定位、构建国家职业教育与普通教育并行发展的“二元”教育结构体系奠定了思想和理论基础。

2014年，教育部等六部门联合印发了《现代职业教育体系建设规划（2014—2020年）》，设计了初中以后我国职业教育与普通教育并行发展的“二元”教育结构体系（如图所示），职业教育的类型地位问题进入深层次的理论与实践探索阶段。根据规划要求，经近年来全体职业教育工作者的共同努力，我国“职普并行”的教育结构体系已基本形成，职业教育进入类型特色发展的4.0阶段。

2019年，国务院印发的《国家职业教育改革实施方案》中关于“职业教育与普通教育是两种不同教育类型，具有同等重要的地位”的开篇语，从国家政策层面明确将职业教育与普通教育的关系由以前的依附发展转向“比翼齐飞”、由以前的学习借鉴转向了并行发

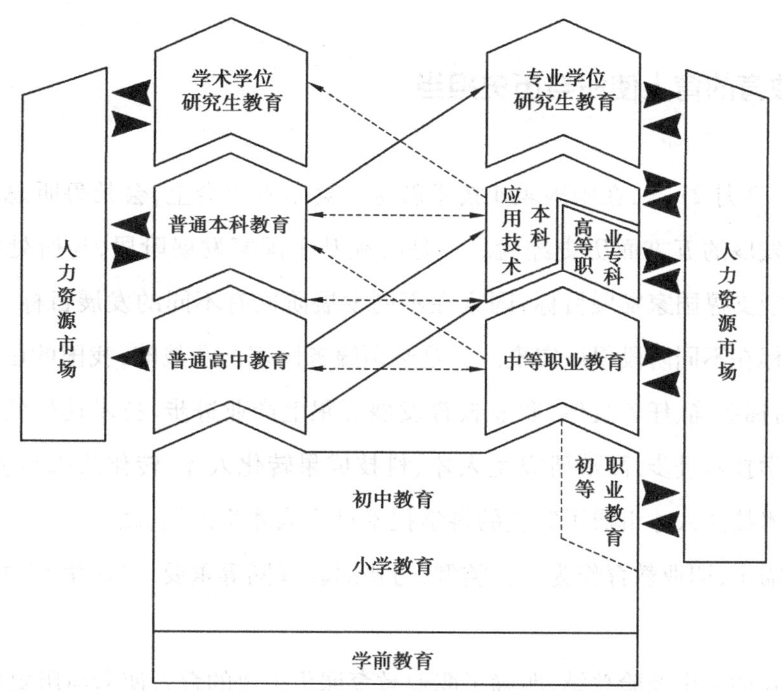

展。2022 年 5 月 1 日起施行的《中华人民共和国职业教育法》第三条“职业教育是与普通教育具有同等重要地位的教育类型,是国民教育体系和人力资源开发的重要组成部分”,以法律形式巩固了职业教育的类型地位。由此,普通教育与职业教育犹如鸟之双翼、车之双轮,成为新时代推动国家教育现代化的两股重要力量,这标志着我国教育进入职业教育和普通教育携手并进的“二元”结构体系时代。

职业教育类型地位确立后,我国对职业教育作为类型教育的关注视线开始从局部的类型特点转向系统的类型特征,重点审视职业教育作为类型教育的普遍性特征。姜大源在《跨界、整合和重构:职业教育作为类型教育的三大特征——学习〈国家职业教育改革实施方案〉的体会》一文中,从系统论和方法论的角度出发,将职业教育作为类型教育的特征归纳为从一元结构走向跨界的双元结构的办学格局、从单一需求走向整合的双重需求的社会价值、从单维思维走向辩证的多维思维的逻辑工具。同时,人们开始关注职业教育类型发展的着力点问题,例如,华东师范大学徐国庆的《我国二元经济政策与职业教育发展的二元困境:经济社会学的视角》,从产业形态与高水平职业教育间的关系论述了职业教育发展的二元困境,提出向日本、德国等国家学习的建议。

三、职业教育的育人使命与历史担当

2019 年 12 月 21 日,在中国职业技术教育学会学术年会上,会长鲁昕总结提出了我国职业教育发展的五方面历史经验。一是必须基于国家发展阶段,与所处的时代相契合。二是必须支撑国家发展目标,国家在不同发展阶段有不同的发展目标,职业教育要支撑国家目标在不同阶段得以实现。三是必须服务国家产业战略,我国的国家产业战略阶段清晰、目标明确、任务具体,职业教育发展要跟上产业进步、技术迭代的步伐。四是必须支撑科学技术进步,高端研究型人才、科技成果转化人才、转化成果行业应用人才、一线操作技术技能人才组成了完整的科学技术进步人才生态链,缺一不可。五是必须对接社会市场需求,职业教育作为一种类型,与普通教育同等重要,要从生产力全要素维度定位教育。

鲁昕会长的历史经验总结,明确了职业教育课程思政的育人使命与历史担当。

(一)纾解“一元”结构下的教育选择焦虑

重视教育是儒家文明的传统,中国家长对教育的重视几千年一直未变。随着生活条件的改善和生活水平的提高,家长对教育的要求比以前更高,这就让办好人民满意的教育成了党和国家的重要教育工作目标。

“一元”教育结构体系下,擅长文化课考试的学生在学业上一路畅通,考入普通高等学校。这种“华山一条路”的筛选式选拔人才方式,结果必然是“几家欢喜几家愁”,催生了家长和社会的教育焦虑,基于“不能让孩子输在起跑线上”的伪命题,家长向教育培训机构拼命砸钱大搞提前教育、应试教育、透支教育,加剧了包括家长和学生在内的整个社会的教育“内卷”。

过重的教育投入、过度的学业负担、过高的学业期望,严重影响了学生和家长、家庭和社会整体的幸福感。金榜题名,冲刺成功,十余年负重前行,尚可一朝欣慰;而对于不擅长文化课考试的学生,面对抽象的名词概念、公式定理,背负父母过高的期望、过度的投入,虽竭尽全力却仍不能取得高分。这导致父母与子女关系紧张,学生行为叛逆乖张,甚至衍变成严重的社会问题,成为影响新时代全国人民凝心聚力为第二个百年目标奋斗的负面因素,降低了小康社会学生和家长的幸福体验。

2021 年 4 月 21 日，网上曝出一则新闻，重庆市某高三学生家长与一机构发生纠纷，起因是该家长从三月份起就把正在读高三且偏科的孩子送到这家机构，希望在剩下不到百天的时间里，通过补课把孩子的数学成绩提上去。为了让孩子接受所谓较好的普通教育，这位家长十分舍得投入，三月至事发当日不到两个月，就以现金和转账的方式交了 21 万元的数学补课费用。如果从 3 月 1 日算起，孩子每天都去该机构补习，前后共计 51 天，平均下来每天的补课费用超过 4000 元。按照家长的预期，投入重金，孩子的数学成绩肯定会明显提升。然而，事与愿违，在一次数学模拟考试中，满分 150 分，这孩子只得了 59 分，按百分制折算则实际得分不到 40 分。21 万元换来一个远低于及格线的分数，家长认为自己被骗了，就向机构讨要说法。最后在民警的调解下，双方表示愿意冷静协商处理。

事实上稍微有一点教育常识的家长都知道，普通教育模式下学生的学习成绩除了受学生主观努力影响，更重要的是学生的学科特长，也就是我们常说的天赋或者智力类型偏向。数学作为高中阶段一门较难的基础学科，对学科特长的依赖程度较高。这位家长违背了教育的基本常识，误以为培训机构的所谓名师具有点石成金之能，即便不惜血本最终却不能避免失望的局面。

类似的家长违背孩子智力类型特征和成长规律，"赶鸭子上架式"的疯狂教育投入，也造成社会严重"内卷"，酿成不少无法挽回的家庭悲剧。2021 年 8 月 18 日，网上传出一位马上就要读初二的 14 岁女孩留下的三页遗书。

人生一趟，遇见你们我很荣幸，若有来生，我们不要再见面了，想想也没什么，你们爱的不是我，是冲进班级前十的我，是排名年级前二十的我，是考到满分的我，你们心目中的完美女儿太优秀，我达不到。开学就是初二了，你们口中美好的小学，轻松的预备，快乐的初一，我都是玩命扛下来的，哪还敢奢望什么魔鬼初二初三。也没有什么好可惜好难过的，是你们说不指望我的，我相信你们。我是带给你们荣誉的人，严格出孝子的代言人，在朋友面前攀比的工具。在人前彬彬有礼，来了电话时语气礼貌又文明，在人后我承受了你们口中最肮脏的辱骂。气撒出来了，你们开心了，我就当睁一只眼闭一只眼，反正也没什么，不是吗？人生比的不是长短，是价值，我知道许多你们不知道的事，为世界也做出过微薄的贡献。巴掌打在脸上最疼，然后是手背，再是手臂，最后是大腿，打在背上还行，被皮带或电线抽时腿上最疼，然后是背上，最后是双臂。羞辱人最有效的方法先是让她穿拖鞋站在屋外示众，再是每日每夜不停地尖声骂最难听的话，还说得冠冕堂皇，最后是耍横撒泼。失眠的原因是睡前被骂或被打，躺在床上接着听从主卧传来的谩骂声，剩下的时间用来回味一天的难过。中国人爱说小孩疯掉是因为学习压力大,可明明是家长把成绩看得太重,后来明白了,因为他们不知道自己错了,过去不知道,现在不知道,未来更不可能知道,孩子喜欢的玩耍方式一直在变,我们满意的作业量一直在改,流传的却是上一辈那句"我们在你们这个岁数是没有怎么怎么样,所以现在才怎么怎么样,因此你一定要怎么怎么样",但凡你真的认识到自己的差,就没脸说出这种话,但凡你在这方面有一点基因我们都不会这样。这年头就是这么怪,坐在沙发上躺在床上的人永远有资格指着鼻子骂一个正在读书或写功课的人,不为别的,就因为人家是长辈。是我太懦弱了,不敢面对下一次语文六十多分,数学七十多分和英语八十几分,我还是活成了自己最讨厌的样子。这辈子做尽了别人的出气筒,但还是有些对不起的人,自然不是你们,为了他们,我又意外地挺过了初一,的确是意料之外。既然都受不了彼此,不如我们各退一步,我消失也不错啊,我不怕,我不气你们,爱护你们的肺和心脏,不缩短你们的寿命了,你们不适合养女儿,或许儿子承受能力更强。也不能完全怪我,我真的尽力了,实在受不了了,这蛮好,不用担心我抄人作业,我作业不用交了,也不用担心背着你们玩电子产品,花钱买我喜欢的东西,为人大气,我给了你们想要的东西,桌子上是我能拿出手的所有现金,你说压岁钱全部给我共三万,我不要了,全归你。手机也不需要了,少了一个败家子,家庭会富裕,微信的钱全给你们了,自己看着分。我课都上完了,那羽毛球课叫你们别买,你们偏不听,那个课好像成年人也能上,你们趁着暑假去上,平时没有事打打球挺好,我不会赖在家里把房子变成凶宅的。把奶奶接过来一起住吧,别整天去旅游被人家骗钱,诚心诚意祝你手术顺利,早日康复,少加班少熬夜,别过来烦我。桌上那张蓝色的卡是我们学校的借书卡,我借了学校三本书:《创业史》《红岩》《哈利波特与死亡圣器》,一定要帮我还掉,麻烦跟老师说声"谢谢"。记得用我的零花钱给小朋友买棒棒糖,珍珠牌的棒棒糖好,房间里的东西她们有喜欢的随便拿。毁掉一个人很简单,只需要毁了她的童年,其余一切顺其自然,你们已经毁了我,也毁了江 XX(为保护隐私,隐去真名),请好好待她的弟弟吧,请收手吧,这并不威风,你们把我们想得太坚强了,反省这件事就留给岁月好了。

网上流传的遗书是孩子的手写版,如果其是真实的,一个年仅 14 岁的女孩,仅仅因为文化课考试成绩不好,就要承受父母的羞辱、谩骂等,这是"一元"结构思维下的教育之殇。网上评论区那些看似极其理性的留言也让人不寒而栗,字里行间能想象到有多少个家庭在重复着类似的事情!

2021 年 12 月 2 日，网上再次曝出令人瞠目结舌的教育焦虑事件。

2021 年 11 月 29 日凌晨 2 时许，武汉江岸区解放公园路某小区，武汉铁路公安处 40 岁的女性工作人员李某，在家中辅导其 7 岁儿子刘某写作业。在辅导儿子过程中情绪失控，李某持菜刀将刘某划伤，随后自缢身亡。

有两个细节值得注意，一是儿子刘某才 7 岁，事情发生在凌晨 2 时许，7 岁的孩子凌晨 2 点还在写作业，这该是怎样的教育焦虑啊。二是逝者李某为武汉铁路公安处工作人员，属于国家公职人员，依然会有这样的极端行为，着实令人痛心。

"一元"结构下，选择的"唯一性"催生了过度的教育"内卷"，导致令人心痛的闹剧甚至悲剧。"二元"结构下，"断头路""天花板"等担忧又让职业教育承受着"低人一等"的偏见，加剧了家长和学生的教育选择焦虑。职业教育的类型特色发展，关键是要与普通教育一样，"中高本硕博"一体化发展接通"断头路"、顶破"天花板"，帮助文化课考试成绩不好的学生摆脱"华山一条路"的选择困境，避免"千军万马挤独木桥"的竞争危险，提供通过"换道超车"消除错位教育焦虑的求学机会，形成"条条大路通罗马""七十二行，行行出状元"的职业发展新格局，践行习近平总书记在 2014 年对职业教育寄予的"努力让每个人都有人生出彩的机会"的深情厚望，及时高效地回应新时代社会对职业教育的期待。

（二）助力人民对美好生活的向往

"二元"教育结构的构建，职业教育作为类型教育，为"一元"结构下文化课考试成绩不好特别是数学和外语成绩不好的学生开辟了全新的教育成长通道。被普通教育筛选出来后，他们仍有机会选择进入职业教育，继续接受适合自己思维特点的教育，追求自己对美好生活的向往。因而，运用职业教育的方法，把文化课考试成绩不理想的学生培养成才，助力学生及家长追求美好生活，就成了职业教育的历史使命。

2015 年中国高等职业教育质量年度报告在北京发布，全国高等职业教育高专校长联席会议委托上海市教育科学研究院和麦可思研究院共同编制的报告，以第三方视角向社会展示了职业教育的成果，报告显示：2014 届毕业生中，有 91% 的毕业生为家庭第一代大学生，有 52% 的毕业生家庭背景为"农民与农民工"，且这两项指标比例自 2012 年开始发布年度报告以来连续 4 年保持上升趋势。据统计，2016 年至 2019 年，有 850 万家庭的子女通过职业教育成为家庭第一代大学生。同时，高等职业学校毕业生毕业三年后月收入增幅为94%，三年内毕业的自主创业毕业生增幅达72.7%。

曾有人在网上发帖，“我的一个职业高中教师朋友，有一次被学生气急了找家长，家长直接说：‘您别管他了，我们自己都放弃了，您更没必要了’。说实在话，但凡有点志气，谁上职业高中啊！”这是“一元”结构下许多家庭的悲伤与绝望，也是许多受“一元”结构影响的职业教育教师对职业教育发展的无奈。一个学生代表的是一个家庭，甚至是一个家族，可怜天下父母心，没有哪一家父母会轻易放弃对自己孩子的教育，没有哪一家父母不希望自己的孩子能成龙成凤或者有点出息，父母悲情之下的气话绝对不能成为职业教育教师不作为、慢作为或乱作为的借口。

“二元”结构下，高等职业教育已经帮助大量的受教育程度不高的家庭实现了送孩子读大学的梦想，满足了大量的农村家庭希望文化课考试成绩不好的孩子继续接受教育的愿望，为不适应普通教育的孩子提供了增强职场竞争力和提高自主创业能力的机会，为改善民生和促进就业创业做了重要贡献。许多贫困家庭实现了“职教一人、就业一个、脱贫一家”，职业教育在阻断贫困代际传递方面发挥着至关重要的作用。这是职业教育的价值所在。

习近平总书记强调，“人民对美好生活的向往就是我们的奋斗目标”。党的十九大提出现阶段我国社会主要矛盾已由“人民日益增长的物质文化需要与落后的社会生产之间的矛盾”转向“人民日益增长的美好生活需要和不平衡不充分的发展之间的矛盾”，“二元”教育结构下，“职普”发展不平衡问题突出，职业教育发展不充分的问题同样突出，职业教育的育人质量与职业学校学生和家长对美好生活的向往间的差距还很明显，“职普同等重要”还缺乏足够的说服力。整体提升职业教育的育人质量，大批量地助力职业学校的学生和家长对美好生活的向往，用事实证实“行行出状元”的真理性，从而有效消除“一元”教育结构下的教育“内卷”焦虑，这是“二元”教育结构下，职业教育的社会使命。

新华网重庆教育频道2017年9月14日以《重庆城市管理职业学院连锁经营与管理专业试点现代学徒制人才培养》为题报道该专业的学徒制人才培养时，采访了该专业刚毕业两年就晋升为中国500强企业永辉超市大型门店店长的冉姓同学，冉同学说：“毕业才两年，就能够管理一家营业额上亿元的大型门店，是我当初没有想到的，我的爸爸妈妈也没有想到，这就像一个梦。”

像冉姓同学这样毕业3至5年就担任零售行业大型门店店长或走向百强零售企业重要管理岗位，从而改善自己和家人生活状况的学生，在本专业十余届的毕业生中批量存在，例如，22 岁担任麦当劳重庆市场最年轻餐厅总经理，创下晋升最快纪录的陈同学；毕业 3 年晋升永辉超市大型门店店长的邓同学；毕业不足 4 年成为全国金牌店长的陶同学。他们现在都成了各自单位的中坚力量，成了家庭的顶梁柱，也都在各自的工作岗位上全心全意地为人民服务。

（三）支撑国家民族的伟大复兴

当前，国家进入“建设中国特色社会主义现代化强国”的第二个百年奋斗目标的历史新时期。“我国经济要靠实体经济作支撑，这就需要大量专业技术人才，需要大批大国工匠。因此职业教育大有可为。”2021 年 4 月 12 日至 13 日，全国职业教育大会在北京召开，习近平总书记就会议的召开从三个方面对职业教育工作作出重要指示。

一是“在全面建设社会主义现代化国家新征程中，职业教育前途广阔、大有可为。”十九大提出到 2035 年基本实现现代化的国家战略。国家大计，教育为本，国家的现代化首先是教育的现代化。《国家职业教育改革实施方案》明确提出，没有职业教育的现代化，就没有国家教育的现代化；同样，没有国家教育的现代化，就难有国家的现代化。现代化国家建设离不开职业教育提供技术技能支撑，职业教育的发展要融入国家现代化建设的新征程中去，与普通教育一起，在国家现代化建设的新征程中奋发有为，有所作为，贡献力量。

二是职业教育“要坚持党的领导，坚持正确办学方向，坚持立德树人，优化职业教育类型定位，深化产教融合、校企合作，深入推进育人方式、办学模式、管理体制、保障机制改革，稳步发展职业本科教育，建设一批高水平职业院校和专业，推动职普融通，增强职业教育适应性，加快构建现代职业教育体系，培养更多高素质技术技能人才、能工巧匠、大国工匠。”党的领导是国家根本领导制度，职业教育的发展必须在党的领导下，遵循“法律规定原则、政策要求原则、党的领导原则、时代主题原则和实践需要原则”等五项基本原则，确保职业教育办学方向正确。立德树人也是职业教育的根本任务，职业教育应立足类型定位，依循职业教育育人规律，深入推进产教融合、校企育人方式改革，转型办学模式、健全管理体制，完善保障机制，加快构建现代职业教育体系，把培养和孕育更多高素质的技术技能人才、能工巧匠和大国工匠作为育人目标追求，增强职业教育对国家现代化建设的适应性。

三是“要求各级党委和政府要加大制度创新、政策供给、投入力度，弘扬工匠精神，提高技术技能人才社会地位，为全面建设社会主义现代化国家、实现中华民族伟大复兴的中国梦提供有力人才和技能支撑。”时代发展到今天，职业教育肩负着培养多样化人才、传承技术技能、促进就业的重要职责；承担着努力培养数以亿计的高素质劳动者和技术技能人才的历史重任，被视为深化教育领域综合改革的战略突破口和转方式调结构惠民生的战略支点。职业教育类型地位确立，国家教育由“一元”结构体系进入“二元”结构体系，相关的管理制度、政策规定、领导体制等均面临由“一元”模式向“二元”模式转型的紧迫任务，社会对技术技能人才的价值认同亟待提高。职业教育内部即内因和各级党委、政府及社会即外因二者间建立良性互动关系，共同发力，协同推进，把更多的青年培养成高素质技术技能人才、能工巧匠和大国工匠，支撑国家现代化和民族伟大复兴，这是各级党委、政府的政治责任，更是职业教育的育人使命。

（四）服务国家产业战略和社会需求

习近平总书记对2021年全国职业教育工作会议的指示，勾画了《国家职业教育改革实施方案》规定的职业教育类型特色发展的重点任务，明确了职业教育的育人使命与育人方向。面对我国产业转型升级的需求，早在2014年习近平总书记就对全国职业教育工作会议作出重要批示：“职业教育是国民教育体系和人力资源开发的重要组成部分，是广大青年打开通往成功成才大门的重要途径，肩负着培养多样化人才、传承技术技能、促进就业创业的重要职责，必须高度重视、加快发展。”

新时代我国经济进入高质量发展阶段，产业升级和经济结构调整速度不断加快，各行各业对高素质技术技能人才、能工巧匠、大国工匠的需求越来越紧迫，李克强总理对2021年全国职业教育工作会议作出批示，“职业教育是培养技术技能人才、促进就业创业创新、推动中国制造和服务上水平的重要基础”。在国家现代化建设中职业教育的重要地位和作用越来越凸显。

“二元”结构时代，优化职业教育类型定位，推动职业教育类型化育人，方能支撑起服务国家现代化战略的历史责任。刚刚明确类型地位的职业教育亟需在课程思政建设等方面加紧补短板、强弱项，在育人理论、育人模式、育人方法、育人路径、育人效果等方面显现职业教育的类型特色，用实实在在的育人体系与育人实效夯实职业教育的类型地位，加紧加快与普通教育现代化并驾齐驱的步伐。2020年，教育部推出高等职业教育的“双高”计划，与普通高等教育的“双一流”建设计划一起，擘画了我国职业教育与普通教育同步迈向现代化的远景蓝图。“双高计划”的强力推进,为职业教育的类型特色发展实践提供了广阔的平台和丰富的资源,为部分职业教育学校的先行先试搭建了广阔的舞台。

2016 年 12 月 7 日,习近平总书记在全国高校思想政治工作会议上强调,教育强则国家强。高等教育发展水平是一个国家发展水平和发展潜力的重要标志。实现中华民族伟大复兴,教育的地位和作用不可忽视。我们对高等教育的需要比以往任何时候都更加迫切,对科学知识和卓越人才的渴求比以往任何时候都更加强烈。

从过去的“两弹一星”到今天的飞机、火箭,没有哪样国之重器的铸造不经过职业教育毕业生之手;从 1990 年亚运会到 2016 年的二十国集团领导人杭州峰会,没有哪次国家重大外事活动少得了职业学校学生的身影;从托幼到养老,从生产、销售到物流,从能源到通信,没有哪项百姓生活离得开职业教育培养出的人才提供的产品和服务。

长征火箭“心脏”的焊接人高凤林,首都航天机械公司厂技校毕业,凭借高超的技艺,用“工匠精神”锻造了“中国品质”;深海载人潜水器零件装配专家顾秋亮,高中毕业后进厂跟随师傅学习钳工,装配的零件丝毫不差,人称“顾两丝”;中国商飞大飞机制造首席钳工胡双钱,技校毕业后的 35 年工匠生涯中加工了数十万个飞机零件,被称为航空“手艺人”;技校毕业工作 10 余年的张冬伟,36 岁即成为在液化天然气船上“缝”钢板的焊接大师;在技校学机械钳工的高铁研磨师宁允展,在只有 0.05 毫米的空间手工研磨高铁;初中毕业后当学徒干钳工的港珠澳大桥岛隧工程首席钳工管延安,完成了 16 次海底隧道精密设备安装对接,为港珠澳大桥岛隧工程的顺利进行做出重大贡献。他们都是职业教育人才的典范;他们高超精湛的技艺、一丝不苟的精神,为推进国家的产业升级和经济转型注入了无穷的力量。相关数据显示,在现代制造业、战略性新兴产业和现代服务业等领域,一线新增从业人员 70% 以上毕业于职业院校。

四、职业教育课程思政建设的紧迫任务

(一)摆脱普通教育影响,消除职业教育歧视

职业教育作为普通教育的分支学科长期以模仿学科发展规律为主,受普通教育影响较深。职业教育确立类型地位后,解除对普通教育的依附关系,走类型特色发展之路便

成为职业教育未来一段时间的核心任务。《国家职业教育改革实施方案》指出，经过5年至10年时间，职业教育基本完成“由参照普通教育办学模式向企业社会参与、专业特色鲜明的类型教育转变，大幅提升新时代职业教育现代化水平”。类型是职业教育的战略定位，特色是职业教育的类型支撑；参照普通教育模式办学是过去几十年我国职业教育发展的主要路径，普通教育成熟的办学模式与丰富的办学经验在为我国职业教育发展做出贡献的同时，让职业教育的发展始终在普通教育的模式内打转，继续运用普通教育的模式对职业学校学生开展培养教育，将使职业教育陷入错位育人困境、职业教育教师滋生“职业学校学生难育好”的悲观情绪、职业学校学生可能继续延续在普通教育模式下的“厌学混学”状态。

“一元”教育结构下的职业教育，在很长时期内被赋予了以就业为导向的办学要求，学生毕业即就业，国家包工作分配，手握就业“铁饭碗”。在特定的历史时期，这有力推动了我国经济的发展。与此同时，这一时期的中等职业教育附属在“一元”教育结构上，学生头顶升学的天花板，毕业即就业烙下了职业教育就是就业教育的印痕，以至于20世纪90年代中后期，国家分配工作政策的调整，普通高等教育的扩招，中等职业教育逐步陷入了难以为继的发展困境。高等职业教育的出现，理应成为中等职业教育摆脱困境的契机，然而，“一元”结构体系下高等职业教育参照普通教育办学的发展模式，以普通高考成绩为依据，将普通高中作为主要招生录取渠道，长期的低分值招生的结果，被社会贴上了“低层次”教育标签，自身发展举步维艰，对带动中等职业教育的发展非常有限。

根据《中华人民共和国职业教育法》(2022年)和国家现代职业教育体系规划，我国实行的是职业教育与普通教育协调发展的“二元”教育结构体系。“职普”协调发展理论上应该由学生根据自身兴趣爱好、志向、特长等自愿选择发展路径，但实质上职业教育学校的学生主体基本是通过中考和高考的文化课考试成绩这一唯一标准强制分流的。中等职业学校升高等职业学校虽有“文化素质+职业技能”的职业教育分类考试模式，但所谓的文化素质测试依然是传统的书面考试。在满分750分的普通教育中考和高考中只能考到200分，甚至不到200分(2020年重庆高等职业教育高考录取最低分数线180分)进入职业学校学习的学生，自动被划归为差生或问题学生，师生之间或校生之间彼此嫌弃，难以兼容，甚至有些中学因怕这些学生参加中考或高考影响学校整体声誉而宁愿花钱买断学生参加中考或高考的权利。

职业学校的学生不是不能学习，更不是不会学习，而是他们喜欢的学习方式不一样，只要尊重他们的学习偏好，采用正确的职业教育方法，他们表现的学习状态或学习能力不会比普通教育的学生差，甚至更好。

总的来说，在杨老师的课堂上，总会不知不觉地学到一些课外知识。不错，在大学里很多课上下来，感觉什么都没学到，而上杨老师的课，每次都会有些收获。课上学理论，课下进行实践，虽然我们这组的实践不是很顺利，但还是让我明白了很多，这对我以后的工作也会有所帮助。还有最后的两个月了，时间过得真的很快，我希望在最后的大学学习时间，能够在杨老师那里学到更多实际的知识，希望能够和杨老师相处得更愉快，也希望杨老师能够给我们小组提出更多的意见，让我们有信心把项目计划做到最后，不用再那么迷茫了。我们一起为最后的学期奋斗加油！

这是即将面临顶岗实习的学生的课程学习期中感言，他所表现的求知欲望令人动容，他所在的学习小组克服困难、执行计划的积极主动性，令人欣慰。曾有中等职业学校的班主任在网上分享过一个案例，说她的一个女学生，当时的英语水平连初中生都不如，但为了能出国，竟然用 3 个月时间考过了雅思，这种学习能力我相信是绝大多数普通教育的学生都难以比拟的。2022 年 5 月，我又得到一个令人欣喜的消息，我校 2017 届旅游管理专业毕业生在重庆大学研究生毕业后又考取了西南大学博士。

所以，无论是学校还是社会，基于普通教育思维简单地认为职业学校学生是差生或问题学生、职业教育是低层次教育等，都是极端错误的。要想消除这种错误认知，只能靠职业教育扎扎实实做好类型育人，切切实实提高育人质量。

近几年有两会代表关于职业教育的提案都在网上引起高度关注。一是 2019 年全国政协委员要为职业教育正名，建议为职业教育大专学生增设副学士学位，形成“副学士—学士—硕士—博士”四层级学位体系。二是 2020 年全国政协委员、上海市教委副主任倪某提出的引导因疫情终止学业的留学生读高等职业教育的建议。

前者提出的副学士的增设不仅不能增强高等职业的吸引力，相反会加深人们对高等职业教育低层次的固有印象；后者是因为此建议将人们印象中“高大上”的留学生与被社会认为的低层次高等职业教育联系在一起。社会舆论充满了讥笑与嘲讽，增设副学士学位建议的提出和留学生读高等职业学校遭嘲讽，反映了我国职业教育当前遭遇的歧视困境。而摆脱这种困境，不能只在普通教育的框架内修修补补，继续走伴随发展之路，而应换道并行，走职业教育类型特色发展道路，在确立类型地位、彰显类型特色上下足功夫，取得实效。

（二）脱离普通教育模式教育职业学校学生的类型错位困境，增强职业教育育人信心

九年义务教育的普通教育模式实践反复证明，接受职业教育的学生确实是用普通教育模式难以育好的学生，如果中等职业教育或高等职业教育继续沿用普通教育模式，对学生进行思想教育，只会收效甚微，甚至适得其反。

职业教育的德育工作者、专业教师常有“职业学校学生难育好”的悲观情绪，根本原因是在普通教育体系下成长的他们，依然在沿用普通教育的模式教育职业学校的学生；学生旷课、混课、请人代课、咆哮课堂等在这些人看来是不可思议的行为，而这种现象在职业教育学校却屡有发生，最根本的原因还是职业教育的教师依然在沿用普通教育体系的教学模式教育职业学校的学生。

2014 年 3 月 14 日，有位职业学校的女老师上课被学生“喷”了，就在网上发帖表达自己的无奈。事情缘由是这位老师在上课时，有个学生在看课外书，于是她走过去把这位学生的课外书收走了，由此，引发了师生间的言语冲突。

当时教室那么多人，我肺都气炸了，但又不能骂他，不能打他，就把他送到班主任那里去了，并说以后我的课堂上不希望见到他。

字里行间，能切实地感到这位老师的愤懑和无奈。

我也知道这个孩子今天肯定是一时冲动，话赶话就说出来了，不会有什么恶意，但我觉得即使我是老师，我首先也应该是一个有尊严的人，自己的尊严受到了侵犯，既然不能做任何的回击，那就选择不原谅。

我没有权利不让他上课，但是我起码有权利拒绝他的道歉。真可悲，这是我对这件事唯一能回应的一点，对于我自己的尊严，我只能维护这么一丁点。不一定诚心的道歉，和我的拒绝接受道歉，其余的什么也没有。

类型错位状态下的职业教育老师，自怜得让人心疼不已。

楼主太年轻，职业学校的都是混混学生，你只管负责讲课，管他们听不听？他骂你，你就当作没听见，当场跟他吵，就是自己找没脸，多被打几次脸楼主就懂了。

后面的跟帖全是在火上浇油。

作为前职高老师，很多前辈都告诉我，管学生干嘛呢，让他们自由自在的。

不想在这里浪费青春了，后来考上了一个新单位，果断走了。我不相信有教无类，不相信世界上没有教不好的学生，只要对得起良心，才不管别人怎么评价我。

原来去一个职业中学兼职当英语老师，上课根本没人听，后面嗑瓜子的同学声音特别大，我真没有鄙视读专科的同学，但我真教不下去，上课不睡觉老是起哄，这导致我再也不想当个小园丁。

无独有偶，2015 年 4 月 8 日，一位休产假的职业高中班主任也在网上发帖，表达自己对职业高中学生的感受：

职业学校很特殊，你严厉未必是好事，学生都经历过初中、经历过严厉的管教，对他们来说严厉基本是没有效果的。一个老师曾经告诉我，我们的学生都是之前的老师管不了家长也管不了的，不得已才送到我们这的，不要妄想你能改变他。

班主任的看法有其合理成分，职业学校确实是有特殊性，这个特殊就在于我们的学生与普通教育的学生不一样。不过有些观点也有失偏颇，例如，职业学校的学生并不是“严厉基本是没有效果的”，而是普通教育模式的严厉对职业学校的学生基本没有效果；不是“不要妄想你能改变他”，而是“不要妄想你能用普通教育的方式改变他”。

我曾在天涯论坛看到过职业学校教师的自述，字里行间都是蔑视的语气，我也亲耳听到我的老师——一位年轻又可爱的女孩，用“垃圾”来形容职校生。

一位职业学校学生在后面跟帖：

职业教育啊，人人都说职业教育该以实践为主，但很多职业学校的专业课也不过只是拿个书本讲点理论而已。

用普通教育“拿个书本讲点理论”的教学模式教育职业学校期望“以实践为主”的形象思维偏向型学生的育人类型错位，让职业教育的师生双方都陷入了巨大的困境。在课程学习中期，有位学生曾给我写过一封信，内容如下。

写给杨老师的信

敬爱的杨老师：

您好！

上了大半学期您的课了，总的来说，我在您的课堂上学到了很多东西，并且是很实际有用的东西。第一堂课多数同学都觉得您很“特别”，之后认为您的课堂与作业相比其他老师的也很“特别”。进入大学想彻底摆脱高中生活的我们，总感觉您的课堂又让我们回到了高中时代。

从上您的第一堂课起，我真的觉得您很特别，尤其是您独有的那套教学管理方式，那是您多年教学经验总结出的一套管理模式，我觉得真的很适用于我们上课松松散散的现状。我们总以为大学里的课程需要的是自由、轻松,然而最后的结果是什么也没学到。俗话说"严师出高徒",正因为您严格的教学管理,我们才能真正地学到东西。

说到在您的课堂上学知识,我想说的是你能将书本枯燥的知识点结合您个人的真实经历,清楚明白、生动形象地让我们理解并掌握。我觉得这比照本宣科的老师棒很多。

全篇学生在称呼时都用到"您"而不是"你",这一方面能让人感受到学生对老师的尊重,另一方面能感受到学生在写信时内心的那份认真与仔细。类似的话语有不少学生向我表达过,在要求学生写下本课程学习中过程印象最深的三件事时,有不少学生写道。

第一次上课时杨老师苛刻的要求让我觉得又回到高中,一点都不像大学生。

当然是杨老师第一次给我们上课的时候,那种严厉得似乎在逼迫着我们,要求我们每周做汇报。

对老师的印象:我感觉杨老师是一个"独裁者",不过"独裁者"也有他的可爱之处。

事实证明,职业学校的学生不是不能严厉,而是不能用普通教育的那套方法去严厉;不是难以教育,而是不能用普通教育的那套方法去教育。职业教育教师之所以会有"职业学校学生难育好"的困惑,根本原因是职业教育教师沿用了普通教育的方法教育职业学校学生的类型错位。

针对普通教育模式教育职业学校学生的类型错位,有职业学校的学生在课程总结里写道。

他们丢掉了作为师者的责任。当然,这并不能怪他们,这是传统教育制度的弊端,扼杀了我们的创造天赋,造成了我们思维的局限性。而上杨老师的课,让我看到了中国教育的一缕阳光,为即将步入社会的我增添了一丝信心!

我曾在学校教务处负责师资队伍建设和教学质量管理8年,深知学校绝大部分老师都是兢兢业业、任劳任怨的,都尽心尽力地想为职业学校的学生提供更好的更优质的教育。然而,类型的错位,导致学生觉得天赋被扼杀、思维被限制,他们的辛苦付出带给学生的却是绝望。

基于职业教育的类型特征,运用职业教育的方式方法,开展职业教育课程思政建设,是当前职业教育紧迫的育人任务之一。

(三)研究职业学校学生的类型特征,找准课程思政的着力点

立德树人是教育的根本任务,也是课程思政的根本任务,更是职业教育的紧迫任务。

我国职业教育现在接收的基本是不适应应试教育、用普通教育模式难以育好的学生。对他们的教育不应该沿用普通教育的方式与方法，而是要在深入研究他们的类型特征的基础上，了解他们的学习喜好、行为偏好和价值取向，找准课程思政的着力点，提高课程思政的实践效果。

2012 年，《校园心理》第 4 期刊发了一篇论文——《高等职业学校学生学习成就动机的特点及其对学业成绩的影响》。作者用问卷法对 431 名高等职业学校学生学习成就动机的特点及其对学业成绩的影响进行了研究，被收集的学业成绩数据都是从学校教务系统中导出的，并从中选取了数量相等的公共课（3 门）、专业基础课（4 门）、专业技能课（4 门），采用平均学分绩点对学生学业成绩进行比较，并对数据进行了统计学处理：将所有收集数据导入 SPSS17.0 进行分析，采用独立样本 t 检验，单因素方差分析及线性回归分析，以 $P<0.05$ 为差异有统计学意义。最后的结论为：大多数高等职业学校学生有想取得成就的愿望，但能坚持积极主动学习的人数却不多。这可能与他们多数是高考场上的失意者、学习基础差、有厌学心理、缺乏自信、缺乏理想等方面因素有关。

文章认为高等职业学校学生处于青年初期，这一时期是他们形成自我人格、身心发展的关键时期，也是他们张扬个性、显露自我的时期。而且，与普通高校大学生相比，高等职业学校学生受社会的认可与赞许较少，他们更愿意转向关注自身，这些都造就了他们个我取向成就动机高于社会取向成就动机。另外，社会的发展对其也有影响。当代社会的多元性与开放性，造就了他们张扬个性、显露自我的行为表现。市场经济下人们靠的是竞争能力，这种压力促使了普通人群自我意识的觉醒和提高，也影响到高等职业学校学生自我意识的发展，他们对此深有感触，只有增强自己的竞争力，才能在社会中立于不败之地。自我意识的发展体现在学习成就动机方面，便表现为个我取向成就动机的增强。

与此同时，文章提出了加强高等职业学校学生学习成就动机的几点指导意见：

首先，家庭、学校和社会各界都应关注高等职业学校学生，对他们给予更多肯定与赞许，提供公平的竞争环境，激励高等职业学校学生努力学习，培养学习成就动机，以取得学业成功。同时，教育者应帮助高等职业学校学生正确认识自我，确立恰当的学习动机。

其次，注重个我取向学习成就动机的强化和维持。个我取向学习成就动机与内在动机相联系，它是学习者本身自行产生的，主要是与学习活动有关的学习兴趣、求知欲望、成功感受等稳定的内在心理因素引起的。高等职业学校学生在学习成就动机的选择上更倾向于自我认同,从长远来看这是一种好现象。因此,在教学过程中,应以强化和维持学生的个我取向学习成就动机为主,适当利用社会取向学习成就动机,充分利用各种因素,使学生从事高质量的学习活动。

最后,学校要完善高等职业学校学生考核评价体系,强调学业成绩是衡量学业成功的重要指标。在教学中引导学生努力学习,从理论、技能和活动等多个方面来评价学生的学业成绩,并及时对学生所取得的进步与成绩给予肯定和鼓励,让学生获得一种自我认同感,从而培养和提高学生学习成就动机。

该文章虽没有明确指出职业学校学生的类型特征,但从心理研究的视角对高等职业学校学生的成就动机进了较为深入的剖析,研究结果印证了他们并“不是差生而是另一种类型”学生的基本观点,证明职业学校的学生并不是天生的“混混学生”,更不是所谓“垃圾”,他们中大多数都有想取得成就的愿望,需要的是家庭、社会、学校和老师给予他们坚持积极主动学习的动力,需要的是理解和尊重他们的成才规律和成长需求,需要的是适合于他们的教育教学方法。

学习态度端正,争取用心把每一件事做好。回首这学期每一次作业的完成,可能都不容易。作业布置下来时大家一致认为好难,但团队真正用心去做后才发现原来我们做得到,而且做出来的效果还不错。这种成就感把所有埋藏在心中的积怨全掩埋了。

做好过程管理,对学生每次的作业给予认真评价,肯定其优点特点,指出其问题,培养学生用心做事的习惯,感受团队合作的力量,通过提高学生用心做事的成就感,引导学生自我排除内心积怨,激发强烈的学习成就动机,实现课程思政目标。

一是一个人:我们的三组组长,每次活动、每次作业、每次分享都亲力亲为,非常能带动大家。二是一次旷课,那一次因为一件非常紧急的事没能来上课,伙伴们也没有埋怨我,没有因为扣分而讨厌我,我很感动。三是一次活动,因为很多人没来,当时参加活动的人都很沮丧。

这是一位学生在课程结束时写下的“本学期课程学习中印象最深的三件事”。第一件事是对组长的赞许,告诉我们职业学校的学生不是没有成就动机,只是需要有积极向上的动力和平台。第二是小组成员的理解与宽容,按规定一人缺勤是要全组成员扣分,但小伙伴们的包容和大度感动了他。这说明小组成员不是斤斤计较、自私自利的小气鬼,而是能包容、会宽容的高素质学生,而其本人也是知恩感恩的有情有义之人。第三是参加活动,有人没有到,大家都感到很沮丧,从中我们能深切地感受到学生的团队荣誉感和集体参与感。三件事情均发自学生内心，是学生在经历一学期符合职业学校学生类型特点的教学实践后的真情流露。

另外一位学生的期中交流意见，也与大家一起分享。

杨老师：

您好！

不好意思现在才把交流意见给您发来，开学这一个多月，您的课让我受益匪浅，刚开始我觉得您叫我们每周团队合作研究后作汇报，我觉得不是很可行，因为以前有些老师也叫我们做过类似的团队合作，都是只有一两个人做，并不是每个同学都参与了的，锻炼不到我们的团队合作能力，达不到老师要的效果。但经过您设定的规则，这几周看来我最初的想法是错的，因为每个同学都参与了进来，发扬了团队合作精神，锻炼了我们，而且您上课的方式也和其他老师的不同，这种新颖的上课方式也让我们上课时注意力集中了，不仅是在课堂上认真听课学习，我们也会在课外学习知识，这样才能完成您交代给我们的任务，我们的课外生活也没那么单调了。

给您的建议：我觉得老师今天说的下周开始要缩短汇报时间（注：以前是要求 5 分钟，现在要求 3 分钟），我觉得时间太短了，有点仓促，怕不能很好地达到预期效果。

从普通教育模式转向职业教育模式，不可能一帆风顺，从一开始，学生也是怀疑、敷衍、甚至反对。然而，只要我们尊重职业学校学生的类型特点，采用了正确的方式方法，依律而行，持之以恒，学生是会慢慢接受并逐步积极参与课堂的。最关键的是要给足学生适应时间，老师要悉心、正确地引导，一定要让学生有真实的成就感。当时提出将 5 分钟作业汇报时间缩短至 3 分钟，主要是因为从前期实践看有部分同学可能是因为有些紧张，5 分钟时间根本用不完，但没想到中期时学生却因担心“不能很好地达到预期效果”而建议不要缩短时间，这种主动、用心追求做事效果的意识，不正是我们培养精益求精工匠精神的核心任务吗？

曾有位广东高等职业学校的年轻老师（下用“广东”代替），在听过我关于尊重职业学校学生类型特征开展课程育人改革的经验分享后，回去照猫画虎，作了初步尝试，收到良好效果，于是专门通过 QQ 向我反馈：

广东：杨老师，您好，我是广东 xx 职业学院的一位年轻老师，之前听您的讲座，我回去也尝试了您翻转课堂的教学方法，也给学生分了组。收到的效果比较好，学生比我想象的要聪明，动手能力也很强。

杨老师：最重要的在于你用心去做了这件事，才会有这样的效果！你的学生是幸运的！

广东：到目前，学生已经做了两次作业，交过来的作业一看就是用心做的。现在学生的学习兴趣提高了许多。

我很少用“翻转课堂”这个概念，因为翻转课堂主要基于普通教育“师讲生听”的传统模式而言的，而这是以学生为中心的职业教育本就应该有的教学理念，不存在翻不翻转。很高兴这位老师如此勤学善用。只要尊重了职业学校学生的类型特征，找准了教育的着力点，用对了教育的方式方法，就会达到预期的育人效果。

因而职业教育的课程思政应该秉承职业教育“学生中心”的核心理念，尊重学生抽象思维弱而形象思维并不弱的“形象思维偏向型”的类型特点，研究职业学校学生的成长成才规律，关注他们的行为特征及喜好心理，转变“他们是差生”的思想观念，摒弃“他们难育好”的错误认知，坚定“他们一样可以教好”的育人信念，跳出普通教育思维定式，自主开发适合他们的课程思政方法，探索符合职教规律的课程思政新模式，构建具有职业教育类型特色的育人体系，用符合职业学校学生成长成才规律的方式与方法育好职业学校的学生，为国家培养更多的高素质技术技能人才、能工巧匠、大国工匠。

（四）探寻技术技能型人才成长规律，明确课程思政努力方向

培养什么样的人，是课程思政必须回答的首要问题。《中华人民共和国职业教育法》（2022年）第二条指出“职业教育是指为了培养高素质技术技能人才，使受教育者具备从事某种职业或者实现职业发展所需要的职业道德、科学文化与专业知识、技术技能等职业综合素质和行动能力而实施的教育”，该法是面向所有职业教育，要求培养的是高素质的技术技能传承创新人才。职业教育与普通教育的人才培养目标类型不同，其课程思政具体目标也会有所不同。职业教育的课程思政必须紧扣“全面提高受教育者素质”的人才培养定位，以涵养职业道德、塑造职业品格、孕育劳模精神、劳动精神、工匠精神等为主要任务，遵循技术技能人才“实境—实岗—实战—实感—实悟”的成长条件要求和“懂会能熟巧”技术技能的形成规律，以提高受教育者综合素质、增强受教育者职场胜任力为己任，彰显职业教育的人才培养类型特色。

坚持项目引领，灵活运用行动教育法、任务驱动法、小组教学法等职业教育方法，让学生在实境实岗实战中增强实感，在实境实岗实战中体悟和孕育工匠精神，这是职业教

育课程思政实施的方法路径。

高中因为作业太多,学习压力较大,情绪烦躁,对任教的老师特别反感,谁布置的作业多,谁就是同学们共同打击的对象。好不容易摆脱了那样的生活进入大学,而在这学期又让我仿佛回到了从前。我的"连锁企业人力资源管理"老师很特别,人特别,教学方式也特别。人特别是因为他布置的作业、任务再难,我都会记在心上,尽力去完成,即使心里抱怨但还得去做,好像特别听他的话;教学方式特别是教学方法太创新了,太高估我们了,他的课堂会让我透不了气,第一节、第二节、第三节,第一周、第二周、第三周……我一直都有压力,一直都反感,他一个又一个任务布置给我们,好像没有结束的一天,所以我们注定没有呼吸新鲜空气的那天。每一次完成作业后,我都会祈祷:"老师,你别再下达命令了,我们会去执行。"但过程是多么艰苦,内心是多么不满,心情是多么地压抑,大学里我没有见过第二个像杨老师这样的老师!

抱怨、反感过后,其实我更多的还是感谢,感谢特别的杨老师,感谢他没有给我一张期末试卷,感谢他没有给我"啃课"的烦恼,更要感谢的是他让我学到了很多知识,很多比较实在的东西。

这是在体验过"连锁企业人力资源管理"课程项目引领、任务驱动、小组教学等实境实岗实战锻炼后学生写下的学习感言。字里行间,我们能真切感受到学生内心的震撼和行为改变,能真实地感受到学生的成长与能力提升。

管理类的课程一直被认为是比较抽象、空洞,但如果我们把教育目标从理论知识传授转向提高学生技术技能和综合素质,教会学生运用理论知识完成管理任务、解决管理问题、体验管理活动,学生就能在抽象的管理课程学到包括技术技能在内的很多比较实在的东西,得到满满的获得感,提升自己的综合素质。

【案例分享】

2021 年 4 月,根据中国连锁经营协会要求,我们组织了近 6 年获得全国零售新生大赛奖项的毕业生回校召开职业生涯发展座谈会。回校的 16 位毕业生中,除 2021 年 3 月刚专升本被录取到本科院校继续学习的一位毕业生外,其余毕业生的职业发展都超出了我们的预期。有的自主创业当了老板;有的担任了零售行业龙头企业大型门店店长;有的成了连锁企业中高层管理人员。他们的职业成长轨迹,清楚地表明职业技能竞赛对职业学校学生成长的重要意义,特别是综合素质的提高为他们的职业发展奠定了坚实的基础,让他们受益终身。

2021 年 7 月，当我们再次选拔参加国家职业技能竞赛的选手时，有两位同学让老师们左右为难，一位是姓谢的男同学，从平时的课堂表现来看，大部分老师都认为他不适合参加职业技能竞赛，在 8 月份的新职业全国连锁经营与管理师资格考试中，他再次成为全班唯一一个理论考试没过关的学生，其学习态度和学习能力遭到老师们的一致质疑。但因为他对职业技能竞赛表现了浓厚的兴趣，主动性和积极性都很高，从保护学生自尊心的角度考虑，我们又不便于直接淘汰他。另一位是姓周的女同学，她曾经代表学校参加过重庆市级的比赛，老师们对她有比较深入的了解，大家都认为她的性格不适合参加现在这个项目的比赛，但这位女同学同样对比赛表现出浓厚兴趣，强烈要求老师们能给予她参加训练的机会，并且保证一定认真参加训练，即便最后没有机会参赛也不后悔。

经再三思考，从保护学生的积极性出发，大家集体决定，让他们以后备队员的身份分别跟随各自的项目团队随队训练，同时告诉他们，如果他们能在校内的选拔赛中战胜其他选手，他们同样可以成为正式参赛选手，代表学校参加比赛。机缘巧合，这两个项目后来都有一位同学因为出现特殊情况无法代表学校参加比赛，这两位同学都顺理成章地替补进入各自的团队。

当时，每个项目每所学校都有两个团队有机会参加重庆市选拔赛，但每个项目每所学校只能有一支队伍代表重庆市参加国家比赛，令人意外的是，这两个同学所在的团队都赢得了市赛，踏上了国家比赛赛场。在国赛备赛期间，他们成为各自团队的中坚力量，最后分别以全国第二名和第四名的成绩获得国赛一等奖。

比赛结束后，我们再打量这两位同学时，他们的形象、气质、言谈、举止都与以前大相径庭，这应该就是所谓的素质提高吧！但他们的提高，不是走的“腹有诗书气自华”的普通教育饱读诗书之路，而是走的“实境实岗实战实感实悟”的技术技能人才的素质养成之路。

比赛结束后，周同学写了一份竞赛总结：

比赛结束了！我们是第四名！一等奖！但是我们心中还是有点惋惜，因为我们想得第一名！再加上与第三名相差 0.09 分，连 0.1 分都不到，我们三个心里别提有多难受了。起初我参加这个比赛是因为有 2000 元的奖金，而且也想再获得一份荣誉，给最后的大学生活画上圆满的句号。但是这个过程其实并不容易，因为我差一点没选上，所以我们这个赛项就要进行“7 进 6”选拔。我总感觉自己没有希望，就抱着淘汰的心情进行训练，该做什么还是做什么。特别是假期训练的时候，我们刷理论题，我以为大家分都挺高，所以一直刷题怕分低了丢人！结果就这样大家都被“内卷”了。但这也给我们后来的预赛(重庆市选拔赛)和决赛做了很好的铺垫。很幸运的是我进入了预赛,但是预赛结果并不是最好的(重庆市第二名),我们的心情受到较大影响,但最后我们又重新做了调整。特别搞笑的是三个姑娘明明以前都是比较精致的,现在也没有那么讲究了,而且基本上在那间备赛教室“安家”了,啥吃的都放在那里,因为这样很方便(但别人上课我们会拿走,垃圾也会扔掉)。在准备国赛的过程中,我们还因为直播台词的事吵过,我也为此哭鼻子了,但是没多久我们就和好了(所以有时候吵吵也行)。也有队友因为老师不相信她被批评了哭过。说到直播,我们背的台词太难背了,背得早上起床满脑子的台词！睡前在想醒了也在想,不容易啊！为了这个直播我还要学戴隐形眼镜,本来立 flag 说这辈子再也不戴隐形眼镜了,结果我却“屈服”了！真的只有参加比赛的人才知道这过程中的趣事与愁苦。在这个过程中,我也喜欢那种很多同学和老师在一起奋斗的感觉,以后应该不会再有这样的感受了吧！这感觉很不错！参赛的 64 支队伍中,我们得了全国一等奖,真的很不错了！感觉我们大连锁就是牛！

几天后,谢同学也写了一份竞赛总结,他从另一个角度阐述了他与团队其他成员参赛的心路历程,也让我们对职业学校学生的类型特征和技术技能人才的成才规律有了进一步的认识。

竞赛的过程中,学生思想自觉地发生改变,在攻坚克难中不断地突破自我,对事物、自我、人生、社会等的认知不断升华。例如,吵吵也行,不觉得委屈了;为了比赛,个人的精致追求也能暂时放弃了;为了比赛,不戴隐形眼镜的誓言也只有“屈服”了;别人上课前自己会主动把备赛教室的垃圾带走扔掉,直播台词再难背也要把它背下来！实境实岗实战的备赛参赛经历,实感实悟的奋斗成长收获,汇聚成全国一等奖的满满自豪感和作为连锁经营与管理学生的骄傲与自信。起初只是为了 2000 元的奖金和想为大学生活再增添一份荣誉,最后一句喜欢很多同学和老师在一起奋斗的感觉的感言,充分展现了他们获得全国一等奖后的思想境界、价值追求和人生格局。

(五)构建职业教育课程思政模式，形成课程思政类型特色

在第 44 届世界技能大赛上,中国代表团共获得 15 金、7 银、8 铜的优异成绩,位列金牌榜首位,实现历史性突破。获奖的 30 位选手中,有 8 位是学生且是金牌选手,他们全部来自职业学校;6 位银牌选手中的 5 位学生选手也来自职业学校;11 位铜牌获得者中 9 位

来自职业学校，他们都受到李克强总理亲自接见，毕业即可享受国家高级技师人才的特殊待遇和地方政府给予的高层次人才待遇。在第45届世界技能大赛上，中国代表团再获16枚金牌，14枚银牌，5枚铜牌，蝉联金牌榜榜首。包括曾被央视黄金新闻节目新闻联播报道并受习近平总书记亲自接见的党的十九大代表第十四届全国政协委员费英英，是重庆城市管理职业学院2002届毕业生；80后数控机床全国冠军赵志刚，2005年因高考失利后就读于西安某技校。

我于2002年进入职业教育教师队伍，20年来，目睹我校一大批学生成长成才的事实，除费英英外，2005级社会工作专业毕业生李长洪当选重庆市妇联兼职副主席、全国妇联第十一届执委会委员，成为“中国最美社工”；2013届社区康复专业毕业生陈维珺毕业4年即成为康复行业的专家，2017年受重庆医科大学邀请在重庆康复行业年会上做交流发言。

我所在的连锁经营与管理专业，学生也是批量成长。近5年，有2016届毕业生陶同学，工作3年多成为全国金牌店长，当选“永辉成长20年人物”；2017届毕业生舒同学2020年成为华润万家最年轻的门店总经理；2018届毕业生邓同学工作两年成为永辉年营业额上亿的大超门店店长；2019届毕业生杜同学工作一年升任麦当劳餐厅总经理；2020届毕业生李同学工作一年成为“全国技术能手”，等等。

所以职业学校的教师，最重要的是要转变育人观念、摒弃传统偏见、改革育人方法、更新育人方式，根除职业学校学生“难育好”的错误认知，坚定育人信念，改变传统的语言宣教式的育人方法和空洞的晓之以理的育人方式，深入研究职业教育课程思政的“三大”规律，依律而行，尊重职业学校学生的类型特点和习性偏好，灵活用好职业教育的育人方式和方法，构建具有职业教育类型特色的育人体系，持之以恒，行稳致远，把他们培养成未来的能工巧匠、大国工匠、社会脊梁。这是职业教育作为类型存在的价值基础。

学生课堂考勤是很多老师讨厌做而又不得不做的事情，因而，有些老师课前就拿着名单逐个点名，学生人数不多还好，遇到合班课，一个班级上百人，点完名就要十几分钟！这样的考勤情况，老师难有愉悦的体验，学生更难有开心的感觉，当然也不可能有育人的效果。但我们如果换个方式，情况就可能马上不一样。

杨老师另一个让我佩服的地方，就是他的考勤管理方式。有的老师经常点名，所以同学来得很多；有的老师不经常点名，所以同学很多都会碰运气，来得不多。但杨老师几乎没点过名，可上他的课的同学却几乎全到。当然杨老师上课生动精彩及其独特的个人魅力的确很吸引我们，但他的考勤制度也确实起了至关重要的作用。杨老师“分权”给了我们，由第一组的同学考勤第二组、第二组考勤第三组、第三组考勤第四组、第四组考勤第一组，在这种公开、公平、公正的考勤制度下，谁还敢逃课？我不得不心服口服地说一句，看似和蔼可亲的杨老师，原来也是“笑里藏刀”呀。

职业学校的学生不太愿意接受教师的管教，对教师传统的教育方式方法比较排斥，对传统教育方法下的教师也缺乏必要的信任，教师课堂点名的考勤形式能将学生困在课堂，但不能实质性解决学生厌学的思想问题。我们换个方式，由学生考勤学生，营造一个公开、公平、公正的环境，学生的课堂出勤状态就会发生改变。除了考勤形式由教师考勤学生转变为学生考勤学生外，我还借鉴企业管理员工的办法，将学生的个人出勤情况与全组同学的期末成绩挂钩，一个人缺勤全组同学扣分，以此培养学生的团队意识和协作精神，双管齐下，形成了具有职业教育类型特色的考勤管理模式，获得了意想不到的思想教育效果。

杨老师一次也没有做过花名册（习惯性感觉上课的第一件事就是任课老师对着一大片脑袋点名）。

没有逃课，不想连累他人。

只逃了一节课，没有在课堂上睡过觉，有时候我有点消极，但是按规定与组员一荣俱荣、一损俱损，这使得我抗拒那样做。

不少同学“在课程学习过程中印象最深的三件事”中表达自己对旷课问题的感受，还有一位同学讲得更有意思，他将“从未逃过一次课”列为本门课程学习过程中的三大遗憾之一，同时，将“能说我想逃课吗”列为“如果有机会重学这门课程你最想做的三件事”之一。可见，他的内心一直是有逃课想法的，但能做到一学期想逃课却没有逃过一次，反映了学生高度的自我约束能力，即自律意识。

逃课是很多学生都有的想法，但当我们换一种方式，就能让职业学校的学生即便很想逃课但也得有所顾虑，通过规范学生的课堂考勤，培养了学生自律能力和团队意识。关于课堂考勤，有位赵老师曾在听过我的经验分享后专门找我交流。

赵老师：谢谢杨老师！还想请教一个问题，学生积极上您的课，也许是因为您的课堂精彩，也许是因为您是学校领导，学生不敢缺课。像我们普通老师，您有什么好的建议？谢谢！

杨老师：最初学生不敢旷课，不是因为课堂精彩，也不是因为我是领导，而是教师对学生有约束力，可以制约他！后来学生不会旷课，才是因为课堂的精彩和教师的魅力！所以，解决学生旷课问题有一个从不敢到不愿的过程；没有哪一个老师能做到一学期让学生不敢旷课！所以，对学生考勤的管理，前期要严，中期要盯，后期就可以顺其自然了！

赵老师：学生旷课行为，看来需要学校老师一起努力！谢谢杨老师的宝贵意见！

杨老师：作为普通教师，我们做不了学校的主，但能做好自己的主！我们管不了别人的课堂，但我们可以努力管好自己的课堂！有你这样用心的老师，你的学生是幸运的！

(六)完善职业教育类型育人体系，构建“一体化”课程思政新格局

基于类型划分的“二元”教育结构体系，是中国教育由精英教育进入大众教育的必然要求。几千年来，教育作为社会稀缺资源，一直承担着培养所谓社会精英的历史责任。修身、齐家、治国、平天下成为读书人的价值追求，“学而优则仕”成为社会对教育的价值认同，考试选拔成为读书人实现理想的价值通道，考试分数成为教育评价的价值标准，千军万马挤独木桥是精英教育时期“一元”教育结构下的显著特征。

“二元”教育结构体系的建立，突破了“一元”教育结构时期人们对教育“学而优则仕”的价值认同局限，将“行行出状元”的民间俗语正式上升为国家战略，为国家需要的高素质技术技能人才提供成长通道，为众多不擅长文化课考试的学生提供了畅通的成才路径，是教育大众化的显著标志，是中国教育史上的里程碑。

由此，职业教育与普通教育的关系由以前的依附发展转向比翼齐飞、由以前的学习借鉴转向了并行发展，“稳步发展职业本科教育，建设一批高水平职业院校和专业”“加快构建现代职业教育体系”，构建中等职业教育、高等职业教育、本科职业教育一体化培养体系成为职业教育类型发展的重要任务，中等职业教育、高等职业教育专科、高等职业教育本科、专业硕士或博士组成的现代职教体系呼之欲出；职业教育突破了“一元”结构下学生学历提升的天花板，职业教育“中高本硕博”一体化类型育人体系构建迫在眉睫。

本科层次的职业教育是完善国家职业教育体系的重要环节。2021 年 10 月，中共中央办公厅、国务院办公厅印发了《关于推动现代职业教育高质量发展的意见》，明确提出，2025 年“职业本科教育招生规模不低于高等职业教育招生规模的 10%”的目标任务。这是职业教育类型化发展的利好消息。

但当前，本科职业教育偏离“中高本”一体化要求，普通化发展的倾向应该被高度重视。2021 年，刚实现升本不久的重庆某职业技术大学，1795 个本科招生计划全部面向普

通高中，通过全国统一高考录取。这种状况可能引发两个严重后果，一是因为普通高中的学生与家长对职业教育的误解，导致本科层次职业教育院校报考出现断档，报到率也堪忧；二是教育对象的普通化极易催生本科层次职业教育的普通化倾向，影响职业教育课程思政"一体化"格局的构建。

2017 年 11 月，成都有位中等职业学校的教师在听过我在"人力资源管理"课上举行模拟招聘会的教学经验分享后，自己也准备在中等职业学校学生的"人力资源管理"课程教学中实践，但因为第一次做，心里没有底，于是在网上与我交流。

中职教师：杨老师，下周我也打算在班上组织一次模拟招聘会，但是对每个学生的考核这一项，我想不出好的办法，希望得到您的指导！

杨老师：你想做什么考核呢？也就是说你考核的目的是什么？

中职教师：想通过考核的方式来刺激他们积极参与本次活动。就是对参与活动的同学进行考核，招聘的人和应聘的人该如何评分呢？

杨老师：你先试着相信他们能积极参与做一次看看！同时，下周你就要做模拟招聘活动了，前期的工作你做好了吗？比如虚拟公司有了吗？招聘计划有了吗？自荐书有了吗？活动组织规划有了吗？如果你没有做好前期系统的设计和准备，单一搞一次模拟招聘活动，效果会大打折扣！

中职教师：下周会接连上四次课，我是这么安排的，周一由各个项目负责人展示本项目的 PPT 介绍，周二是各项目组设计招聘海报，原计划周三就模拟招聘会，但是现在我决定用作设计应聘简历和设计活动规则，周四模拟招聘会。

杨老师：例如，你可以考虑，让面试官做好面试记录，对每位参加面试的同学的表现做好书面记录，最后用一种你认为有效的方式反馈给面试者！还可以要求面试者对每位录用的学生写明录用的原因，未录用的写明未录用的原因，也可以实行优秀面试官、优秀面试者推荐与表彰等。总之，只要你愿意去想，办法很多，但一定不要再使用让学生讨厌的考核方法。如果你前期工作准备得很充分，可以按你现在这个节奏来；如果不够，可以考虑多给他们一点时间准备，下周再做模拟招聘也可以！

中职教师：好的，谢谢杨老师的指点，我现在大概有了些思路，也跳出了考核办法的死胡同。谢谢老师！

杨老师：所以，学生参不参与或者参与积极不积极，最重要的不是你是否考核了，即便是期末考试那么严格的要求，那么重要的考核，学生一样旷课一样不参加考试，更不用说平时的活动了！要想让学生参与活动，最重要的是要让学生前期为此有所付出，有所准备，有所期待，这样在真正搞活动时，你才会有所惊喜！

中职教师：虚拟公司已经有了，招聘计划正在设计中，自荐书还没有弄，所以这个建议真是太棒了。活动组织规划也不够完善，活动规则就是不知道怎么弄才合理。

同样的课程，相同类型的学生，想搞相同的活动，中等职业学校的老师开始明显对学生参与活动的积极性不够自信，因而希望能设计严格的考核方式刺激学生的主观能动性。站在普通教育的角度，这么想是没问题的，但如果面对的是职业学校的学生，这么操作可能收效甚微。一是他们对普通教育式的严格考核基本不会上心，二是喜欢体验式学习是职业学校学生的特征，与考不考核或怎么考核关系不大，最重要的是要让学生在活动中有真实的体验感、有切实的获得感。通过实境实岗实战获得实感实悟实效，这是所有层次职业学校学生思想变化的共同规律，“中高本”职业教育如果都遵循这一规律，一体化开展课程思政建设，日积月累，职业教育的课程思政必将形成鲜明的类型特色。

一周以后，中等职业学校的老师再次主动发来信息。

中职教师：昨天一共完成了 3 个班的模拟招聘会，整个活动进行得很成功，学生们都非常认真，特别是每一组的组长，难得的投入和执着，也发现了很多人才，谢谢杨老师！

杨老师：祝贺！

中职教师：这个是他们活动完成后招聘人员与自己应聘者的合影(发来很多学生做的招聘海报和现场合影)。一个班的，我昨天没有怎么拍照，我在每个班都选了一两个学生专职拍照，然后做成 PPT，下周汇报。

杨老师：点赞！

中职教师：谢谢杨老师的指点迷津，接下来我还会安排一些活动，希望还能得到您的指导！

活动的成功显然超出了该老师的想象，兴奋之情在网上都能真切感受到。不同年龄段的职业学校学生，表现出其对体验式学习完全相同的浓厚兴趣和高度认同，这充分证明职业学校学生具有共同的类型特征。国家已经明确将建立专门的职业教育高考制度，中等职业教育以后是高等职业教育专科和本科的重要生源基地，“中高本”职业教育课程思政育人体系的一体化格局构建，是职业教育类型化发展的紧迫任务之一。

没有本质不同于普通教育的鲜明特色，就没有所谓的职业教育类型，也就没有真正意义上的“二元”结构教育体系。“优化职业教育类型定位”，摆脱普通教育的影响，“增强职业教育的适应性”,走出职业教育自己的类型特色发展之路,是职业教育发展的需要,是国家教育现代化的需要,更是职业学校学生成长的需要。

有教无类,职业教育是面向人人的教育,运用职业教育的方法,通过课程思政路径,构建具有职业教育类型特色的育人模式,育好普通教育难以教育好的学生,根除“职业学校学生难育好”的错误认知,保障好他们的受教育权益,既是职业教育的根本任务,更是职业教育与普通教育“具有同等重要地位”的类型价值所在。

2020 年 5 月 15 日,美国商务部发布声明,全面限制华为购买采用美国软件和技术生产的半导体,包括那些处于美国以外,但被列入美国商务部管制清单中的生产设备,要为华为和海思生产代工前,都需要获得美国政府的许可。由此,华为面临着严峻的芯片断供危机,不得不将子公司“荣耀”以 400 亿美金的价格整体打包出售给深圳智信新信息技术有限公司,退出了高端手机市场竞争。

华为公司遭遇的芯片断供,不是芯片设计的断供,而是芯片生产的断供。荣耀手机安装的麒麟芯片是华为公司旗下的子公司海思自主设计,并于 2019 年 9 月 6 日在德国柏林和北京同时发布的一款新一代旗舰芯片,在性能、能效等多方面实现了全球领先。然而,仅仅因为美国的限制,华为公司引领全球的芯片设计无法转化为可供使用的产品。在“中国信息化百人会 2020 年峰会”上,华为公司消费者业务 CEO 余承东表示,麒麟系列芯片 9 月份以后将无法再生产,华为 Mate40 将成为搭载高端麒麟芯片的“绝版”机。

华为公司被逼身陷绝境的悲壮遭遇,是与生产技术技能的落后、职业教育长期的类型失位相关的。加快职业教育类型发展,提高职业教育类型化育人质量,为国家培养更多高素质技术技能人才、能工巧匠、大国工匠,从生产层面切实解决高端技术技能的“卡脖子”问题,事关国家的长远发展,同时,彰显职业教育“生产”与普通教育“设计”同样重要的类型价值。

一个人是选择职业教育还是普通教育,关键在于个人的智力类型与行为偏好,只要职业教育尊重学生类型特征,将课程思政落实到位,对个人来说,职业教育与普通教育具有同等重要的作用。周浩放弃北京大学而读北京市技师学院的案例,就特别具有代表性。

【案例分享】

周浩,2008 年高考以 660 多分名列青海省理科前 5 名,本来他想报考北京航空航天大学,却遭到了家人、老师的一致反对。“我从小就喜欢拆分机械,家里的电器都被我重装过。在航空航天大学,有很多实用性的课程,这比较对我的胃口。”但是,周浩最终还是妥协,选择了几乎人人向往的北京大学。

到了北大,大一上学期,周浩努力地适应一切,浓厚的学习氛围、似乎永远也上不完的自习、激烈的竞争环境让从小就喜欢动手操作的周浩开始感到不适应。到了第二学期,更多的理论课,更繁重的理论学习让周浩觉得压力很大。“生命科学是比较微观的一门学科,侧重于理论和分析,操作性不是很强。而我又喜欢捣鼓东西,喜欢操作,所以我们互相不来电”。

学习没有兴趣的专业知识让周浩痛不欲生,每天接受的都是纯粹的理论更让他头脑发胀,对于未来也变得非常迷茫:“不喜欢学术,搞不了科研,但是生命科学系的很多学生未来几乎都会读研究生,这样的路并不是我想走的。”于是,周浩学习开始不那么积极了,“越来越迷茫,不知道自己的出路在哪儿”。

一开始,周浩觉得问题的关键在于自己适应环境的能力太差。于是,他尝试了各种办法让自己习惯这种学习氛围。同学告诉他可以尝试去听工科院系的课程,从中找到自己的兴趣。他便去旁听北大工科院系和清华大学工科院系的课,却发现这些课基本上也是纯理论,而实践操作课只有工科院本院的学生才能去上。接二连三地遭受打击之后,周浩开始陷入绝望。

第一年的“尝试”失败了,于是,他决定大二先休学一年。休学期间,他在深圳当过电话接线员、做过流水线工人,没有一技之长又不擅长交际的周浩感到社会的残酷。“对于人间冷暖有了初步的体会,大家不会因为你是大学生就尊重你,就会多给你一次尝试的机会。”周浩以为初入社会的挫败感让自己能喜欢上北大的生活,静下心来学习,能再次接受自己不喜欢的专业。然而,重新回到校园的时候,周浩有了比以前更大的不适应感,他越来越觉得自己实在不适合学习这个专业。“现在看来,我休学一年所作的思考基本上都是失败的,”周浩在接受采访时苦笑着说。

在旁听、转院、逃避都没有解决问题的情况下,周浩开始打起了转校的“算盘”。从大一开始,他就在网上对中国的一些技师学院进行了解,并且还去看德国数控技术方面的网站,对比了中国与德国在这方面的差距,初步对中国的数控市场进行了判断。“我觉得中国是比较缺知识技能复合型人才的,就像德国很多技术工人都是高学历,而中国的技术工人基本上都学历不高。”了解了自己高学历的优势,周浩开始选择适合他的学校。“在网上搜到了北京市工业技师学院,它的职业教育水平在行业内是领先的。既然想学点技术，尤其是数控技术，那这里就是最好的地方。"

从北京大学退学去读一个听都没有听说过的技术学校，周浩身边的人都非常反对。但周浩最终还是坚定地去了技校。2011 年冬天，周浩收起铺盖从北大到了北京市工业技师学院，开始了人生新的起点。

"考虑到周浩之前有一定的操作基础，学校没有让他从基础课学起。为了让周浩接受更大的挑战，他直接进入了技师班，小班授课，并且给他配置了最好的班主任"。这种小班式、面对面和老师交流的教学方式，让他找到了很强的归属感。除了学院的培养，找到兴趣点后的周浩重新拾回了对学习的热情，这让他在这里大显身手。"大学的生活很散漫，但技师的生活就是'朝八晚五'，一切都靠自律"。实验室十几台瑞士进口的数控机器，老师面对面进行亲自指导，直接上手的机器操作，这一切都令周浩兴奋不已。由于之前没有接触过数控技术，而别的同学都已经学了两年，为了赶上大家的进度，他学得格外认真，"每天都把老师教过的技术重复练习，有不懂的就及时问"。很快，周浩便成了小班中项目完成速度最快、质量最好的学生，慢慢地成了学院最优秀的学生之一。"我所学的技术在人们的生活中起着很大的作用，我不会后悔自己的选择。而且三百六十行，行行出状元，每个人只要在适合自己、自己感兴趣的岗位上工作，都会变得强大的！"周浩说。

在 2014 年第六届全国数控技能大赛中，周浩捧回了冠军奖杯。2018 年，他又拿到了全国技工院校教师职业能力大赛机械类项目的冠军。如今，他留在北京市工业技师学院任教，成了一名优秀教师，过上了幸福的生活。

北大学子退学读技校，这比让留学生读高等职业教育还让人感到惊愕。能考上北大，周浩的抽象思维能力无疑是强的，然而，他的兴趣爱好则不在理论学习与研究，而在实践与操作。严格意义上讲，周浩应该属于形象思维和抽象思维"并能型"学生，而他最终选择了走形象思维偏向型之路，选择了放弃全国亿万学子梦寐以求的普通教育"塔尖"学府，转向不知名的北京市工业技师学院，最终成长为全国技能竞赛冠军。

周浩在北京技师学院的成长，除个人兴趣爱好和勤奋努力外，学校坚持学生中心，尊重周浩的实际情况，对他采取小班授课、配备班主任等针对性的培养与教育措施对他的成长也很重要。周浩的成长与成功，也用事实证明，职业教育与普通教育对于不同类型的个人成长与发展同等重要，对于任何个人来说，类型错位不仅导致成长与发展受阻，更会让心理与精神饱受煎熬，甚至是痛不欲生。类型定位下，职业教育教师要切实依据职业教育的类型规律走实课程思政建设之路，用实实在在的育人成效彰显职业教育与普通教育同等重要的类型价值。

五、职业教育课程思政建设的指导思想

(一)职业教育课程思政的目标必须服务于人才培养的类型定位

1. 高素质培养是职业教育课程思政的第一任务

培养更多高素质技术技能人才、能工巧匠、大国工匠是习近平总书记对职业教育的期待,也是《中华人民共和国职业教育法》赋予职业教育的历史使命。因而,高素质培养成为职业教育课程思政的首要任务。素质是指人与生俱来的以及通过后天培养、塑造、锻炼而获得的身体上和人格上的性质特点。课程思政所强调的素质就是指通过后天培养、塑造和锻炼而获得的人格上的性质特点。

人格塑造是育人的核心内涵,通过行为规范实现人格塑造是课程思政的路径选择之一。所以,隐性的素质显性地表现为一个人自主向善向好的自觉行为;素质与学历或文化水平以及所谓的文化课考试成绩的高低都没有直接关系。例如,武汉封城期间,离开时主动打扫隔离酒店房间的清洁阿姨,她们文化水平不高,但自主向善向好的自觉性即素质却很高,值得我们所有人尊敬。北大学生会副主席牟某翰精神控制女朋友包某致其自杀身亡而被刑拘,身为北大学子,学生会副主席,却没能自主向善向好,而是滥用所谓PUA技巧精神控制女友,其素质实在不能与武汉的清洁阿姨相提并论。

职业学校的学生文化课考试成绩不行,也不太喜欢听课,甚至对普通教育的某些育人方式方法表现出反感、反对、拒绝甚至对抗等情绪和行为。这是职业学校学生的实际情况,与职业学校的教师不顾学生实际或偏离学生实际,套用普通教育模式教育职业学校学生的类型错位有关;也与职业学校教师脱离学生实际,延续所谓精英教育的育人目标,将英才、俊才或良才等作为对所有职业学校学生的目标要求有关。

职业教育是大众教育,因而,职业教育学生的课程思政的目标定位要多接地气、多结合实际,走生活化、具体化、实用化路线,将解决思想问题与解决实际问题相结合,用事实说话、靠现实服人、依实境育人,切实培养学生包括但不限于脚踏实地、爱岗敬业、勤学肯干等职业精神与职业素养,或称职业素质;养成学生自主向善向好的行为习惯,提高学生自主向善向好的能力水平,增强学生自主向善向好的思想意识,这是职业教育高素质要

求的应有之义，更是职业教育课程思政的第一任务，切忌偏离人才培养目标定位，脱离学生思想实际，盲目追求所谓高大上的精神境界或志向情怀，坠入华而不实的形式主义深渊。

首先第一节、第二节课我就旷课了，可能是起床生气的原因吧，自己的情绪控制不好，因为起床晚匆匆忙忙，穿了个拖鞋来教室，叫我回去换鞋是正确的，但是我那个时候脑壳一热，没控制好情绪就干脆回去不来了。事后想起来非常后悔，扣了小组的分数，也扣了自己的分数，期末考核差点不及格，以后要学会控制好自己的情绪。通过这几天的学习，我发现这门课非常利于活跃我们的思维和自主能力，基本上由老师带领然后我们自己独立地思考，去学习关于专业的知识。老师与我们的互动也特别多，上课就感觉非常有趣，可以说是大学里最有气氛的课堂了，以后我一定会克服慵懒的习惯，尽量不迟到，去学会热爱课堂和学习。

学生因起床晚而穿拖鞋进教室，有违学生着装基本要求，让其回去换鞋显性目的是纠正其着装不标准行为，隐性目标则是为了强化学生的自我约束能力；学生赌气不来，导致小组集体被扣分，显性目的是培养团队意识，隐性目标则是借助朋辈关系营造对学生强化素质培养的氛围！很欣慰这位学生还真能有所领悟。没有知识传授、没有道理讲解，只有行为端正和氛围营造，学生收获自我感悟和素质提高。

为了培养学生良好的行为习惯，提高学生的自我管理能力，我曾经要求学生每堂课必须带上全班统一的作业本，坚持每堂课检查，力争形成稳定的行为习惯，课程结束时，让学生写下“本门课程学习过程中最遗憾的三件事及原因”，有学生写道：“有次上课没带本子，因为我后来没把笔记写在本子上面而是一张纸上，课后感觉这节课很不圆满，像没上一样。”

稳定的行为即为习惯，让学生养成上课带本子、听课记笔记的良好行为习惯，就是高素质培养的内容之一！

2. 技术技能型人才成长规律是职业教育课程思政的第一遵循

技术技能型人才是职业教育的培养目标，职业教育的课程思政必须服从并服务于这个目标，即职业教育的课程思政必须坚持德技并修、德能并重的原则，在练技中修德，在强能中厚德，在长期的技术技能形成过程中潜移默化，润物无声，不能偏离更不能脱离这个目标，空洞地讲道理、抽象地做引导。

技术技能型人才都是在实境实岗实战中成长起来的，从体验到体悟是他们思想变化的必然心路历程，新鲜、熟悉、倦怠、坚持、进步是他们思想成长的必经阶段，主动、用心、自悟是他们思想改变的先决条件。

从刚开始心里抵触这门课，觉得老师就是没事找事，好好的课不像别的老师那样中规中矩地讲，非得让我们每周进行汇报。后来，渐渐也觉得这样挺好的，至少现在我看到外班的同学还笑着打招呼，不再像以前那样直接走掉，原来这门课还是有收获的。也是这门课程，我才会每周去参加活动，至少我枯燥的课余时间多了一些乐趣，课上讲沟通能力的时候，我也开始正视自己的缺陷，不再像以前那样觉得无所谓，开始进行自我调整，这也是我的一大收获。

用初涉职场的新鲜感激发他们向善向好的主动性，用从“小白”到熟手的获得感触发他们用心做事的自觉性，用过程陪伴与引导帮助他们克服情绪倦怠、坚持向善向好的方向不变，用示范与指导推动他们认知水平逐步提升，自悟原理，自明事理，自省道理，自正行为，这是职业教育课程思政应该遵循的基本规律。

工匠精神是技术技能型人才的素质灵魂，工匠精神培养是职业教育课程思政的核心任务。中央电视台曾经播出过系列节目——《大国工匠》，梳理这些大国工匠们的精神特质，将工匠精神的内涵概括为：敬业、精益、专注和创新。

敬业是基于对职业的敬畏和热爱而产生的一种全身心投入的认认真真、尽职尽责的职业精神状态，是社会主义核心价值观的基本要求之一。

精益就是精益求精，是对每件产品、每道工序、每件事情都凝神聚力、追求极致的职业品质，正所谓“天下大事，必作于细”。

专注就是内心笃定而着眼于细节的耐心、执着、坚持的精神，这是一切大国工匠都具备的精神特质。工匠精神的实质在于执着，即几十年如一日的坚持与韧性，一旦选定行业，就一门心思扎根下去，心无旁骛，在一个细分领域里不断积累优势，在各自领域成为“领头羊”。

创新，就是追求突破、追求革新。这是工匠精神的高层次追求，工匠们长期热衷的不断改进与创新是世界科技进步的重要推动力量。

职业教育的课程思政应紧紧围绕培养学生敬业、精益、专注和创新的工匠精神，“纲举目张、执本末从”，以培养工匠精神为根本任务，完成对学生成熟人格的健全和核心价值观的塑造。

师傅引领是技术技能人才成长的必要条件。世界名牌“香奈儿”首席鞋匠认为“一切手工技艺，皆由口传心授”，传授手艺的同时，也传递了耐心、专注、坚持的精神。工匠精神的培养，只能依赖于人与人的情感交流和行为感染；工匠精神的传承，只能依靠言传身教的自然传承，无法以文字记录或以程序指引。因而，师徒传承是技术技能型人才成长的最佳路径，师傅引领是工匠精神培养的最佳方式。

职业教育的课程思政必须加强既能育又能训的“教练型”教师团队建设，紧紧围绕工匠精神的丰富内涵，以强化学生执着坚守、主动改进、精益求精的职业意识和培养学生虚心请教、孜孜以求、细察善悟的行为习惯为目标；遵循技术技能型人才在长期用心坚守的实践中成长的基本规律，守好实践主阵地，在“学做融合、育训合一”中培育工匠精神与职业道德。切忌语言上的空洞说教、形式上的表面热闹、方法上的蜻蜓点水，进而导致效果上的雾里看花。

此次活动从准备到正式举行，我都全部参与了。虽然这次活动只是一个模拟而且招聘的整个流程只有一个多小时，但是我们足足准备了两个星期。而且在准备过程中我们也是先分工然后再汇总，汇总以后再看哪里可以做得更好，再讨论。而且我们是4月23日举办的活动，4月22日前两个小组模拟招聘完后，我们还针对他们在这个过程中的不足来修改我们的策划方案。

事前“分工汇总、汇总再讨论”、事中针对“他们”出现的不足修改自己的策划方案，这种用心做事、及时改进、追求尽善尽美的行为就是工匠精神的具体表现。在教师的引导下、在实战的过程中、在实感的体验里孕育工匠精神，这是职业教育课程思政应遵循的技术技能型人才成长规律。

（二）职业教育的课程思政必须尊重教育对象的类型特征

1. 尊重职业学校学生的类型特征是职业教育课程思政的逻辑起点

习近平总书记在全国高校思想政治工作会议上强调，思想政治工作从根本上说是做人的工作，必须围绕学生、关照学生、服务学生，不断提高学生思想水平、政治觉悟、道德品质、文化素养，让学生成为德才兼备、全面发展的人才；要遵循学生成长规律，不断提高工作能力和水平，提升思想政治教育亲和力和针对性，满足学生成长发展需求和期待。

学生是课程思政的中心，提高学生的思想政治素质是课程思政的核心任务，遵循学生成长规律是课程思政实施的前提基础，满足学生的成长需求是课程思政见到实效的基本保障，促成学生德才全面发展是课程思政的目标归宿。思想教育必须依律而行，入脑入心,方能行稳致远。

2014 年 12 月 19 日,时任教育部副部长鲁昕在一场关于提高职业教育人才培养质量的视频工作会议上,对全国各省的职业教育骨干干部和典型学校的校长们强调:“我们职业学校的学生来源可能不是考 600 分的,可能是 300 分、200 分的,但我认为这些孩子并不是失败者”;“我们瞄准的是产业链、价值链的中高端,要培训中高端的技术人才,不是培养‘一技之长’。‘一技之长’是职业培训,不是学校教育”。

有无思想政治教育是职业教育与职业培训的根本区别。鲁昕同志坦言,目前职业学校的学生,文化基础比较薄弱,“但是我认为这些孩子不是失败者,只是应试教育的失败者。来到学校,我们就要给他们厚重的文化基础,要立长远、打基础,但是我们现在没有完全做到”。

面对应试教育的失败者,不能再沿用应试教育的课程思政模式,必须坚持尊重职业学校学生的成长规律,满足职业学校学生的成长发展需求和期待,培养职业教育要求的高素质技术技能人才。这是职业教育课程思政的逻辑起点与路径思路,是必须坚持的基本指导思想。

职业学校学生的成长规律和发展需求,是由职业学校学生的类型特征决定的。依据多元智能理论,智力只有类型之分,没有层次之别。不同智力类型学生具有不同价值取向与行为倾向,具有同等重要的作用,这是职业教育与普通教育不同教育类型划分的理论依据之一。思维类型不同是职业学校学生与普通教育学生的根本性区别。

职业学校学生属于“抽象思维弱但形象思维并不弱”的形象思维偏向型,突出表现在通过听课学习文化知识比较困难,但通过做事学习职业知识、提升职业技能却较为容易;通过听讲搞懂原理明白道理比较困难,但通过实践领悟原理明白事理却较为容易。因而,针对他们的思想教育必须要减少抽象的说教,坚持以具体事实服人,以切身感受育人;要减少空洞的理论阐述,坚持以实际实用为原则,用现实的效果、真实的体验充实学生思想感受,用解决具体的现实问题实现解决抽象的思想问题的课程思政目标。

上周星期三、星期四,在老师和各位同学的共同努力下,我们班级成功开展了招聘实践活动,我想不只是我,每一位参与到其中的同学都或多或少有些收获。

虽然招聘实践活动本身只有短短的 4 个课时,但大家为它所付出的努力早在一个星期之前就开始了。在这场招聘活动中,我扮演了多个角色。作为应聘者,我要准备好去参加别组的面试;在活动现场我还负责本组招聘活动的策划工作,从流程设计到人员安排都要做详细计划；活动现场我还要担当主持人，既要让现场活动项目在计划之内开展，又要时刻保持一颗清醒的头脑警惕突发状况。这样的活动对一个人的能力是一种很大的考验，其间虽然很累，但获益匪浅。我们组采用的招聘方式，虽然是我模仿一家大公司设计的，但模仿本身也是一种创新，如何模仿到以假乱真的程度也是值得深思的。在这里我要先自我肯定，成为一个成功的人首先要有自信。可事实是我们并不是真正意义上的管理者，做事总会出现这样那样的差错，总还欠考虑一些。在这次招聘活动中，我看到了自己离合格管理者的水平还有很多的不足之处，还需要在今后的工作学习中不断地充实自己，用知识武装大脑。

我想，我要感谢参与活动的每一个人，感谢老师为我们提供这样一个锻炼自己的平台，感谢其他三组同学为我们提供作为应聘者参与活动的机会，感谢本组同学相信我并认可我，感谢参与我们组活动的每一位同学，他们的参与体现了我们的价值，我怀着一颗感恩的心，感谢所有参与的人。

有一次，我最初担心学生不会认真参与的模拟招聘会，没想到这次招聘会却给学生带来了如此强烈的思想震撼。职业学校的学生不是没有成长需求，而是需要有适合他们成长的道路，职业教育的课程思政只有采取了适合他们成长需求的方式和方法，职业学校的学生才能得到真正成长，职业教育的课程思政也才能见到实效。

2. 尊重学生的价值观念是职业教育课程思政目标设定的基本原则

英国教授马丁·雅克在日本的一次演讲中说道："中国远比西方人想象中的更强，而且中国人追求的是实用主义。"2013 年 6 月 28 日，在全国组织工作会议上，习近平总书记指出，革命理想高于天，没有远大的理想，不是合格的共产党员，离开现实工作而空谈远大的理想，也不是合格的共产党员。

职业学校形象思维偏向型的学生，相信眼见为实，信服看得见、摸得着或感受得到的人或事，厌烦离开现实实际空谈远大理想，诸如"书中自有黄金屋，书中自有颜如玉""书到用时方恨少"等励志名言，不太符合他们的价值观念，难以对他们起到有效思想教育作用。厌听课学习、厌空谈未来均源于此。新中国的职业教育家黄炎培先生说："生计上能自立，是经济上不贫；有相当常识，是知识上不贫；立志向上，是志气上不贫。切不可单做第一点，抛却第二第三点，若连第一点都不注意，光是养他，直是要他终身做贫人。"

新时代的职业教育，要在经济上、知识上、志向上同时发力，将学生培养成中国特色社会主义事业的建设者和接班人。劳动是人类社会生存的第一需要，学习劳动技能、参加劳动活动、获得劳动果实,才能解决“经济上不贫”的生存问题,这是作为一个人必须首先考虑解决的问题。职业教育就是解决学生生存需要的劳动技能问题的教育,实用、实感是职业教育应该给予学生的重要内容,更是职业学校学生接受职业教育的价值目标追求。

2020 年 1 月 8 日,习近平总书记在“不忘初心、牢记使命”主题教育总结大会上强调,要教育引导各级党组织和广大党员、干部经常进行思想政治体检,同党中央要求“对标”,拿党章党规“扫描”,用人民群众新期待“透视”,同先辈先烈、先进典型“对照”,不断叩问初心、守护初心,不断坚守使命、担当使命,始终做到初心如磐、使命在肩。要以党的创新理论滋养初心、引领使命,从党的非凡历史中找寻初心、激励使命,在严肃党内政治生活中锤炼初心、体悟使命,把初心和使命变成锐意进取、开拓创新的精气神和埋头苦干、真抓实干的原动力。

知识到底有没有用?让他们实际使用一次感受感受!知识到底有多大的用,让他们切实实践一次体悟体悟!到底为什么要读书,让他们经历一次无知无力的耻辱感知感知。空说无凭,用可见的真实的事实呈现让他们“对标”,用看得见、摸得着、感受得到的人或事让他们“对照”,用实在实用的技能或知识应用让他们“扫描”,用实境实岗实战的体悟收获让他们“透视”,解决学生当前面临的实际思想困惑,扫除学生自主向善向好的思想羁绊,激发学生自主向善向好的初心和使命,是职业教育课程思政的首要目标。

2010 年 3 月 29 日,一位学生体验式学习 4 周后在给我的邮件中写道:

这种教学方法对我来说还是可以的,由于性格的关系,我常常都是能避则避,然而,这样一来我就不得不面对了。几周时间下来,我有一种无力的感觉,发现原来有好多东西我不懂不会,以前没有注意过所以不知道,而现在则给了我一个机会发现它,改变它,我相信这为时不晚,现在发现总比以后发现要强,我还有时间。说起来还要感谢老师让我提前知道一些我的不足。

另有一位学生在一场模拟招聘会后总结道:

周四的课结束以后,我突然有种深深的负罪感,作为第二小组的组长,我觉得自己的组织策划欠妥当,这使小组在整个招聘中的表现大打折扣。其实小组成员的能力都是不容怀疑的,我们本可以做得更好,却因我个人能力……,我有种让老师和同学失望的难过,我很感谢大家一起想点子,一起计划,这个过程我们合作得很愉快,也在合作中学习到了知识,原来很多事情真的要躬行才明白。如果这门课只是“读书”,我不确定同学们会有多大的收获。我应聘后面两个小组的模拟招聘，在角色互换的过程中，我对自己又有了新的认识。

"对标、对照、透视、扫描"的效应，在学生实境实岗实战后的实感实悟中体现得淋漓尽致。职业教育形象思维偏向型的学生，讲求实际，追求实用，相信实感，教师所教符合当前实际、实用好用，他们就认可，就信服；能通过实境实岗实战获得实感，他们就愿意为此而改变。

尊重学生相信眼见为实、追求实际实用实感的价值观念，通过体验式教学设计，在实践体悟中震撼学生的思想，改变学生的行为，给予他们实际实用的实感实悟收获。这是职业教育课程思政目标设定的首要原则。

尊敬的杨老师：

您好！在进校时我就认识了您，在这两年里我对您的个性以及教学方式方法有了一定的了解，知道杨老师是一位对学生严厉、对工作非常认真的老师。上了您的课后，我体会更深了。刚开始上您的课，感觉神经绷得好紧，时间久了，紧张的感觉慢慢变淡，相反，我对这种高强度（相对其他课程）的课程产生了浓厚的兴趣。我喜欢挑战，对于这种分组式竞争，我更有激情。

3. 尊重学生的学习偏好是职业教育课程思政实践的基本路径

形象思维偏向型的职业学校学生，他们在学习方式上呈现出非常明显的"VAK"偏好。

"V"，Visual，即视觉，职学校的学生擅长通过观察学习知识、习得技能。"A"，Auditory，即听觉，职业学校的学生喜欢通过聆听多种声音理解知识、提升技能。"K"，Kinestic，即触觉，职业学校的学生喜欢在行动体验中领悟知识、增强技能。

本来以为管理学会是一门枯燥的课，每天都是书本上的条条框框，结果不是这样的。杨老师从视频、有趣的演讲中让我们深刻地体会了其中的意义，特别是一个视频《三个和尚》（实为"三个和尚没水喝"），这是一个大家都非常熟悉的故事，讲的是三个和尚没水喝，但大家都没有想到，其中居然可以学到管理学的知识，就是善于用人，善于管理人！在杨老师的课堂上就是这么有趣，轻松地就学到了知识。

这是学生在体验过"VAK"学习方式后写下的课程总结，看似抽象枯燥的"管理学"课程，遵循职业学校学生的"VAK"学习偏好，系统开展教学改革，同样可以让学生在有趣的心理感受中学到有用的知识，感受到管理的魅力！

像父母教育孩子，总会说这个不好或那个不好，不要做不要学，可是孩子觉得总要自己经历了才知道它是不是不好的。所以，我是很开心有这段学习经历的——难免会说几句老师的坏话！哈哈，不过只是一时口快而已，并无其他意思。

根据形象思维偏向型的职业学校学生表现的“厌听讲，喜做事”“厌灌输，善自悟”等特征，职业教育的课程思政首要任务是改革传统的“教师讲学生听”的传统课堂教学模式，融入“做中学、学中做”的职业教育理念重构课堂秩序，组合应用好项目教学法、行动教学法、任动驱动法、情境体验法、小组教学法等基本的职业教育教学方法，实行颠覆性的课堂革命，让学生由听课转向做事、由记忆转向体验、由接收转向自悟，构建体系化的职业教育课程思政模式，引导学生在做事的过程中自学知识、自悟原理、自明事理、自正思想。

2009 年，我第一次在管理类课程教学中系统开展教学改革，将教学目标的重点由知识传授转向能力培养和素质养成，选定了“连锁企业人力资源管理”课程，教学过程中要求学生自主组织一场模拟招聘会，会后，有学生写下这样的感言：

以前没有过类似的经历，都是现成的东西呈现给我们。但是通过这次招聘活动的举行，让我明白了在光鲜亮丽的舞台后面有很多默默无闻奉献的人们。

4 月 22 日，前两个小组招聘完后我们还针对他们在此次招聘过程中的不足来修改我们的策划方案，在不断修改的过程中，我看到了团队合作的精神，看到了做事一丝不苟、毫无怨言的品质。

在我的印象中，人力资源的课程几乎是学生们在自导自演。说句实话，杨老师您教授我的知识，我唯一记得的便是前面关于人的精神品质的阐述。我挺喜欢这个课程，因为关系到人，也很同意书本中的内容，有时自己也会翻阅。在这个课程中感受最深的便是更加了解自己，发现自己并不是很勤劳、认真、踏实，日后，还需要改进这些方面的不足。

学生在一场场真实性较强的模拟活动中实境实战，实感实悟，他们自学知识、自悟道理、自明事理、自省人生、自正思想。

之前上课时总是会有人玩手机，后来经过老师的严肃教育后，玩手机的少了，听课的人多了。而且上课时，时不时会有小组讨论或者全班随机组队讨论，这并未让我感到压力很大，而是觉得上课是件挺开心的事情。

用好小组教学法，课堂上仅适时增加了一点小组讨论，就让原本不太喜欢上课的学生将上课视为一件“挺开心的事”！

后来室友开导，说你作为组长要将事分配出去让他们做，我就慢慢尝试，发现效果不错。以前我内向的性格在团队合作中也改了不少，因为身为小组长免不了跟人打交道或处理一些事情，自己的逻辑思维也越来越清晰，解决问题的能力也在慢慢提升。在每次的团队活动中，我还是很享受这种氛围的，大家一起做事情，共同玩耍，共同进步，从开始的“做样子”到最后的“真枪实弹”。有时候觉得自己又整得一团糟，连睡觉吃饭都在想这些。

一位不知道如何当组长的学生，在室友的开导下，在小组的实践活动中，学会了分工合作，提高了逻辑思维能力，改善了自己解决问题的方式，态度也由应付到认真，甚至睡觉吃饭都在思考问题，同时很享受团队共同玩耍和共同进步的氛围。这就是尊重职业教育形象思维偏向型学生的“VAK”学习偏好所取得的育人实效。

通过学习这门课程，我较快地融入了这个班级，认识了更多的同学——从互不相识到现在互帮互助，共同进步。因为这个课程，我们一起经历了很多。从最开始的不乐意，到现在的积极参与，每个人都有付出，也都有收获。这不仅仅体现在课堂展示上，更多的是自己的经验、见识都有了增长。

每次展示过后，老师都会根据不同的活动从很多角度找出问题，并让我们一起讨论和分析，这种变化是很明显的，而且一次比一次大。我们的团队协作能力、领导能力和沟通能力都有所提高，组织活动的情况也不会像第一次一样漏洞百出了。

还记得我们组那次送爱心早餐活动，每个人早晨六点十分就要在食堂集合，在大冬天，这对我们都是一个很大的考验，但我们也都很清楚这件事的重要性，比如说我，都是在床上挣扎了很久，做了很多思想斗争，最后才决定起床。不过，即便是在那种条件下，也没有出现有人迟到或者直接不去的情况，每个人都积极提出意见，分工合作，很快就完成了任务，能看出来，我们每个人都很满意这次活动，虽然有些抱怨，但也没有闹情绪，都很配合，最后也取得了很不错的成绩。这归功于我们每一个组员的付出，我们都感受到了集体的荣誉感。

每次读到学生写的这些学习感受，我内心都会涌起无限的职业幸福感和自豪感。有人曾质疑学生写下的这些话语的真实性，原因是学生可能是为了讨好老师而故意写一些好听的话。最初，我也有怀疑，也不敢确定。为此，我专门将学生写课程总结的时间由以前期末考核成绩统计前调整到成绩统计结束后，这样学生不会因担心课程成绩而写好听的话。同时,我也开始注意观察学生课堂的言行,由此判定后期他们写下的课程总结的真实性。后来,随着时间的推移,批量的学生写出了类似的感受,时至今日,十年有余。当类似的事情反复出现时,那就要么是遵循了规律,要么是违背了规律;每届学生在职场稳健成长的铁的事实,让我们坚信,我们是遵循了规律,这个规律就是职业教育形象思维偏向型学生的"VAK"学习偏好。

【案例分享】

2017 年,我应邀到广东某所医药卫生类职业学校学习交流,与他们分享如何尊重职业教育形象思维偏向型学生"VAK"学习偏好,调动学生的学习积极性。中场休息时,有位年轻的陈姓女教师曾经找我交流:如何解决面对复杂的医学知识学生不愿学、学不懂,但又必须得学且必须要学好的现实困境?她对学生成长效果不好的着急,让我感动,因为她没有埋怨学生,而是在积极地找寻解决问题的办法,这种意识体现在年轻教师身上尤为难得。

我当时回答了她两句话,一是问了她:"你听说过以前的赤脚医生没有?当年的赤脚医生读过多少书?接受过多少系统医学知识学习?他们为什么能成为当地的名医?"

二是建议她:"你可以回去试试尊重学生'VAK'学习偏好,改变传统的教学模式,看看效果!"

很欣慰这位年轻老师还真回去积极实践了,2017 年 10 月 23 日,她在网上联系到我,与我交流了她课堂改革的成效。

陈:杨老师,您好,我是××学院的一位年轻老师。之前听您的讲座,我回去也尝试用了您的翻转课堂(注:她把我讲的模式理解为翻转课堂,事实上职业教育的课堂本就应如此,不存在翻转)的教学方法,也给学生分了组。收到的效果比较好,学生比我想象的要聪明,动手能力也很强。

杨:最重要的在于你用心去做了这件事,才会有这样的效果!你的学生是幸运的!

陈:目前为止,已给学生布置了两次作业,学生交过来的作品一看都是很用心做的。(注:作业与作品合一是"六合一"教学模式的内容之一,我在分享交流时讲过)现在学生的学习兴趣提高了很多。

2017 年 12 月 18 日,课程教学结束后,陈老师再次联系我,她给我发来了部分学生本学期课堂学习的照片和学习收获。

陈:这个学期的努力和收获,感谢杨教授的指导!

杨:祝贺你,你的学生很幸福,也很幸运!你是怎么操作的?

陈:听了您的讲座后,回去就给他们分了组。一共完成了6次作品,每次作品都是跟我讲授的人体各个系统相关的拓展作品。例如,讲完运动系统,我就给他们出题目,骨折的中医治疗(因他们是中药制药专业的);心血管系统对应的作品是:如何量血压、如何做心肺复苏的急救;消化系统对应的作品是:冬季胃溃疡的食疗等。要求学生小组作业、小班教学,每次对作品汇报,1班用第1节课,2班用第2节课。每个作品15分钟左右。其他小组打分,组长计算平均分,平均分就是这组的分数。每次作品都让学生录视频。我要求作品汇报的形式不能单一重复,否则只能拿基础分。(一开始我有点担心学生完成不了,结果学生的创造力出乎我的意料,作品一次比一次好,学生兴趣一次比一次高,学生的团结力一次比一次好,表达能力、组织能力都给了我惊喜。)每次分数都由课代表让做作品的学生按小组签名。这就是跟您学到的任务驱动,同时,我还用上了蓝墨云班课。我会将我的课件和学生的作品上传蓝墨云班课,学生自行下载就有相关经验值,同时,在蓝墨云班课上也有10次左右的随堂测试(15分钟,10至15题,做对了有相应的经验值),加以巩固当时所学知识。蓝墨云班课有一个功能很好用,就是讨论答疑,用于翻转课堂,我问,同学们在上面答疑,几乎所有学生都参与,并有相关经验值。同时,蓝墨云班课有签到功能,1分钟就知道哪个同学没有到,就扣整个小组的分数。考核:作品(60分)+蓝墨云班课(300个经验值折算30分)+考勤(5分)+平时加分(5分)=100分,没有期末考试,但是会放在蓝墨云班课上放一份试题,让学生自行做,其实分数到最后已经不重要了,重要的是过程考核一环扣一环,加上平时测验,我觉得不单让学生主动去学,还提高了学生其他能力,如表达能力、组织能力、创新能力。很多次有学生反馈:老师,上次测验我请假了,可以开给我重做吗?老师,上次课的课件,什么时候上传?老师,怎么才能更好地学习这门课?等等,听到这些话,我倍感欣慰。我知道,教学之路还很长,要学的东西也很多,但我会坚持。谢谢!

后来,我在她的朋友圈里看到了她的分享:开学初听了杨教授关于《青年教师如何上好第一堂课》的讲座,在本学期的教学中尝试了"任务驱动""翻转课堂"的教学方法,同时在学院领导的鼓励下使用了"互联网+蓝墨云班课"的教学模式,收获很多,我发现以后要提升的地方有很多。今天结束了本学期的"人体解剖与生理"的课程教学,感谢16中药制药1班和2班同学的共同努力,让我们相互学习、一同进步吧!

朋友圈里附有同学课堂学习和交流的照片,有一张是在"人体解剖与生理"答疑——

讨论群里与学生的期末互动：

陈：同学们，感谢大家付出的努力！在这个学期中，我们相互学习共同进步。虽然课程结束了，但蓝墨云班课，老师永远为大家开着，学习、生活、工作遇到任何问题，欢迎跟老师一起讨论和学习！祝福同学们！

后面是一班班干部何同学统计的班上同学对本学期课程学习的点赞票数：第一组，12 赞；第二组，15 赞；第三组，11 赞。

没有具体询问陈老师一班有多少学生学习这门课，但 3 个小组共获 38 个赞，这已足够体现同学们在本门课程学习中的收获。

医学，事关人民生命健康，半点都马虎不得！赤脚医生是特定历史时期的特定历史角色，为我国的医疗卫生事业和人民生命健康作出了历史性贡献。随着时代发展，虽然他们已慢慢退出了历史舞台，但他们在实践中成长的学医模式，值得我们学习与借鉴！

六、类型定位下职业教育课程思政建设的五项基本原则

（一）法定原则

《中华人民共和国宪法》《中华人民共和国教育法》《中华人民共和国高等教育法》和《中华人民共和国职业教育法》是课程思政目标定位的基本法律依据。不同教育在定位课程思政目标时，必须遵循下位法服从上位法的原则，在不违反上位法的基础上选择与自己关系最近的法律为依据。上述 4 部法律中，职业教育的课程思政目标定位就应首先选择《中华人民共和国职业教育法》为依据，而高等职业教育因同时具有职业性和高等性双重属性，课程思政建设则在选择《中华人民共和国职业教育法》的同时，必须同时考虑《中华人民共和国高等教育法》的基本要求，要在《中华人民共和国教育法》的基本精神指导下，在不违背《中华人民共和国高等教育法》要求的情况下，坚持以《中华人民共和国职业教育法》的具体要求为目标，开展具体的课程思政建设。

2022 年 5 月 1 日，新修订的《中华人民共和国职业教育法》正式施行。该法在第一章“总则”第一条明确“为了推动职业教育高质量发展，提高劳动者素质和技术技能水平，促进就业创业，建设教育强国、人力资源强国和技能型社会，推进社会主义现代化建设，根据宪法，制定本法”。第二条界定：“本法所称职业教育，是指为了培养高素质技术技能人

才，使受教育者具备从事某种职业或者实现职业发展所需要的职业道德、科学文化与专业知识、技术技能等职业综合素质和行动能力而实施的教育，包括职业学校教育和职业培训。”由此，在传授学生科学文化与专业知识、提升学生的技术技能的同时，涵养学生的职业道德，提高学生的综合素质无疑是法定的职业教育课程思政建设的重要目标和内容。

（二）政策原则

类型定位下的职业教育，特别是高等职业教育，受普通高等教育政策和职业教育政策的双重约束，时常左右为难。如《高等学校课程思政建设指导纲要》就是同时覆盖普通高等教育和高等职业教育的指导性政策。尽管在“明确课程思政建设目标要求和内容重点”部分，将职业教育部分单列，要求“深化职业理想和职业道德教育。教育引导学生深刻理解并自觉实践各行业的职业精神和职业规范，增强职业责任感，培养遵纪守法、爱岗敬业、无私奉献、诚实守信、公道办事、开拓创新的职业品格和行为习惯”，但在“科学设计课程思政教学体系”部分却没有区分普通教育与职业教育，而是概而述之；在“结合专业特点分类推进课程思政建设”部分，也只是在按普通教育的学科分类进行“文学/历史学/哲学类专业课程、教育学类专业课程、理学/工学类专业课程、农学类专业课程、医学类专业课程、艺术学类专业课程、经济学/管理学/法学类专业课程”阐述结束后，概要性提出“高等职业学校要结合高职专业分类和课程设置情况，落实好分类推进相关要求。”

职业教育的课程思政要在普职共享的政策指导下彰显职业教育的类型特色，就必须要以职业教育的政策体系为遵循。当前，《国家职业教育改革实施方案》是职业教育在未来相当长时间内的纲领性文件，也是职业教育课程思政目标定位的基石。大国工匠、能工巧匠和高素质劳动者是《国家职业教育改革实施方案》对职业教育人才培养的明确要求，“高素质”理应是职业教育课程思政目标定位的总要求，脚踏实地、执着坚守、精益求精、改进创新的工匠精神和爱岗敬业、无私奉献等职业道德无疑是“高素质”的核心内涵，培育大国工匠潜质也就成为所有职业教育课程思政目标定位的共同追求。

（三）领导原则

《中华人民共和国职业教育法》第四条规定：职业教育必须坚持中国共产党的领导，坚持社会主义办学方向，贯彻国家的教育方针，坚持立德树人、德技并修，坚持产教融合、校企合作，坚持面向市场、促进就业，坚持面向实践、强化能力，坚持面向人人、因材施教。实施职业教育应当弘扬社会主义核心价值观，对受教育者进行思想政治教育和职业道德教育，培育劳模精神、劳动精神、工匠精神，传授科学文化与专业知识，培养技术技能，进行职业指导，全面提高受教育者的素质。

优先发展职业教育是党和国家的战略部署，职业教育的课程思政要服从并服务于党的领导和国家战略部署。服从并服务于党的领导和国家战略部署，首先是职业教育教师必须坚持习近平总书记强调的教育者要先受教育的基本要求，自觉阅读党的文件、了解党的政策、聆听党的新闻，学习党的领导人的讲话，做到潜心问道与关注社会相统一，与党的要求同向同行。

优化职业教育类型定位是习近平总书记对职业教育发展作出的重要指示，培养更多高素质技术技能人才、能工巧匠、大国工匠是习近平总书记对职业教育的殷切期望，职业教育课程思政不能脱离技术技能培养而空谈职业理想、职业道德，而要在技术技能训练中孕育职业精神、职业品格，形塑职业理想和职业道德。

民心是最大的政治。2017 年 10 月 25 日，习近平总书记在党的十九届一中全会上指出，理想信念不是拿来说的、拿来唱的，更不是用来装点门面的，只有见诸行动才有说服力。要知行合一，言行一致，保持对理想信念的激情和执着，牢固树立正确的世界观、权力观、事业观，用自己的实际行动为坚持和发展中国特色社会主义、为实现共产主义远大理想而不懈奋斗。当前，我党正领导全国人民为实现第二个百年目标而继续奋斗，课程思政应以凝心聚力为主要任务，紧紧围绕党史、新中国史、改革开放史、社会主义发展史，引导学生正确认识时代发展大势，客观认知世界百年未有之大变局，辩证看待国家社会发展过程中遇到的问题与挑战，理性分析自我能力的竞争优势与不足，坚定伟大民族复兴中国梦的必胜信心，坚定不移跟党走，将志存高远与脚踏实地有机统一起来，知行合一，言行一致，积极投身新时代中国特色社会主义建设。

李克强总理在对职业教育作批示时指出，职业教育是培养技术技能人才、促进就业创业创新、推动中国制造和服务上水平的重要基础。要瞄准技术变革和产业优化升级的方向，推进产教融合、校企合作，吸引更多青年接受职业技能教育。推行中国特色学徒制，注重学生工匠精神和精益求精习惯的养成，努力培养数以亿计的高素质技术技能人才，为全面建设社会主义现代化国家提供坚实的支撑。

职业教育不是简单重复训练单一的职业技术技能，而是要融入培养具有改革创新精神、助力中国产业转型升级的高素质人才。因而,创新创业意识、精益求精习惯的培养,都应成为职业教育课程思政的重点任务,知行合一、言行一致都应成为职业教育课程思政的效果追求,这是党的要求,也是职业教育课程思政的类型使命。

(四)社会性原则

“人民就是江山,共产党打江山、守江山,守的是人民的心,为的是让人民过上好日子。人民是我们党的力量源泉,是决定党和国家前途命运的根本力量,人心向背关系党的生死存亡。”关于人民,毛泽东同志有过非常生动的比喻,他指出,人民群众是“真正的铜墙铁壁”,是我们党的上帝,“我们共产党人好比种子,人民好比土地”,党与人民还是鱼水关系,“水里可以没有鱼,但鱼儿却永远离不开水”。习近平总书记把人民群众比喻为“天地”,老百姓是天,老百姓是地。忘记了人民,脱离了人民,我们就会成为无源之水、无本之木,就会一事无成。

2018 年,习近平总书记在纪念马克思诞辰 200 周年大会上的讲话指出,人民性是马克思主义最鲜明的品格。让人民获得解放是马克思毕生的追求。我们要始终把人民立场作为根本立场,把为人民谋幸福作为根本使命,坚持全心全意为人民服务的根本宗旨。人民的主体是占人口绝大多数的劳动人民,为人民服务主要是为劳动人民服务。我们共产党人坚持以人民为中心的发展思想,就是要抓住广大劳动人民最关心最直接最现实的利益问题,努力保障和改善民生,促进社会主义公平正义的实现,在更高水平上实现幼有所育、学有所教、劳有所得、病有所医、老有所养、住有所居、弱有所扶,让发展成果更多更公平惠及全体人民,不断促进人的全面发展,朝着实现全体人民共同富裕不断迈进。

职业教育是与时俱进的教育,是面向最广大人民的大众化教育,是培养高素质劳动人民的教育,更是培养众多为劳动人民服务的社会主义建设者和接班人的教育,能否培养出具有人民立场的高素质技术技能人才,关系着人民能否过上好日子,能否过上舒心日子,甚至关系着党和国家的事业发展,关系着国泰民安。

2020 年五四青年节,习近平总书记寄语青年时再次强调,新时代中国青年要继承和发扬五四精神,坚定理想信念,站稳人民立场,练就过硬本领,投身强国伟业,始终保持艰苦奋斗的前进姿态,同亿万人民一道,在实现中华民族伟大复兴中国梦的新长征路上奋勇搏击。

在全民追求美好生活的新时代,职业教育的课程思政目标应定位在着重培养学生诚信友善意识、爱岗敬业精神、服务奉献品德、孝老爱亲美德等社会主义核心价值观，着重培养学生扎根基层、助弱扶贫、体谅感恩、互帮互助等基本素质，着重培养广大劳动人民最需要关心、期盼的吃苦耐劳意识、解压抗挫能力、艰苦奋斗精神等最直接最现实的职业品格，实现学生的全面发展，培养新时代具有社会责任感和担当精神的劳动人民，培养全力服务于人民对美好生活向往的高素质劳动人民。

（五）适应性原则

2019 年 4 月 30 日上午，纪念五四运动 100 周年大会在人民大会堂举行，习近平总书记出席大会并发表重要讲话。他强调，新时代中国青年要锤炼品德修为。面对复杂的世界大变局，要明辨是非、恪守正道，不人云亦云、盲目跟风。面对外部诱惑，要保持定力、严守规矩，用勤劳的双手和诚实的劳动创造美好生活，拒绝投机取巧、远离自作聪明。面对美好岁月，要有饮水思源、懂得回报的感恩之心，感恩党和国家，感恩社会和人民。新时代中国青年要自觉树立和践行社会主义核心价值观，明大德、守公德、严私德，自觉抵制拜金主义、享乐主义、极端个人主义、历史虚无主义等错误思想，追求更有高度、更有境界、更有品位的人生！

明大德、守公德、严私德事实上是 2018 年 3 月 1 日习近平总书记在参加十三届全国人民代表大会第一次会议重庆代表团审议时，针对领导干部提出的要求，他指出，领导干部要讲政德，政德是整个社会道德建设的风向标。立政德，就要明大德、守公德、严私德。在各种诱惑面前立场坚定，这是领导干部首先要修好的“大德”。守公德，就是要强化宗旨意识，全心全意为人民服务，恪守立党为公、执政为民理念，自觉践行人民对美好生活的向往就是我们的奋斗目标的承诺，做到心底无私天地宽。严私德，就是要严格约束自己的操守和行为。在纪念五四运动 100 周年大会上，他再次把这个要求扩大到面向全体青年，这成为课程思政建设的核心目标和内容。

职业学校学生个我倾向明显，职业教育的课程思政就是要引导学生走出个我封闭，融入团队、融入行业社会，避免极端个人主义。对他们的教育需要将明大德、守公德、严私德、自觉抵制拜金主义、享乐主义、极端个人主义等与具体的个我行为相结合，与满足行业企业的现实需要相结合，与服务并引领产业发展相结合。产教融合、校企合作、工学结合是职业教育类型发展的现实要求，产业需要、行业企业需要是职业教育课程思政目标定位的具体现实依据，其要求的职业精神、职业道德、职业规范、职业责任感等职业品格是职业教育课程思政的首要目标选择。

社会公德是人们在社会交往和公共生活中应该遵守的行为准则,是维护社会成员之间最基本的社会关系秩序、保证社会和谐稳定的最起码的道德要求。家庭美德,是人们在家庭生活中调整家庭成员间关系、处理家庭问题时所遵循的高尚的道德规范。家庭美德的内容包括尊老爱幼,男女平等,夫妻和睦,勤俭持家,邻里团结等。个人品德是个体身上所具备的与人为善、乐于助人、勤劳肯干、踏实稳健等优秀品质。职业道德是以忠于职守、乐于奉献、实事求是、不弄虚作假、依法行事、严守秘密、公正透明、服务社会等内容组成的职业素养要求和职业行为规范。职业道德是社会道德体系的重要组成部分,它一方面具有社会道德的一般作用,另一方面又具有自身的特殊作用。

无论是以遵纪守法为基本要求的社会公德;以尊老爱幼、勤俭节约、和睦友邻等为基本要求的家庭美德;以善良、勤劳、爱国爱家等为基本求的个人品德,还是以敬业、爱岗、奉献等为基本要求的职业道德无疑都是课程思政建设的核心内容,但不同的教育在侧重点上应有所不同。职业教育的课程思政应充分考虑学生个我倾向明显的类型特点,从严私德入手,以培养个人品德为主要抓手,以涵养职业道德为首要任务,以培育家庭美德为优先目标,以厚植社会公德为价值追求,逐步实现职业学校学生由个我成就取向—职业成就取向—家庭成就取向—社会成就取向转型升级的由点到面的思想认识和价值观塑造。这是马斯洛需求层次理论在课程思政领域的具体实践。

七、类型定位下职业教育课程思政目标定位的个性选择

职业教育是大众化教育,是面向人人的教育,课程思政的目标定位要与社会需求的多元化相融合,既要针对社会的共性需求加强通识教育,也要针对行业企业的个性需求做好针对性教育,坚持共性与个性的协调统一。思政课程主要承担共性教育的职责,课程思政的主要职责是在与思政课程同向同行的基础上,做好针对性的个性教育。职业学校学生来源及现实需要的多元化要求职业教育的课程思政目标必须走多元化之路。

2020 年 11 月 24 日,习近平总书记在全国劳动模范和先进工作者表彰大会上指出在长期实践中,我们培育形成了爱岗敬业、争创一流、艰苦奋斗、勇于创新、淡泊名利、甘于奉献的劳模精神,崇尚劳动、热爱劳动、辛勤劳动、诚实劳动的劳动精神,执着专注、精益求精、一丝不苟、追求卓越的工匠精神。

劳模精神、劳动精神、工匠精神，都是职业教育课程思政的重要目标内容，依据《中华人民共和国职业教育法》赋予的职业教育使命、党对职业教育的期望、国家职业教育政策的要求，将劳动精神、劳模精神、工匠精神具化为孕育大国工匠、培育能工巧匠、培养高素质劳动者和提高劳动者素质，构成了类型定位下职业教育课程思政的目标选项。

（一）孕育大国工匠的目标

“要倡导精细化的工作态度，掌握情况要细，分析问题要细，制定方案要细，配套措施要细，工作落实要细。领导干部对待工作也要有‘工匠精神’，善于在精细中出彩。”习近平总书记在黑龙江考察调研时，对改进干部作风提出了令人耳目一新的“工匠精神”要求。《人民日报》(2017 年 05 月 04 日 07 版)刊登中共安徽省宣城市委书记撰写题为《善于在精细中出彩——争做落实中央决策的“大国工匠”》的文章，从对领导干部的要求角度，高度概括了大国工匠 4 方面的精神品质：

一是旗帜鲜明讲政治，争做忠诚纯粹的“大国工匠”。“大国工匠”的成功，源于对事业的忠诚和坚守。

二是持之以恒不浮躁，争做精益求精的“大国工匠”。良工方能成为巧匠。“大国工匠”具有高超的技艺、精湛的技术，对每一个零部件都精雕细琢，对每一道工序都精心打磨，在平凡的岗位上创造了非凡的业绩。

三是心无旁骛抓落实，争做爱岗敬业的“大国工匠”。“大国工匠”无一例外是干一行、爱一行的爱岗敬业者。

四是与时俱进勇创新，争做守正出新的“大国工匠”。“大国工匠”凭借丰富的实践经验和不懈的钻研，不断改进技术和工艺，打造出一件件精品。

政治上忠诚纯粹、心态上恒而不躁、工作上爱岗敬业、技术上守正出新、细节上精益求精，追求上钻研改进的大国工匠，他们属于“政治上维护、行为上示范”的目标类别，他们是劳模精神、劳动精神和工匠精神的精彩演绎者，是职业教育课程思政追求的目标，具有目标对象的特定性和针对性。他们都是在几十年如一日在实境实岗实战中淬炼成钢的，职业教育的使命是厚植他们成为大国工匠的潜质和底蕴，从政治态度、价值追求、思维方式和行为习惯等方面引导他们走上大国工匠的成长之路。

2020 年春节，一场突如其来的疫情按下了全社会运行的暂停键，绝大多数人不得不响应国家号召居家办公，然而，肩负保民生、稳物价重任的连锁零售超市则不得不勇担重任,开门营业。在国家危难、社会危急的关键时刻,连锁经营与管理专业在零售超市就业的毕业生们迎难而上,勇于担当,用自己的职业精神、责任意识和专业技能保障了千家万户的基本生活,为全民抗疫取得决定性胜利提供了强有力的支撑。他们虽没有大国工匠的称号,但他们政治上的忠诚纯粹、心态上的恒而不躁、工作上的爱岗敬业、经营上的守正出新、细节上的精益求精、追求上的钻研改进的大国工匠精神,在全民抗疫时期展现得淋漓尽致。

本专业深度合作企业永辉超市因在抗疫期间坚决贯彻国家要求,在保民生、稳物价方面表现优异,获得中华人民共和国商务部致信感谢;永辉超市员工、担任重庆疫情重灾区万州店店长的本专业 2016 届毕业生陶同学,抗疫期间坚持"民生超市、百姓永辉"理念,克服疫情期间面临的各种意想不到的困难,非常时期创新经营手段和经营方式,坚决靠前指挥,坚守门店 3 个多月,为重庆市万州区获得抗疫胜利做出突出贡献,最终获得全国金牌店长称号！2020 年,为纪念永辉超市成立 20 周年,永辉超市在全公司近 20 万员工中评选 20 位对永辉超市发展有重大贡献的永辉 20 年成长人物,陶同学成功当选。他虽没有大国工匠称号,但他是具备大国工匠精神的高技能人才,是我们专业课程思政的目标。

(二)培育能工巧匠的目标

所谓能工巧匠,出自宋代李格非的《洛阳名园记·李氏仁丰园》——"今洛阳良工巧匠,批红判白,接以它木,与造化争妙",意指工艺技术高超的人,重点是对技艺的描述。"能"者,本义指熊,《说文解字》:"能,熊属。足似鹿。"因读音相近(能,古音泥纽蒸部;熊,古音匣纽蒸部),后多被假借为能力、才能的"能"。《尚书·大禹谟》中"汝惟不矜(自大),天下莫与汝争能"。能由能力、才能义引申为有能力、有才能、胜任、善长、能够、容许等义。能工巧匠的能,兼具本义和引申意义,既指才能,又指能胜任某项工作或事务的主观条件。这些主观条件包括职业道德、职业精神、职业素养等,这些都是课程思政的主要内容。

"巧"字始见于战国时期秦国的文字,本义是指高超的技巧。后引申为灵巧、工巧、精致、美妙和擅长之义。《孟子·离娄上》中说"离娄之明,公输子之巧,不以规矩,不能成方圆。"这里的巧就是引申义。后来也用为聪明能干的,如巧妇难为无米之炊的"巧"。还有用于擅长、善于之义,《史记·外戚世家》中说:"田蚡、胜贪,巧於文辞。"能工巧匠的巧,既指高超的技巧,又指对精致的追求、对灵巧的领悟和对特长的应用等主观能动性。也就是党和国家极力倡导的精益求精、守正创新的工匠精神。

所以,能工巧匠字面意思表现为高超的工艺技术,而支撑或成就其高超工艺技术的根本则为对工艺技术不断追求、体悟、改进、创新的主观能动性,即工匠精神。因而,能工巧匠是工匠精神的践行者和传承者,是大国工匠成长的必经阶段,是大国工匠的后备军,属于政治上拥护、行为上看齐的代表,是职业教育培养的上线目标。

职业技能竞赛是能工巧匠们同台竞技、展现自我的舞台。职业技能竞赛的参赛选手,都是身怀绝技、胸有成竹的技能高手,他们在日复一日的训练中练就熟练灵巧的高超技能,养成目标坚定、持之以恒、追求卓越、改进创新的工匠精神,具备成为能工巧匠的基本条件。

在2020年全国连锁经营行业职业技能竞赛中,本专业2020届毕业生李同学代表重庆永辉超市有限公司参加连锁经营管理师赛项(职工组)决赛,一举获得全国团体一等奖第一名,2021年被中华人民共和国人力资源和社会保障部授予全国技术能手称号,毕业半年即成为真正意义上的能工巧匠。

在校期间,李同学曾被选为学习小组组长,亲身体悟过以身作则、带领小组同学齐心协力、奋勇争先的奋斗历程,养成了事事争先、发挥模范带头作用的基本素养;学会了在处理组内及组间矛盾中坚持原则、灵活沟通、多方协调、圆满解决的处世技巧。在一次给她的课程总结回复中,我曾经做过“你有成为优秀管理者的潜质”的判断,没想到没过多久,就得到验证,她的成长速度超过了我的预期,支撑她成为能工巧匠的基本素养是我们课程思政的目标。

李同学的课程总结如下:

本学期实训课,我主要有以下收获。

《我的大学生活》这个题目刚听到的时候,我的思路是乱的。直到晚上,我才定下了思路,开始制作PPT,那天晚上才睡了一个小时。其实仔细一想,这也是对自己的一次鞭策,有时候,对自己的负责也是对他人的一种尊重,对听取我汇报的人的尊重。

第二件事就是打分的事情,另外一个小组的人对我们的打分提出了质疑。作为本小组的组长,我是问心无愧的,站在他们小组的角度,我又觉得我们是不是太没人情味了。事后我给老师说了这件事。“打分不是关键,做人要有规则,还要懂得事后处理好同学关系”。这是我这辈子也不会忘的。这次实训课不仅仅是做PPT,更多的是带给我一些感悟。在以后的事业上我也定会恪尽职守，做好自己该做的。

很感谢杨老师的指导！

2020年，在麦当劳工作的连锁经营与管理专业2016届毕业生陈同学因疫情期间勇于担当，表现优异，成功晋升区域督导，成为麦当劳重庆市场最年轻的高管。2015年陈同学在麦当劳实习期间，有幸参加麦当劳公司举办的全明星技能大赛，中国市场有2万余名选手参赛，陈同学以实习员工的身份获得冠军；2017年，该同学在进入麦当劳工作1年后参加重庆市场值班经理技能大赛，再次获得冠军，成为麦当劳重庆市场的技能明星。2018年4月，麦当劳公司在学校专门为陈同学举办了一场职务晋升仪式，麦当劳重庆市场人力资源副总监亲临现场，为陈同学颁发职务聘任证书，祝贺该同学以毕业22个月的最短时间和22岁的最小年龄成为麦当劳重庆市场20年来最年轻的餐饮店总经理，创造麦当劳重庆市场职务晋升最快和担任餐饮店总经理年龄最小两项纪录。她没有获得全国技术能手，但她却是麦当劳公司的能工巧匠，也是我们课程思政追求的目标。

（三）培养高素质劳动者的目标

什么是素质？《辞海》的定义为：一是人的先天的解剖生理特点。二是事物本来的性质，即本质。三是指素养，如政治素养；四是指白色的质地。《现代汉语词典》的解释为：事物本来的性质和人的先天特点及后天的素养、平日的修养。因而，素质既包括先天存在的现状，也包括后天培养的增量，如修养，就是一种养成，表明的就是发展的状态和水平，是通过环境、教育和社会实践活动而形成和发展的增量。

先天存在的现状我们只能尊重，如先天羸弱的身体素质，就不能搞高强度的体育训练。做好后天培养的素质增量，是课程思政的核心工作。因而，素质教育就是在尊重先天性存在的现状的基础上，加强后天培养训练，做足素质增量。人的素质一旦形成就具有内在的相对稳定的特征。

素质看似一个抽象的概念，被称为隐性教育，其实是可以显性呈现的，我们在对任何人做出素质评价时，都是依据其在现实生活中的表现得出的结论。因而，也有人将素质定义为一个人在社会生活中的思想与行为的具体表现。

抗击新冠肺炎疫情期间，全国各地建筑工人逆向而行，涌向已经封城的武汉。他们夜以继日，十余天时间就完成了火神山、雷神山医院的建设。他们可能没有高超的工艺技术、没有渊博的文化知识、没有博大的家国情怀，但他们有一方人难、八方支援的朴素情怀，有时不我待、抗疫争先的行为表现，他们无疑是高素质的代表。他们可能文化知识不多，讲不出成篇成章的大道理，但他们用行动诠释了中华民族千百年来传统文化素质的真正内涵。

需要特别强调一下，素质与知识是没有直接关系的，职业学校学生文化知识水平可能较低，但他们的素质并非欠缺，是可以继续做足增量的。

从一开始上这门课，听到老师对我们的要求与每一个星期都要做一个活动且每周都要汇报的时候，我相信大家和我一样，内心都是崩溃的。但是，又由于这是强制要求，我们也不得不低头，开始迈出艰难的第一步。最开始我们带着反感的情绪去做，但是当我们几个组员都开始认真地对待这件事情之后，我们小组也越来越融洽，相处得也越来越好，大家都开始为我们的活动出谋划策，开始关心我们这个集体，并为之付出努力。我们正一步步变得更加团结，做事都越来越和谐。在课堂上我们积极思考，主动参与讨论，勇于发言；在不同周次的汇报不能由同一个人进行的规定下，我们每个人也得到了很好的锻炼，我们也从中得到了非常好的体验，拥有了很多美好的记忆！

这是“基础管理素质训练”课结束时学生写的感言，针对学生个我倾向明显的现状，尊重学生喜体验、善自悟的特点，课程教学没有安排系统的知识讲授，而是以小组活动为载体，贯穿整学期课堂教学，课外小组完成有意义的活动，课内汇报展示活动完成效果。教师课堂点评融入知识与思想引领，以此训练学生团队合作意识与协调沟通能力，强化企业要求的集体归属感和荣誉感，培养学生用心做事的习惯。因为遵循了职业学校学生的成长规律，经一学期努力，学生完成由反感、应付到主动、认真的思想转变和行为改变，在团队努力氛围中收获了“非好的体验”和“很多美好的记忆”，内化为相对稳定的思想素质和行为习惯。

职业教育是大众化的教育，教育引导学生回归和热爱大众生活是职业教育的重要任务，尊重职业学校学生“形象思维偏向型”的现实状态，针对职业学校学生长期在“一元”教育结构类型错位教育的影响下形成的“自弃、自卑、自失”的思想偏差，通过课程思政，帮助他们树立人格上的自信、养成行为上的自律、形塑精神上的自强，做足做亮他们在现实生活中的思想和行为表现增量，培养他们崇尚劳动、热爱劳动、辛勤劳动、诚实劳动的劳动精神，激发他们对“爱岗敬业、争创一流、艰苦奋斗、勇于创新、淡泊名利、甘于奉献”的劳模精神和“执着专注、精益求精、一丝不苟、追求卓越”的工匠精神的追求和行为习惯。政治上认同，行为上一致，是职业教育课程思政的目标。

新冠肺炎疫情期间，有人听从国家号召居家办公，有人服从国家安排前往一线抗疫，也有人在国家需要的关键时刻自主自发加入抗疫志愿者队伍，为全民抗疫尽自己的绵薄之力。我校连锁经营与管理专业18级学生、国家奖学金获得者向同学利用网课后的空余时间，积极参加所在地村委会的疫情防控工作，被村委会评为优秀志愿者。2020年6月向同学被重庆市教育委员会评为重庆市普通高校2020学年度志愿服务活动先进个人；2021年该同学通过专升本进入本科学校学习。她即将毕业，在前不久与她的沟通中我无意了解到，她正在为参加西部行动计划作准备，本科毕业了将到祖国最需要的西部去奉献自己的青春。她是千千万万高素质劳动者的代表，也是连锁经营与管理专业课程思政追求的中线目标。

（四）提高劳动者素质的目标

职业教育是兜底的教育，除了做足增量、培养高素质的劳动者，还有守好底线、提高劳动者素质的基本任务。素质的核心内容包括身体素质、心理素质和文化素质，身体素质属于体育范畴，而心理素质和文化素质则属于课程思政的内容，特别是心理素质的培养，对职业教育来说尤其重要。《教育家》杂志公开发表的《中国职业教育发展大型问卷调查报告》（以下简称《报告》）调查了中等职业学校和高等职业学校学生、家长、企业和教师4类人员共106125人，内容涉及8个大项14个小项。其中第二部分"教育教学"对职业院校是否需要开展心理健康教育的调查数据显示，选择很有必要、有必要、没必要和不清楚的比重分别为45.03%、46.91%、3.49%和4.57%。这说明包括学生在内的超过90%的人认为职业院校开展心理健康教育很有必要或有必要。教师、家长和企业人员认为很有必要或有必要的比例更是分别高达98.56%、96.08%和95.62%。心理素质培养已经成为职业教育课程思政的紧迫任务和核心内容。

职业学校学生在人生观、世界观、价值观形成的关键时期，却在普通教育体系的类型错位教育下处于边缘化状态，这导致不少学生思想有些偏激、思维有点偏执、价值观有一定偏离，《报告》的数据还显示，对职业学校学生的整体状态选择很好、好、一般、不好和不清楚的比重分别为21.14%、31.42%、38.65%、5.79%和3.00%，有近5成的人对当前职业院校学生的整体状态停留在一般及以下印象，特别是教师，选择一般及以下的达到66.84%。所以，职业教育课程思政的重要目标，是将处于一般及以下印象中的学生，提升到一般及以上印象中来。要通过课程思政引导他们牢固树立社会主义核心价值观，认同和自觉践行社会公德、职业道德、家庭和个人美德，融入社会主流思想，涵养自我综合素质，技术技能上可以平常，思想素质上必须正常；技术技能上也可以平庸，思想行为上不可以叛逆，即政治上要认可，行为上要执行。这是职业教育课程思政的底线目标，没有完成这个目标，就是没有履行好立德树人的根本任务。

项目还在进行中，在杨老师的教导下，我通过学习改变了以前的想法，觉得一个人就是需要在团队合作中展现自己，改变自己的不足之处，不要不敢去面对，不要一直避开你的错误，发现不足就要改正。管理也无处不在，完成团队项目就需要管理和控制，两者缺一不可；不要永远以埋怨的心态去看待一件事，要以平和的心态去接受，因为社会没有绝对的公平，公平只是内心的一种感觉而已。杨老师的课让我正确地认识了我自己，也让我全然地面对我自己。

半期的“管理基础素质训练”课程，通过团队化的项目教学，学生拥有了良好的心态，能正确地认识自己、全然地面对自己，职业教育课程思政的底线目标就实现了。

以上 4 个类别的目标，构成了职业教育课程思政目标的“金字塔”，具体选择哪一类目标作为课程思政的主要目标，要视学生的具体情况而定，即仍然要坚持学生中心原则。4 个类别目标没有质量之分，只有数量之别。

第六章　职业教育课程思政的类型特色

2016年，习近平总书记在全国高校思想政治工作会议上指出，做好高校思想政治工作，要遵循思想政治工作规律，遵循教书育人规律，遵循学生成长规律（后称“三大”规律），不断提高工作能力和水平，不断提升思想政治教育工作的亲和力和针对性，满足学生成长发展需求和期待。学生成长是习近平总书记的永恒牵挂，也是课程思政效果的唯一归宿。职业教育是不同于普通教育的教育类型，二者最大的不同就是学生的类型不同，职业学校学生的类型特点决定了职业教育课程思政“三大”规律的类型特色。

一、职业学校学生鲜明的类型特点

（一）职业学校学生类型划分的理论基础

学生类型划分的依据是成熟的智力类型理论。

1963年，心理学家雷蒙德·卡特尔将智力分为流体智力与晶体智力。流体智力指通过先天遗传获得的思考和推理能力，即我们常说的天分；晶体智力，指通过学习从周围环境中获得综合知识和信息的能力，即我们常说的学习能力。他认为这两种智力相互影响，相互促进，语言经验以及阅读、在校学习和其他学习机会能够促进晶体智力的发展。

1983年，心理学家霍华德·加德纳提出了多元智能理论。他将智能定义为人在特定情境中解决问题并有所创造的能力。根据对人类能力的神经心理学调查，加德纳将智力分为了语言智能、音乐智能、人际智能、数理—逻辑智能、视觉空间智能、肢体—动作智能、自我反省智能、人际关系智能，他认为智力没有层次之分，只有类型之别，培养和发展人各方面的能力都具有同等重要的意义。

1985 年，耶鲁大学的罗伯特·斯滕伯格提出智力三元理论，他认为智力分为三类，一是成分智力，包括批判性思考和分析性思考的能力，在这一方面表现卓越的人往往能在学术上取得成功；二是经验智力，它是指有效地应对新处境和提出新观点的能力；经验智力突出的人擅长从特定的环境中提取重要信息或者把看似无关的事实组合起来，爱因斯坦和牛顿等都明显地表现出这种智力能力；三是情境智力，情境智力水平高的人实际操作能力通常很强，对解决日常生活问题最为拿手，他们经常被称作具有“街角智慧”（动手能力强，社会经验足）的人。

这些理论为我们重新审视文化课成绩差但其他方面能力并不差的职业学校学生提供了全新的类型视角与理论依据，为我们解决“职业学校的学生如何才能育好”的问题指明了前进方向。

事实上智力类型思想在我国传统文化中早已有之，民间俗语比如“龙生龙、凤生凤，老鼠的儿子会打洞”说的就是流体智力，“比赛必有一胜，苦学必有一成”“愚昧来自懒惰，聪明来自勤奋”等说的就是晶体智力。“七十二行行行出状元”“一技在手，百事不愁”等对应的就是多元智能理论“智力没有层次之分，只有类型之别”“培养和发展学生各方面的能力同等重要”的基本观点，“寸有所长、尺有所短”“此处不留爷、自有留爷处”等反映的就是智力三元理论的人各有所长、人岗适配才能人尽其才的基本思想。

这些民间俗语在中国流传上千年，是朴实的人民从日常生活实践中悟出的道理，我们生活中在劝诫别人、安慰自己或教育他人时自觉或不自觉地都在选择性地使用这些道理，只是在涉及职业学校学生时，大多数人却受普通教育重视文化课考试成绩的影响，犯了一叶障目不见泰山的认知性错误，采用单一的成分智力标准去衡量经验智力或情境智力较高的职业学校学生，从而让自己陷入“职业学校学生难育好”的虚幻陷阱而难以自拔。

不同的智力类型具有不同优势与特长，适应不同的环境与要求，“一元”教育结构下，“学而优则仕”的传统教育价值观念，已经脱离现代社会人才需求多元化的现实，当前的教育焦虑最根本的原因就是家长依然抱守过时的教育价值观念，社会依然沿袭较为严重的名校学历情结，整体上还没有形成人才多元化的社会共识。

（二）职业学校学生鲜明的类型特点

当我们跳出纵向的层次区分标准而运用横向的类型划分理论来观察职业学校的学生时，对于他们成为大国工匠、能工巧匠、社会脊梁的事实就习以为常了。依据多元智能理论“在特定情境中解决问题并有所创新的能力”的智能定义，脱离特定的情境和具体的问题，空谈智能水平高低就显得毫无意义。

学习成绩优异的学生“在学术研究领域成就高，而在商界和政界的发展则相对普通”的调查结论，印证了智力三元理论的基本原理，即不同智力类型的人各有所长。普通教育下文化课成绩好的学生他们成分智能水平较高，而文化课成绩不好但动手能力较强的职业学校的学生则是经验智力或情境智力较强，普通教育的学生是基于批判性和分析性思考学习原理、掌握真理；职业学校的学生则是通过动手实践和经验积累自明原理、自悟真理。二者属于不同智力类型，各有所长，分别在各自所擅长的领域各领风骚，相互促进，相得益彰，共同推动经济社会向前发展！

用我们传统的智力划分类型，一般把智力分为“抽象思维”和“形象思维”两个类型，引用心理学的相关概念，可以将擅长抽象思维的人称为“抽象思维偏向型”，擅长形象思维的人称为“形象思维偏向型”。

抽象思维是用词进行判断、推理并得出结论的过程，又叫词的思维或者逻辑思维。抽象思维以词为中介反映现实，这是它的最本质特征。例如，举一反三、由理论到实践等，都是抽象思维的应用。抽象思维对应智力三元理论的成分智力，面对抽象思维偏向型的学生，常用的教育方法是讲道理，动之以情，晓之以理。

形象思维主要是用直观形象和表象解决问题的思维。其特点是具体形象性、完整性和跳跃性。形象思维的基本单位是表象，它是用表象来进行分析、综合、抽象、概括的过程，即由实践升华到理论。形象思维对应智力三元理论的“经验智力”和“情境智力”，面对形象思维偏向型的学生，我们得用事实说话，通过摆事实或让他们亲身体验引导他们分析、综合、抽象，最后得出结论或悟出道理。

关于抽象思维和形象思维，这里列举两个网络上的段子，不一定是事实，但可供大家加深对抽象思维和形象思维的理解。

一是关于儿子与爸爸的一段对话：

儿子写日记：夜深了，妈妈在打麻将，爸爸在上网……

爸爸检查时,很不满意地说:“日记源于生活,但要高于生活!”

孩子马上修改为:夜深了,妈妈在赌钱,爸爸在网恋……

爸爸更不满了,愤怒地说:“看看中央电视台、官方报纸是怎样写的。一定要提倡正能量,以正面宣传为主!”

孩子再修改为:夜深了,妈妈在研究经济,爸爸在研究“互联网+生活”……

爸爸看后说:“这还差不多,但深度不够,有待进一步提高!以后你长大了成了硕士研究生,你就知道应该这么写了,妈妈在研究‘信息不对称状态下的动态博弈’,爸爸在研究‘人工智能与情感供给侧的新兴组合’。”

儿子:……

爸爸接着说,要是你打算成为博士,得这样写:妈妈在研究“复杂群体中多因素干扰及信息不对称状态下的新型囚徒困境博弈”;爸爸研究的是“大数据视角下的六度空间理论在情感供给侧匹配中的创新与实践”。

儿子:你们大人真可怕!

这是典型的将具体现象升华为抽象理论的过程。这个孩子应该还是小学生,他的思维还处于形象思维偏向型阶段,他所看到的和想到的都是具体事实,语言描述的也是“妈妈在打麻将、爸爸在上网”等生活事实,即便按爸爸的要求,要“源于生活、高于生活”,他也只能抽象到“妈妈在赌钱、爸爸在网恋”等生活现象。能上升到“妈妈在研究经济、爸爸在研究‘互联网+生活’”已充分展现这个孩子的抽象思维培养潜力,但也达到了孩子抽象思维能力的极限。所以在面对“妈妈在研究‘信息不对称状态下的动态博弈’,爸爸在研究‘人工智能与情感供给侧的新兴组合’”的研究生抽象水平时,儿子只能无言以对!而进一步抽象为“复杂群体中多因素干扰及信息不对称状态下的新型囚徒困境博弈”“大数据视角下的六度空间理论在情感供给侧匹配中的创新与实践”的博士抽象水平时,儿子惊愕了,一句“你们大人真可怕”,道出了多少职业学校形象思维偏向型学生的心声。

二是一段关于教授与自己妻子的对话。

教授:媳妇,今天我晚点回去!

妻子:咋啦?

教授:有个实验项目我必须参与!

妻子:啥实验啦,要晚上做?

教授:测试蛋白质、维生素、矿物质等在麦芽及水发酵作用下对人体产生的影响作用。

妻子:怪高级的,能说具体点?

教授:一种高科技研究测试液体在人体肝脏及肾脏的对抗反应程度。

妻子:能说人话不?

教授:我要喝酒。

妻子:滚!

这是典型的由抽象到具体的交流过程。日常生活中夫妻聊天,本应该是运用具体形象的语言把事实说清楚。该教授为了在妻子那里“请假”,故弄玄虚,将具体的“喝酒”行为整成“蛋白质、维生素、矿物质”等抽象的专业术语,把老婆听得云里雾里,一句“我要喝酒”的所谓“人话”换来一句更直白的“滚”,对话回归生活,交流回归正常。

以上两个网络段子虽不具有可信度,但抽象思维和形象思维间的关系还是阐述得清晰明白。还有两个真实的案例,也分享一下。

一个是关于100-80=20和100元-80元=20元的案例。这是我在十多年前的培训学习过程中听到的一位专家与他儿子间发生的故事。

专家:“儿子,你马上就要上小学了,你在幼儿园也学过数学,那我来考考你!”

儿子:“好啊,你随便考!”

专家:“那我问你,100减80等于多少?”

儿子:“爸爸,我们幼儿园只教了100以内的加减法,你问我100以上的加减法,我哪里搞得懂嘛!”

专家:“哦,是这样啊。好,那我换个问题问你,现在给你100块钱,你花去80块钱,你手上还剩多少块钱啊?”

儿子不假思索地回答:“还剩20块啊!”

专家顿时陷入深深的思考!为什么呢?

其实很简单,根据专家介绍,那年他儿子6岁。6岁的孩子大多是形象思维偏向型的孩子,他们擅长基于具体事物的实践而不擅长基于抽象公式的计算,“100-80=20”是去情境化的算术公式,这对6岁的孩子来说,理解起来有不小困难,而“100元-80元=20元”,则是生活中的具体案例或事实,他或许经历过类似的事情——用100元钱买过东西,所以他能轻松地将实际经历运用到抽象问题解决上。

这就是职业学校学生厌于理论学习而喜欢动手实践的重要原因。因为课本上的知识，本是源于生活，但通过去情境化的理论升华后便成为所谓的知识体系，形象思维偏向型学生对这些知识的学习比较困难。

另一个真实的案例是我与连锁经营与管理专业大三学生的一次聊天。

2019 年 9 月初，根据学校的安排，各学院教师要落实学生的实习单位情况，于是我联系了我指导的某位同学。

老师：××同学，实习单位落实得怎么样了？再不落实，就要影响毕业了哟！

同学：明天准备去面试一家餐饮公司，如果面试通过了可以上班吗？

老师：国庆节后将向学校提交学生前期实习情况报告。我前面说过了，先要有个单位。

同学：单位是什么意思？她说她们那里可以盖章的。

老师：找个企业先上班！在实习系统里面签到写日志。

学生：不是连锁店就行了吗？到底是找个连锁店还是找个企业？

老师：不管什么，你先找个地方上班吧！

一个大三准备实习的学生，不知道"单位"是什么意思；一个接受了两年连锁经营与管理专业学习的学生，居然搞不清楚"连锁店"和"企业"的关系，这是专业教育的失败吗？可以想象，这样的学生在大学整整两年的学习里，天天听老师讲述书上去情境化的概念和术语是什么样的感觉？这个学生最后去了一家服装专卖店，成为那个店的月销售冠军，并获得了 5000 元的奖励。这让我对"形象思维偏向型"和"抽象思维偏向型"两种不同的思维类型具有同等重要的作用有了更深的认识。

事实上人类思维的发展都是由形象到抽象的渐进过程，生活环境、经验积累等自然状态形成了人的形象思维，而抽象思维则需要文化教育、思辨思考等专项训练提升。精英教育时代，教育主要培养的是人的抽象思维，"学而优则仕"的精英教育对象的人生出路，固化了我们对抽象思维培养的单一追求，而忽略了形象思维具有的同等重要作用的基本事实。大众化教育时代，这种单一追求则演化为家长普遍的教育焦虑和对职业教育的无理歧视，这与人才需求多样化的社会现实格格不入。

另外有两个网络案例可以从另一个角度证实，脱离特定的情境和具体的问题评价智能水平高低是毫无意义的。

伍继红，1994 年以高分考入中国人民大学档案学院，毕业前通过北京市公务员考试，但在面试环节被淘汰，未能正常就业。毕业后，因国家不再对大学生分配工作，她返回广东打工并嫁人，几年后便离婚。离婚后，伍继红因生活中的系列打击，精神出现问题，辗转流落到前夫家乡江西修水农村，再嫁他人。两次婚姻共生养6个孩子，家境赤贫。伍继红的遭遇被网络曝光后引爆中国人民大学多个校友群。曾经的班主任在看到消息后直言十分震惊。

1994年能考上中国人民大学，绝对是抽象思维的佼佼者，即便在高考扩招的今天，能考上中国人民大学的学子也是屈指可数。如果不是处在国家政策调整的衔接时期，国家为她安排工作，提供特定的工作环境，以她的专业学识，可能有完全不同的人生轨迹。然而，特定历史时期，国家由计划经济向市场经济全面转型，她由学校直接步入当时人才流动机制还不健全的社会，成为打工人，她的抽象思维能力、专业知识水平都没有了用武之地。

1980年，16岁的刘汉清以398.5分的优异成绩考入哈尔滨工业大学建筑材料系热处理专业。从大三开始，因痴迷数学放松了对原本专业的学习，最终没能拿到毕业证书。回家后的他，继续沉迷于他的"数学研究"，一干又是二十多年。最终，他选择了放弃。既无一技之长，又干不了体力活，如今的他仅靠政府每个月400元的低保收入维持生活。

昔日的天才少年，今日的低保对象，不是刘汉清的抽象思维能力降低了，而是因为他的抽象思维能力脱离了特定的情境和具体的问题。农村环境缺少抽象思维发挥作用的舞台，因而既支撑不了他的数学研究，更解决不了他的生计问题。

用普通教育的抽象思维标准衡量，伍继红、刘汉清无疑是高智商的，然而他们的人生境遇却与人们想象中的精英生活相去甚远，甚至截然相反。不是他们读大学后抽象思维能力变弱了，而是他们没有找到发挥他们抽象思维优势的特定环境，没有机会在解决具体的问题中展现他们的抽象思维能力。他们的遭遇应该引起教育界的反思，特别是关于普通教育与职业教育的不同类型教育同等重要的价值思考。

职业学校学生因不擅长批判性和分析性思考问题而不愿意听课、不适应理论考试，从而放弃通过文化教育和思辨思考的方式提高自己抽象思维能力的有效途径，他们被以培养学生抽象思维为主要目标的普通教育，通过文化课考试的方式筛选，进入职业学校。故而职业学校的学生共同表现出"抽象思维能力弱而形象思维能力并不弱"的鲜明类型特征（注：抽象思维能力弱形象思维能力也弱的学生早已进入特殊教育），我们把他们定位为"形象思维偏向型"学生，具体行为特征为：不喜欢听讲但喜欢做事，难于理论思考但长于实践领悟、厌于空洞说教而喜欢具体实践等。坚持一切从学生实际出发的"学生中心”理念是职业教育的核心理念，职业教育课程思政必须从学生的类型特征实际出发，遵循职业学校学生的类型特征才能真正将思想教育落到实处，见到实效。

到我了、到我了，深吸三口气上战场。坐姿坐姿，保持好坐姿；微笑微笑，别忘了微笑。平时的好朋友，现在这一刻怎么这么严肃呀！不要这样，害得我好紧张，似乎不认识我一样。最可怕的是，他老问我问题，我得不停地回答。终于面试完了，我的那个心呀，才算放下来。不管表现得怎么样，不管我能不能应聘上啊！太烧脑了，看看周围热闹的氛围，大家都在填表、等待、回答，怎么看起他们都好开心、好期待！不知是谁曾说我们班很散漫，说我们班没有活力、没有激情，但今天却恰恰完全相反。原来我们的潜力这么高啊！这样一个班我很满意，这样一个班你很满意，这样一个班大家都很满意。在此，感谢老师让我们学到了好多！

这是有位学生在模拟招聘会后写的感想摘录，字里行间我们能切实地感受到学生的那份投入、那份兴奋，也能感受到学生在实境实岗实战中实感实悟的那份获得感、满足感和幸福感。这是一个当时在很多人看来很散漫的班集体，但在这次的模拟实战中，学生们却超乎想象的用心和认真，显现出青年学生的活力和激情。

最后汇报，前3个小时，寝室空无一人，大家都在教室排练，不吃午饭，做梦都在做PPT。

改变了做事半途而废的坏习惯，发现自己可以上课不迟到，恶习改掉了许多。

从这一系列的学生课程总结里我们能强烈地感受到职业学校学生最喜欢的学习方式或最认同的学习内容，他们真的不是不爱学习，而只是不适应基于抽象思维的听讲式学习，这就是职业教育“形象思维偏向型”学生显著的类型特点。

（三）形象思维偏向型学生的类型特征调查

2021年10月，针对刚入学的新生，我作过一次问卷调查，了解职业学校学生的自我自信、学校认同和学习兴趣等方面的内容。从问卷的结果看，职业教育形象思维偏向型的学生，价值取向、倾向非常明显，具有鲜明的类型特征。

1. 在不定项选择“你对学什么东西感兴趣”的问题上，有70%的同学选择了“真实的事实分享”，58.76%的同学选择了“与我们工作生活紧密相关的知识和技能”，45.36%的同学选择了“可以马上使用见效的技术技能”，仅有9.28%的同学选择了“书上的理论知识”、25.77%的同学选择了“书上的案例分析”。由此可以得出，职业学校“形象思维偏向型"的学生对"真实、有用、见效"的学习内容的兴趣非常高，而对抽象的书本知识或脱离情境的课本案例兴趣索然。

2. 在不定项选择"你觉得你通过什么方式学习学得比较快"的问题上，68.04%的同学选择了"通过动手实践学得比较快"，只有32.99%的同学选择了"通过听人讲解学得比较快"，12.37%的同学选择了"通过自己看书理解学得比较快"。这表明，"做中学"是职业学校学生效率最高的学习方式，而听讲学习对三分之二以上同学来讲都不是高效率的学习方式，自己看书学习更不是职业学校学生喜欢的方式。

当然，当我们每一次做完作业，我们都对其中的知识非常了解，再经过老师简单的点评、提点，我们就会对该学到的知识清楚明白。我觉得这是非常好的一种方法，因为这让我们主动地去学习知识，而不是被动地接收知识。在这种方式下，我们对知识的吸收显然更好。

在应用知识中掌握知识，在应用知识的事实中理解知识，这是职业学校学生喜欢的学习方式。将知识记忆型的作业调整为知识应用型的作品，将虚拟的试题练习转换为真实的知识应用，将抽象的试题答案转化为与工作生活紧密相关的情境事实，让学生在真实的知识应用中学会技术技能、在事实面前感受知识的实用性，从而激发学生的学习兴趣和成就动机，改变学生厌学的思想状态。这是职业教育课程思政的类型特色之一。

在本门课程学习中我受益匪浅。在小组作业时，我畅所欲言并与小组成员合理分工，共同完成任务，并代表小组向其他小组成员交流我们的学习经验；在小组作业时，每一个成员都不愿意拖集体的后腿，积极完成自己的任务，相互之间的配合也比较默契；小组成员也相互探讨，共同促进。通过参与这些活动，我掌握了与人交流的技巧。

每一位成员都"积极完成自己的任务"，这是职业学校学生喜欢动手实践学习的现实表现，通过参与活动学会了沟通技巧印证了职业学校学生"通过动手实践学得比较快"的调查结论。有位学生给我写过一封邮件，也印证了这个结论。

尊敬的杨老师：

您好！

说实话，一开始我有些害怕上您的课，因为您在上第一节课的时候就说您的课很严，而且任务重，不过现在不害怕了，虽说您上课的时候很严肃，不爱笑，但是您的课确实很有意义。您的教学方法与其他老师不同，课堂气氛很活跃，不枯燥，您让每个人都有事做，我们几乎偷不到懒，这也提升了同学们的团队合作能力和个人能力。我个人是比较赞同您的教学方法的。

动手实践是职业学校学生最高效的学习方式，“有事做”的学习过程，即刻产生的“很有意义”的获得感成功克服课程学习初始阶段的恐惧感，团队合作的体验感转变为学生成长的愉悦感。

3. 在多项选择“你在大学里最希望提高哪一方面能力”的问题上，71. 13% 的学生选择了“自我管理能力”，64. 95% 的同学选择了“技术技能”，56. 70% 的选择了“自信心”，还有 41. 24% 同学选择了“团队合作能力”，仅有 25. 77% 同学选择了“理论知识”。因而，提高自我管理能力、树立自信，实现厚德与强能的融合是绝大多数职业学校学生的学习期望。

在这个问题上，有一个选项没有一个人选择，那就是“没有”，这表明，职业学校的学生都有提高自己能力的愿望，而非像有些教师认为的“他们都是混混学生”，没有志向、没有追求。这从另外一个问题的答案里也可以得到印证，在“来到这个学校这个专业读书，你的心情怎么样”的问题上，没有一个人选择“感觉很没面子”，这说明同学们对职业教育可以提高自己的能力都是抱有希望的。

关于提高“自我管理能力”的强烈愿望，我在课程教学实践里曾遇到过。2016 年，我承担了连锁经营与管理专业 2015 级学生“职业核心能力训练”课程的教学任务，在开学的第一堂课上，我让全体学生用笔在纸上写下自己现阶段最想提高的三项能力，而后把全体同学写的最想提高的三项能力汇总，取排在前三名的能力作为本门课程需要重点训练的核心能力。统计结果最后显示，学生最想提高的三项能力排位前三的依次为团队合作能力、自我管理能力和沟通协调能力。排名第二位的自我管理能力进入该学期“职业核心能力训练”课程的核心内容。

期末课程结束时，我曾让学生写“三个目标中你认为自己实现最好的是哪一个，并用事实说明”，不少同学认为自己的“自我管理能力提高了”。

一开始，上课我从不带纸和笔，后来我不旷课，也每次都带纸和笔了（注：为了提高学生自我管理能力，我特地选择了多数同学不喜欢做的事即上课不带纸和笔为突破口，要求全班同学每堂课必须带统一的纸和笔，并坚持每堂课检查，从规范学生的行为来提高学生的自我管理能力和意识，这是一次非常成功的行为德育实践）

从不缺勤、不迟到、不早退、不旷课，组内活动主动参加。

能够很好地做到不旷课、有事请假、自我管理。相比以往，我认为自我管理能力是三个目标中实现得最好的。

上课的考勤管理制度也还不错,老师不会点你的名字,但是你迟到一次或旷课一次不仅影响你自己,你所在小组的组员也会因此受到连累,最后你自己都不好意思旷课,久而久之,自己就养成了不旷课的习惯,在无形中慢慢改变了自己。

在这门课程中,我学到最多的是自我管理,其实就是自我约束,别的课程不喜欢就玩手机,而这门课程因为老师的原因,上课几乎不怎么玩手机,大部分时间都是认真的。同时也学会了如何团结自己的组员,不管做什么事都应先想到小组再去行动。

其实,在特定的情境下,职业学校的学生是有很强的自律能力的。2012 年曾遇到过一届令我印象深刻的学生,我当时担任他们的"基础管理素质训练"课程的教学任务,根据教学目标要训练学生团队合作能力,而有个小组为了表现他们的团队合作意识,自己出钱让每位组员佩带上他们自主设计的统一的组徽。当他们第一次佩戴统一组徽走进教室时,全班同学报以热烈掌声,但随后大家就质疑他们能集体佩戴多久,包括我也持怀疑态度。然而,这个小组的学生无论是在"基础管理素质训练"的课上还是在每周小组完成本门课程的课外作业时,都全员保持统一佩戴组徽,坚持了整个学期。他们所展现的团队合作意识和自律自控能力深深感动了我,同时他们统一佩戴组徽以培养团队意识和自我管理能力的方法也为我所借鉴,成为后面我要求全班同学上课携带统一作业本以提高学生自我管理能力的课程思政方法之一,这种方法让我收到了实实在在的思想教育效果。

感动于学生的坚持与执着,我曾给一位学生回过一封邮件。

王同学:

说内心话,这学期跟你们的相处我真的感到很累,但我始终相信一点,那就是要想有收获,就必须要先有付出。

在期末的小组汇报会上,我被你们的认真与努力深深地感动了,那一刻我真的感到有些内疚,因为在这个过程中,我真的曾经想过放弃!

其实,真要感谢你们的坚持,因为你们的坚持,所以才有我的坚持,你们成长了,杨老师也在你们身上学到了很多,这也为我以后的教学工作提供了宝贵的经验!

我还清楚地记得你在课堂上给我提意见时的表情,但我更记得你在镜头前那从容自若的讲解,有句话送给你"做自己想做的事叫喜欢,做自己不愿做的事叫坚持,做自己不敢做的事叫突破",你愿意选择哪一种呢?

4. 在单项选择“你觉得你的学习能力怎么样”的问题上,仅有3.09%的学生选择了“强”,5.15%的学生选择了“很弱”,另有21.65%的学生选择“有点弱”,54.64%的学生选择“还行”,这个问题的选择与“你觉得你通过什么方式学习学得比较快”的问题中有4.12%的同学选择“没有,学什么都比较慢”的选择及56.07%的同学希望在大学里提高自信相印证。这说明自信心不足是当前职业学校学生心理素质存在的主要问题,是职业教育课程思政要关注的重要内容。

在学习能力的自我判断上,有一个结果也很值得关注,有15.46%的同学选择了“看学什么”,结合学生感兴趣的学习内容和擅长的学习方式等问题,可以推断这部分同学想要表达的意思是,只要是自己感兴趣的“真实、有用、见效”的东西,运用自己擅长的学习方式,那自己的学习能力就很强。

职业学校的学生学习能力到底怎么样,网上曾有位中等职业学校的班主任分享过一个案例。

再来讲一个姑娘吧,她上的“3+2”。学习不好,性格倒是活泼开朗,心地也好,人很漂亮,微胖。她是县城来的,家庭条件非常一般,家里姊妹也多。她很聪明很有目标,知道自己想要什么该做什么,这是她这个年纪的女孩子普遍缺少的。在校期间没有谈过恋爱,毕业后凭着开朗的性格和能力找了一份幼师的工作,并且减肥成功。后来认识了现在的老公,当时她老公在国外留学。为了能跟老公(当时还是男朋友)一起出国,她用了3个月时间考过了雅思。要知道她的英语水平很差。这改变了她的命运。说真心话,她现在整个人都变了,尤其是气质。今年过年回来两个小年轻结婚了,很幸福。

一个英语水平很差中等职业学校学生,用3个月时间考过了雅思,虽是个案,但至少可以说明职业学校的学生里还是有学习能力强的人的,他们的学习能力之所以没有表现出来,是因为他们主观上缺乏学习的动力。因而,解决职业学校学生学习的主动性问题即“愤”和“悱”的问题,是职业教育课程思政实践的关键。

5. 根据调查问卷情况,还有一个现象值得关注,那就是职业学校学生的学习方向迷茫问题,这与学生自信心不足存在因果关系。在“你觉得通过这个专业学习自己能成长吗”的问题上,有3.09%的学生选择了“不抱希望”,18.56%的学生选择了“走一步看一步吧”;而在“来到这个学校这个专业读书,你的心情怎么样”的问题上,也有9.28%的学生选择了“只能认命”;在“你是怎么选择这个专业的”的问题上,选择“自己感兴趣选的”

只有26.08%，而“自主随意选的”则占57.73%，“听他人介绍选的”占10.31%。

职业院校学生普遍存在方向目标不明确、对未来感到迷茫的问题，如果不及时引导，学生很容易陷入“混学”状态，因而职业教育的课程思政要通过树立人格自信实现引导学生人生自立自强的思想教育目标。

通过上述调查，可以总结出职业教育形象思维偏向型学生的几个类型特征：一是喜欢且擅长在实践中学习。二是对“真实、有用、见效”的东西感兴趣。三是有强烈的成长愿望和提升自我的成就动机。四是自信心不足、难以找到努力方向，容易陷入迷茫。这些类型特征是职业教育实施课程思政建设的基本遵循，也是职业教育课程思政“三大规律”呈现类型特色的理论基础。

2008年6月25日，《计算机教育》杂志发表了《高等职业学校学生学习特点的调查及教学改革初探》一文，该文章以某职业院校学生为调查对象，对职业院校学生的学习特点进行了调查，问卷内容包括学生的学习目的、学习方法、课程设置、学习内容和培养目标的关系、学生喜欢的教师类型、学生喜欢的教学方法、学生业余时间的利用、寒暑假的安排等方面，分析、总结了职业院校学生的学习特点。

一是有学习成就动机，重视实用的技能学习倾向明显。不论是三年制高招大专生还是五年制中招大专生，有62%的学生是为了学有所成，其中近50%的学生学习认真努力、严格要求自己，与教师密切配合，表现在课堂上注意听讲、认真记笔记、按时完成作业，但是他们更加重视的是专业技能课，对基础课和理论课不够用心，尤其对他们认为与专业无关的课更是漠不关心。

二是喜欢动手学习。学生最喜欢的教法是实习教学法，调查发现超过60%的学生喜欢实习教学法，其次是讨论法，再是讲授法。这一方面体现了学生喜欢参与式学习的体验，另一方面也体现了学生希望重视培养动手能力的学习期待。

三是注重课程实用价值。选修课更注重实用价值，在该学校各系各专业开设的选修课中，学生更注重的是课程实用价值。调查结果发现，有近70%的非计算机专业的学生选修与计算机有关的课程；有60%的学生认为人际沟通、公共关系等课程是必选课。尽管受费用的限制，但仍有10%的学生选修汽车驾驶，他们认为这类课程实用价值较高。

尽管这是十多年前的调查结果，而且样本只局限于某所职业学校，但结论与我的调查结果，以及前面提到的2012年10月《校园心理》第4期刊发的研究论文——《高等职业学校学生学习成就动机的特点及其对学业成绩的影响》的结论均高度重合。不同的地域、不同的对象、不同的方式，调查的结论基本相同，均显示了职业学校学生鲜明的类型特色。

二、职业教育课程思政的实践特色

（一）坚持解决思想问题与解决实际问题相统一的实践特色

2020 年 7 月 6 日，中共中央纪律检查委员会、中华人民共和国国家监察委员会官网转载了一篇文章——《民生是最大的政治》，文中有句话“人民群众最朴实、最讲实际，总是从现实利益中酝酿出感情，从直接感悟中升华出理性认知。”这段话深刻阐述了普通大众思想政治工作的基本规律，即由现实问题到直接感悟而后升华为思想认知的基本逻辑。

早在明末清初，我国伟大的思想家、学问家黄宗羲先生超越传统儒家重民、爱民、为民请命的旧民本范式，走向民有、民主、民治、民主监督的新范式，提出了“经世致用”的新民本政治思想。土地革命时期，中国共产党从农民的实际利益出发，打土豪分田地，解决了耕者有其田的农民期盼的现实问题，赢得农民群众的广泛支持，用手推车推出了淮海战役的胜利，成就了农村包括城市的伟大革命。

1978 年 12 月 13 日，邓小平同志在中共中央工作会议闭幕会上作了《解放思想，实事求是，团结一致向前看》的讲话，他指出“不讲多劳多得，不重视物质利益，对少数先进分子可以，对广大群众不行，一段时间可以，长期不行。革命精神是非常宝贵的，没有革命精神就没有革命行动。但是，革命是在物质利益的基础上产生的，如果只讲牺牲精神，不讲物质利益，那就是唯心论。”

改革开放时期，首先推行的农村联产承包责任制赋予农民土地经营自主权，顺应了农民耕者有其收的热切期盼，解决了“吃饱饭”的现实问题，开启了改革开放的新征程。坚持“允许部分人先富起来”的基本指导思想，用现实的物质利益激发了亿万国人的思想动力，奏响了改革开放的伟大华章。

邓小平同志同时强调，“我们提倡按劳分配，承认物质利益，是要为全体人民的物质利益奋斗。每个人都应该有他一定的物质利益，但是这决不是提倡各人抛开国家、集体和别人，专门为自己的物质利益奋斗，决不是提倡各人都向‘钱’看。要是那样，社会主义和资本主义还有什么区别？我们从来主张，在社会主义社会中，国家、集体和个人的利益在根本上是一致的，如果有矛盾，个人的利益要服从国家和集体的利益。为了国家和集体的利益，为了人民大众的利益，一切有革命觉悟的先进分子必要时都应当牺牲自己的利益。我们要向全体人民、全体青少年努力宣传这种高尚的道德。”

邓小平同志从个人利益出发，坚持个人服从国家、集体和人民利益的基本逻辑和高尚道德的论述，对职业教育教师开展课程思政具有非常直接和现实的指导意义，因为他符合职业学校学生的思想教育规律。职业学校的学生大多是先从个人的实际利益或实际问题出发思考问题，开展行动，在解决实际问题或追求实际利益的过程中悟道理、明事理、求高尚。

前面提到过两位参加竞赛学生的总结，周同学参加竞赛的初衷是为了2000元的现金奖励和给自己大学生活再添一项荣誉，完全是出于个人的实际利益出发克服困难、勇往直前，找到了“喜欢那种很多同学和老师在一起奋斗的样子”的最美感觉，感受到了获得全国一等奖的骄傲自豪，增强了作为连锁经营与管理专业学生的自尊自信。几天后，另一位谢同学的竞赛总结，再次印证了邓小平同志从个人利益出发，追求个人利益与集体利益相统一的思想路线的真理性。

其实在我看来，参加连锁经营管理师大赛的每个人都怀揣着各种各样的目的，正是因为这些目的才得以让我们走到最后。我记得杨老师说过，没想到我居然是意志最坚定的一个，其实那是因为我当时报名参加这个比赛也有着一些自己的目的。首先是因为对这种国家级比赛有很大的兴趣；还有一个重要的原因是我贪玩，因为打比赛可以跟着学校公费出差，到处见见世面，开开眼界。可是到了比赛最后阶段，因为疫情只能在校内打比赛，说实话我的内心是有点小失落的。但我还是坚持到了最后，支撑我的或许是我的一种生活态度吧！在我看来，既然你去做了一件事，不管多么困难也要进行到底！在比赛的后期确实是这份责任给了我动力。在备赛过程中，其实我们组两个队员中途是想放弃的，因为支撑他们比赛的理由消失了。比如D同学，他参加比赛其实是因为这个学校有他在意的人，可是他在意的人被淘汰了，他也想走了。还有L同学，她留下了的目的其实是她想和她的朋友一起多待一段时间。但不知为什么，她在备赛的时候，有一段时间她与她朋友的关系有些疏远了。我也不知道怎么了，可能她的朋友把全部心思都用在备赛上了。或许这也是她想走的原因吧！其实包括我在内，我们内心可能都没有把比赛放在第一位，到了最后其实支撑我们的就是一种责任，我们觉得不能让老师失望，也不能辜负平时老师对我们的照顾。这是我们坚持到最后的重要原因！并且通过这本次比赛，我也想明白了，其实人之所以坚定是因为他有他必须坚定的理由，或是因为一些人，或是因为自己内心的一份责任！在我看来，自己决定的事、自己决定的路要走就一定要走到底，无愧自己的选择才是最重要的。人要学会自己去找那个让自己坚持下去的理由！

谢同学的参赛初心是想出去见见世面，而他的团队成员一个是为了自己在意的人，另一个是为能与朋友多待一段时间，他们都是出于个人的实际利益追求选择了艰苦的竞赛之路。然而，因疫情只能在校内线上比赛、在意的人被淘汰提前走了、与朋友关系出现状况时，三个人的内心都产生了动摇，是坚持还是放弃，个人利益追求与学校集体利益发生矛盾，同学们以一种"我们不能让老师们失望，怎么也不能辜负平时老师们对我们的照顾"的责任心选择了个人利益服从集体利益，坚持到了最后，且获得全国第二名的好成绩，续写了本专业学生连续六年在此项目上获得全国一等奖的历史，强化了专业自信，维护了学校利益，悟出了"人之所以坚定是因为他有他必须坚定的理由，或是因为一些人，或是因为自己内心的一份责任"的人生道理，孕育了"自己决定的事、自己选择的路就一定要走到底，无愧自己的选择才是最重要的"专注坚守的工匠精神，明白了"要学会自己去找那个让自己坚持下去的理由"的人生哲理！

习近平总书记说，理想信念不是拿来说的、拿来唱的，更不是用来装点门面的，只有见诸行动才有说服力。党的十八大以来，党中央坚持以人民对美好生活的向往作为自己的奋斗目标，坚持民生是最大的政治的指导思想，切实为人民解决实际问题、谋取现实利益，增强人民的直接获得感，推动中国特色社会主义进入新时代。根据哈佛大学肯尼迪政府学院2020年7月发布的调查报告，中国民众对中央政府的满意度达到了93.1%，这是世界上任何一个政党都无法企及的民心数据，因为只有中国共产党才能真正做到全心全意为人服务，为人民解忧、为民人谋利。

理想信念只有见诸行动，解决实际问题，带来实际利益才能真正被最广大人民群众认同、追随。2021年10月13日至14日，习近平总书记在参加中央人大工作会议时，谈到人民民主建设，他强调"我们要继续推进全过程人民民主建设，把人民当家作主具体地、现实地体现到党治国理政的政策措施上来，具体地、现实地体现到党和国家机关各个方面各个层级工作上来，具体地、现实地体现到实现人民对美好生活向往的工作上来"。

人民民主是人民当家作主的重要内容，是一个抽象的政治概念，要通过全过程人民民主建设增强全体人民的主人翁意识和政治认同感，仅是简单地搞个选举、投张选票是远远不够的，还必须得通过具体的政策措施和工作作为服务人民对美好生活的向往，通过解决人民生产生活中遇到的实实在在的问题提高人民当家作主的真实感受。只有这样才能真正让人民体悟到当家作主的实质内涵，才能真正让人民在政治上拥抱社会主义、在行为上建设社会主义。

课程思政的核心任务是培养学生思想上的政治认同感。职业教育属于大众化教育，职业教育的对象是形象思维偏向型的普通大众，他们是朴实的，也是讲究实际的，真不真实是他们感不感兴趣的基本前提，有没有用是他们选择学与不学或者是认真学还是应付学的依据，有没有效或能不能解决实际问题是他们选择信还是不信或者跟还是不跟的标准，是否有成长的获得感是他们选择认可还是不认可或者认同还是不认同的价值判断逻辑。因而，他们的思想问题都是与实际问题紧密融合的，要解决职业学校学生的思想问题，就必须从事实或实际需要出发，坚持以解决实际问题为抓手，以彰显实用实效为方式，以获得真情实感为目标，坚持“学生中心”原则，急学生所急、想学生所想，通过切实解决学生所期、所盼的实际问题或通过解决实际问题让学生“有感”“有悟”，从而达到解决学生思想问题、让学生获得思想认同的目的。切忌抽象地以理服人，空洞地语言说教。

谁能告诉我有没有这样的笔，能画出一双双真诚的眼睛，让这一刻的美好如花般永远不再凋零。4 月 22 日，连锁经营与管理专业 A0702 班召开了一场模拟的现场招聘会。虽说已经过去几天了，但那一刻的美好与激情仍历历在目，它是我们班难得的盛况，真是为我们平淡的大学生活增添了一道五彩缤纷的风景线，也许多年后回想起现在的大学生活，说不定脑海里只剩下这一点点记忆

大学生活丰富多彩，按理说可回忆的内容很多，而此时此刻，学生却认为可能“只剩下这一点点记忆”。由此，我们能感受到一场实实在在的课堂实践活动带给学生的强烈思想感悟。

抱怨、反感过后，其实我更多的还是感谢，感谢我那特别的老师。感谢他没有给我一张期末试卷，感谢他没有给我“啃课”的烦恼，更要感谢他让我学到了很多知识，很多比较实在的东西。

对学生的思想教育，不能只停留在语言启迪，更重要的是要落实到实践体悟，要通过解决实际问题、给予实际收获让学生思想受到震撼，行为发生改变。职业学校的学生，试卷考试是最大的畏惧、枯燥的“啃课”是最大的烦恼，抽象的理论是最难的认知。如果在职业教育的课堂上，依然运用抽象的理论教育、传统的语言引导、习惯的试卷考试等方式

去做课程思政，基本难有实质效果。但如果换种方式，切实绕过学生最大的畏惧、解除他们最大的烦恼、给予他们很简单的认知，选择他们最喜欢的体验式学习，开展符合技术技能人才成长规律的学业评价，教给他们用得上、能见效的“比较实在的东西”，学生的学习状态、内心感悟、思想认知就会有翻天覆地的变化，这是职业教育课程思政不同于普通教育课程思政的重要方面。

回顾过去两年，无论是在学习上还是生活上我都比较自由散漫。一开始上这个课的时候还真的感觉有点无所适从，你的严格的标准、不允许我们抱怨，这些真的让人感觉很头疼。也可能是作为组长的原因，心里有一股强烈的责任感支撑着我将每个任务都要完成得漂漂亮亮，希望将我们小组带到最好，最后我真的做到了。从一开始不断返工的工作计划到后来的了解企业的组织结构、区分平面图；了解企业门店的岗位职责；了解连锁企业门店人事管理制度；再到制作自荐书、招聘活动以及确定模拟店的店名、岗位职责、人员招聘。最后编写模拟企业的人力资源管理手册。在这个过程中，我开始逐渐地适应你的标准与要求，开始喜欢上这门课所设计的这些环节。因为，我真的在这门课中收获很多。

这是一个在大学前两年自由散漫惯了的学生，在接受一学期项目教学法的洗礼后，成长为一位优秀组长并学有所获的真实案例。他的成长有两个原因：一是当选了组长，有了责任感支撑；二是不再抽象地听课，而是具体地做事，不再是“学而思”，而是“做中学”，在真实的实践中学到了实实在在的东西，这激发了他的学习动力。

这里分享一个案例。5 年前，我女儿读初中，我去参加家长会，会议结束时，想找班主任交流交流，了解孩子在校的基本情况。走到班主任办公室门口，我看到办公室的门关着，发现在门柜的玻璃窗上贴着一张很有意思的纸条，上面写着：“不关门考不好”。很明显，这句话是写给初中学生的，目的是希望他们进出办公室要关好门，因为夏天开着空调，门不关好，确实浪费电力资源。我当时会心一笑，而后就站在离门不远的地方，假装等人，看看学生们进出办公室的反应，结果学生们还真的都会轻轻地把门掩上。这让我很感动，也让我很赞赏初中老师的育人有方。

初中学生正处于形象思维向抽象思维过渡的关键时期，但总体来讲他们依然处于形象思维偏向型阶段，如果用讲道理的方式告诉他们进出办公室要关好门，估计不会有什么好的效果；如果用抽象的方式告诉他们不关门就不是好学生、不是品德高尚的学生，对于正处于青春叛逆期的他们来说，可能也不会有什么好的效果。初中老师不一定研究过学生的思维类型特征,但他们从学生的实际利益出发加强学生的思想素质教育和行为习惯养成,收到的效果是实实在在的,这也符合职业教育课程思政的基本规律。

为了端正学风,针对学生网络抄袭作业的问题,我在负责学生管理工作期间进行过一次成功尝试。当时我任二级学院党总支副书记,分管学生工作,有老师向我反映,现在学生的作业网络抄袭严重,希望我能在整个二级学院整顿一下学风。

作业抄袭有学生学习态度问题,也有老师作业布置的质量问题。如果是个性化的作业,学生就很难从网络上抄袭。这需要我们老师改变观念,做好作业任务设计。在与老师交流后,我利用期中检查时间,召开了一次面向二级学院全体学生的学风整顿会,会议时间不长,大概一个小时,内容是用数据和事实全面、立体地呈现了本院学生近年来的学习态度问题及其产生的严重后果。其中,针对学生作业抄袭问题,我选择了两份红岩志愿者的总结在大会上展示。

我们的志愿总结

大学阶段,是我们人生的重要里程碑,我们不仅应该努力学习书本知识,更应投身社会去实践,组织青年志愿者,积极参加社会服务。从社会需要上来讲,社会需要我们的奉献,需要友爱,这是当代大学生肩负的历史使命,也是大学生应具备的素质。

为人民服务是每一个公民应尽的义务,更应该是当代大学生应有的道德观念。作为一名青年志愿者,尤其要有清醒的认识,应本着为人民服务,为社会服务的宗旨,增强责任感和使命感,坚定信念,开拓进取,发奋成才,建功立业,为实现中华民族的伟大复兴作出更大的贡献。

青年志愿者活动的开展增强了大学生的实践能力和创造能力,也从实质上反映了当代青年助人为乐、甘愿奉献的时代风貌和精神面貌,全系的志愿者在校团委和系领导的带领下,发扬助人为乐的优良品质。这使我系的志愿者活动取得了新的成果。

我是以“颜色打字机”的动画形式一个字一个字将这份总结呈现给全体参会同学的,他们边读边笑,自己都能判断出这份总结是抄袭的。等大家逐渐安静下来,我又呈现了第二份总结。

红梅花儿开

我有个毛病,不敢站在大家面前说话,一说话就会紧张得声音发抖。所以我从来没想过自己会以志愿者的身份在车上给大家作讲解,更没想过在红岩联线做志愿者。

以前的国庆假期,我一般都是在家里各种无聊的闲玩,但是这个国庆节假期我却在红岩联线做了7天的志愿者,我们整个团队在7天的时间里接待了五万多游客。在这7天里,我遇到了很多,看到了很多,也想了很多。

第一天,初来乍到,对一切都还不熟悉,也感到新鲜。那天我没有单独随车,而是有位姐姐带着我们,她给我们讲了很多,比如堵车的时候可以建议游客在梅园下车等。

第二天是我真正意义上的第一次带车,当时我跟的车是第一个走的,所以我很紧张。讲解的时候也是完全在机械式地背讲解词,司机叔叔也在安慰我不要紧张。当路程走到一半时,司机叔叔突然告诉我,今天要一天跟着他在山上跑循环。好吧,我有点被吓到了,不过也还是接受了事实。在跟第二趟车的时候我就没有之前那么紧张了,第三趟车又好了一些。第一天带车很忙,也讲了很多,那天嗓子也有些不舒服。虽然如此,但我仍旧庆幸我的第一天是在山上跑循环,那一天让我锻炼了很多,也让我后来的几天得心应手。

这7天,我也遇到过游客发火,那天是下午快要收班的时候,那会儿要坐车的游客很多,很多游客上车了没有座位,只能站着,当时站着的人比较多,保安叔叔就不让其他游客上了,当时就有游客直接开始骂了,说我们不让他们上车,要退票,要投诉我们,虽然最后还是让他们上车了。其实我们是为游客好,那里的路很窄,也很陡,我们是怕游客摔倒。其实有时候可能不是你的错,但是游客却会朝你发火,而我们只需要笑笑就好,耐心解释一下,人都是相互理解的,既然对方不理解我们,那我们就去理解他们好了。

这7天的志愿者服务,我所收获的东西可能在学校学习一年都学不到,我很庆幸我来了,也很庆幸,我坚持住了。

当第二份总结逐字逐句在屏幕上呈现时,整个会场鸦雀无声,大家都在认真的阅读总结内容,估计是被这份总结的真人实事和真情实感所吸引。展示完总结后,我又将包含两份总结撰写人在内的志愿服务合照展示出来,并说了一句话。

这两份总结的撰写人都在这张照片上,话我就不多说了,如果还有下一次,我就会把有些同学从照片上请到讲台上来!如果以后还有任何老师向我反映类似的问题,我也同样会把你从你现在的座位上请到我现在的座位上来!

全场瞬间又是一片会心的笑声。

结合学生们的完成任务的事实,在尊重和保护学生隐私的基础上,以点带面,开展全员学风教育。据老师后面的反映,学生作业抄袭的现象改观了很多。

坚持解决思想问题与解决实际问题相统一,要特别注意实际问题的思想性和正能量，切忌滑向功利化、庸俗化或媚俗化的深渊。

2021年5月，习近平总书记在给江苏省淮安市新安小学少先队员的回信中强调，“希望你们结合自身成长实际学好党史，以英雄模范人物为榜样，从小坚定不移听党话、跟党走的决心，刻苦学习，树立理想，砥砺品格，增长本领，努力实现德智体美劳全面发展。”2021年12月14日，习近平总书记在中国文联十一大、中国作协十大开幕式上发表重要讲话时指出，“文艺要通俗，但决不能庸俗、低俗、媚俗。文艺要生活，但决不能成为不良风气的制造者、跟风者、鼓吹者。文艺要创新，但决不能搞光怪陆离、荒腔走板的东西。文艺要效益，但决不能沾染铜臭气、当市场的奴隶。”这段话虽然是对文艺工作者讲的，但面向的却是所有从事立德树人工作的人。

课程思政要解决的学生的实际问题，一定是合理的、正当的问题，解决的方式也一定是合法合规的，产生的效益无论是对个体还是整体一定要是积极正向的。

（二）坚持帮助引导与保护尊重相结合的实践特色

职业学校的学生因不适应应试教育制度在人生“三观”形成的关键时期却生活在自己给自己划定的圈子里，要么自娱自乐，要么自暴自弃，要么随波逐流，要么任性忘形。作为教师应该怎么办呢？最好的办法就是引导他们自己走出自我封闭的世界，亲自看看外面的世界到底是不是他们给自己划定的那个世界。

上周老师就没有布置作业了，总感觉心里空落落的。这种类型的课程其实是我第一次接触，刚开始上这堂课的时候，总是感觉心里没底，很慌，而且规则也很多，最让我不知所措的是小组活动，刚开始来的时候大家都不熟，话都没说过几句，所以我们第一次小组活动做得不是很好，但是后面大家越来越熟，配合得也很好，虽然结果并不是很完美，但是在这个活动过程中我们是开心的。这次课程让我明白了什么是集体荣誉感，我是一个内向的人，平时也极少与人交流，都是沉浸在自己一个人的小世界里面。后来，因为课程的原因，我人变得开朗了许多，也愿意和别人多交流，也给自己安排了很多课外活动而不是整天待在学校的寝室打游戏、刷抖音，这样一来也开阔了自己的眼界。

通过完成课程任务和每周的课程任务完成情况汇报与点评，让一个“平时也极少与人交流，都是沉浸在自己一个人的小世界里面”“整天待在学校的寝室里面打游戏、刷抖音”的性格内向的学生“变得开朗了许多”，因为要小组一起完成任务，不得不和别人多交流，不得不给自己安排很多课外活动。由此，也“开阔了自己的眼界”。

职业教育的课程思政要想取得实际效果,教师们一定要坚定地相信职业学校的学生是另一种类型的学生,要发自内心地理解与包容他们的言论和行为,要真诚地保护他们强烈的自尊心,用自己的真诚与包容赢得他们的信任。同时,要给他们足够的适应期,要尊重他们在适应期间表现的种种不适应,用扶上马再送一程的心态帮助他们在正确的道路上走得更稳更远。

正如习近平总书记在纪念五四运动100周年大会上讲话时要求的那样,我们要悉心教育引导,做青年群众的引路人,在他们工作上取得进步时要热情鼓励、事业上遇到困难时要帮助重拾信心、犯了错误做了错事时要及时指出并帮助纠正,对一些思想上的一时冲动或偏激要多教育引导,能包容要包容,要多给他们一点提高自我认识的时间和空间,不要过于苛责。要帮助引导与保护尊重相结合,职业教育的课程思政才能见实效。

为了面子而活终究会被社会所淘汰,所以,我不断改正自己的缺点,现在也还在改正中。第四周,您要我们每个人写建议并发到您的邮箱里,其实,我真的有好多话想对您说,正好就有机会了。还记得我说您为了增强我们动脑动手能力和表达能力,要求我们时时刻刻都是一个团队——一个人有错,全体受罚。这让我很有压力,很难接受您这样的做法。在看了您的回信后,我终于豁然开朗,也理解了您的苦心,特别是您说的容许学生在学校期间犯错,因为在学校犯错的成本是最低的,但前提是在犯错之后必须要有所收获,同一错误千万不能重复犯,低级错误最好少犯。

少犯错误或不犯错误是普通教育对学生的基本要求。然而,古话讲"吃一堑"才能"长一智",每个人在犯错之后的成长都是很快的,引导学生在不断地总结反思中慢慢提高,是非常有效的思想教育方法。

这门课程才开始的时候我觉得没什么意思。课程开展到今天,我才发现这是一门很有趣又能长知识的课程,老师非常幽默、平易近人,我没有感受到师生之间的那种代沟,更多的感觉是您是一位好朋友,指引着我往好的方面发展,这是我以前体会不到的。

职业教育的教师,首先在思想上一定要允许学生犯错误,在情感上要能理解或宽容学生犯错,在他们犯了错误之后及时指出并帮助纠正。这是职业教育课程思政行之有效的实践路径。

从小我就喜欢安安静静地生活,不太喜欢去参加什么活动,一开始上您的课我是有些无措的。我很怕我完不成这些"工作量",这种无措让我一想起每周四的课就紧张,不过现在好很多了。

职业教育下的不少孩子"整天生活在自己的世界中"，他们患有所谓的"社交恐惧症"，其实质是学生因缺乏自信而选择了逃避现实，是学生思想状态出了问题。面对这样的学生，课程思政的重要任务就是帮助他们走出自我世界，勇敢地与社会互动。教学实践中，我坚持"帮助引导"与"保护尊重"相结合，仅四周时间，学生就"好很多了"，且有了较为深刻的认识。

帮助引导与保护尊重的基本前提是教师要悉心，也就是发自内心地与学生交心，要多了解学生、包容学生，要站在学生的角度多理解学生，换位思考基础上的教育引导才能得到学生积极正面的回应与改变。否则，如果只是程序式的说教，多半不会有什么效果，特别是面对职业学校的学生。

曾经有位完全不喜欢自己专业的学生写给我一份课程学习感想。

在你的课堂上学到最多的就是算，加分、写评价，虽然内心不是很喜欢做这些事，但是这让我学会了细心，仔细去算。我不太喜欢自己的专业，所以一直在做自己喜欢的事情。我不喜欢这个专业是有原因的，但我知道尊重您，在你的课堂上不做与课堂无关的事情，后面我也会这样。您是一位好老师，您尊重我们，我也会尊重您。

我并没有特别针对他做什么，但我在课堂上发自内心地尊重每一位学生，从他们的角度出发理解他们的行为和语言，倾听他们的意见和建议，当一个学生真正从内心感到了你的真诚与尊重时，一切就都水到渠成了。

杨老师，其实我自己也很矛盾，不知道是喜欢还是讨厌这种教学方式。但真的很感谢您用这种独特的教学方式引导我们，让我们自己去寻找、分析、提出问题，最后共同解决问题，不仅让我们认识了团队的力量，同时也突出了我们个人的能力。总的来说，我觉得这门课程还是不错的，谢谢您独特的教学方式，谢谢您为我们伤神。

即便学生内心也分不清是喜欢还是讨厌，但只要方法得当，用心引导，能让学生感受到团队的力量和学习的意义，最后依然能换来学生真心的感谢！

现代社会，学生学习需求多元，学习途径丰富，正如习近平总书记所言，"当代青年思想活跃、思维敏捷，观念新颖、兴趣广泛，探索未知劲头足，接受新生事物快，主体意识、参与意识强，对实现人生发展有着强烈渴望。这种青春天性赋予青年活力、激情、想象力和创造力，应该充分肯定。同时，青年人阅历不广，容易从自身角度、从理想状态的角度来认识和理解世界，难免给他们带来局限性。这是青年成长的规律，我们要尊重这个规律。信任是理解的前提。要尊重青年天性，照顾青年特点，经常到青年中去，同青年零距离接触、面对面交流,了解他们的思想动态、价值取向、行为方式、生活方式,倾听他们对社会问题和现象的看法,对党和政府工作的意见和建议。”

引导的前提是了解和理解,尊重的前提是信任和真诚,引导和尊重的关键是照顾青年的特点、经常到青年中去,与他们零距离接触。

要说对这门课的看法,最开始的时候我觉得压力很大,当时在想,我这学期大概要累死了吧。老师您也说过,开始上您课的人多多少少都有一些怨言,我也是如此的。开学到现在4个星期了,最初的看法却在不知不觉中有些变化,可能是我渐渐地适应了吧。

或许在课堂上我没有认真地完成杨老师的教学安排,在我脸上看到更多的是对杨老师的排斥,但在深知杨老师的良苦用心后,我内心却非常敬重杨老师的严肃、务实、创新、负责任的教学方式,以及杨老师的慈祥之心。

一届一届的学生写出了这样的学习感悟,反思总结,其实就是因为教师在了解、理解、包容、信任的基础上,真诚悉心地给予了他们尊重和引导。

曾有家长在微信朋友圈转发过一篇文章,值得反思。这篇文章讲述的是,一位中等职业学校的领导将一男一女两位正在谈恋爱的同学,安排到学校广场的舞台上,让他们当着全校同学的面读悔过书!中等职业学生早恋,肯定应该引导,但如此简单粗暴的做法有违职业教育育人基本规律,这既没有理解这个时期的青年学生异性相慕、爱情期许的天然特性,也没有照顾到这个年龄段的学生人格独立、渴望被尊重的主体意识。

渴望被尊重是人的基本需求,这对人格日益独立的青年学生尤其重要,不仅是职业学校的学生,普通教育的学生同样如此。2019年4月15日,网络上疯传南京某艺术学院一位女老师训斥女学生的视频。

学生过分注重妆容,老师进行教育引导理所应当,也是职责所在,但进行人格侮辱就是老师的不对,也有违《中华人民共和国教师法》的基本要求,违背课程思政的法律规定原则。

无独有偶,2019年3月,上海某知名高校一位研究生导师在微信群里漫骂学生为“垃圾”,学生感到人格受辱,将老师漫骂的话语上传网络,引发舆情,最后老师被要求当面向学生道歉、深刻反省,并被停止教学工作。

两例事件说明尊重是所有学生的共同需求,是实施课程思政的基本前提。

（三）坚持真情实感与自省自悟相融合的实效特色

职业学校的学生属于典型的经验智能型或情境智能型学生，他们批判能力和抽象分析能力较弱，但动手能力和解决现实问题的能力并不弱，他们擅长边做边分析，却笨拙于边读边思考；他们擅长于在实践中自省自悟，却笨拙于在听说中豁然开朗；他们渴望于融入社会却受困于经验不足。因而，他们喜欢动手学习而非听课学习，他们喜欢在解决具体的问题中体悟而非在阅读抽象的文字中理解，他们喜欢在真实的情境中领悟而非在书本的案例中分析。

关于职业教育的课程，陶行知先生曾有段精彩的描述，他说，“职业学校之课程，应以一事之始终为一课。例如种豆，则种豆始终一切应行之手续为一课。每课有学理、有实习，二者联络无间，然后完一课即成一事，成一事再学一事，是谓升课。自易至难，从简入繁，所定诸课，皆以次学毕，是谓毕课。定课程者必使每课为一生利单位，俾学生毕一课，即生一利；毕百课则生百利，然后方无愧于职业之课程”。

按陶先生的说法，职业教育的课程教学就是教会学生把事情做好，学生能把一件事实实在在地完整地做好了，课程学习就结束了，这与职业教育“形象思维偏向型”学生喜欢实境实岗实战、实感实悟的学习喜好高度吻合，为职业教育课程思政实践提供坚实的理论基础。

每一次，我们交上的作业总会被老师挑出些大大小小的毛病，一开始还觉得老师似乎挑剔了，总不放过我们的一丝错误。后来才明白，老师是要求我们做任何事情都要尽量完善，把最好的一面呈现给别人，不犯低级错误。因此，我们学会了对作业进行一遍遍仔细地检查，尽量做到更好。

教会学生认认真真对待每一件事情，兢兢业业把每件事情做到尽善尽美，是陶行知先生对职业教育课程的精彩定义。让学生在用心做事的过程中通过实境实岗实战养成精益求精的习惯，通过实感实悟涵养工匠精神的底蕴，这是被实践反复证明了可行而有效的职业教育课程思政实践路径。

学生是课程思政效果的唯一载体，学生的自主改变是课程思政产生实际效果的根本条件。习近平总书记说思想政治工作要因势而谋、应势而动、顺势而为才能跟上时代发展的步伐，职业教育的课程思政必须要因应职业学校学生的具体情况而谋定策划、必须要顺应职业学校学生的现实需求而计划设计、必须要尊重职业学校学生的类型特征而组织实施，在解决实际问题的实践中帮助学生积累社会经验、增加情境体验、感受人生价值、自悟社会道理、自明原理事理，通过真情实感与自省自悟相融合实现形塑三观、端正思想、规范行为、养成良好习惯的思想教育目标。

这一学期的课程已经接近尾声了，从开始对杨老师的怨声载道，到现在从内心深处对杨老师的感谢，我们都发生了很大的变化。从一个个只为自己着想的个体到为小组着想的团体，我们在蜕变，我们在成长，我们努力了，最后也成功了！

一学期的课程，学生从怨声载道到内心深处的感谢，不是我在课堂讲了多少道理，用了多少案例，而是一学期自始至终坚持在尊重与引导相结合的基础上，以完成真实任务、解决实际问题、增强现实感受、帮助领略体悟为路径，让学生慢慢地自悟团队的力量、自省个人的不足，自觉发生改变。

还记得开学第一堂杨老师的课，那些苛刻的要求让我们很愤怒，我们本来想反抗，现在想来是多么可笑啊！第一节课的情景我至今还记得，那些让我们迷茫的作业，用一学期去发现一件事情，我们都觉得是一个无法完成的作业，还没开始我们就对它失去了兴趣。

大多数学生都不太喜欢严厉的老师，因而，学生从开始就对作业"失去了兴趣"，这个时候，如果引导和尊重的措施跟不上，学生就不能从严厉的要求中获得实实在在的收获，严厉就有可能演变成师生间的冲突。因而，都说严师出高徒，如何"严"是门艺术，最核心的就是要根据学生的具体情况适时采取策略，要让学生能从"严"中体会到真情实感、领悟到真理原理，认识到人生价值，这样的"严"才能真正的出"高徒"。

然而，经过一次又一次的作业，从杨老师的失望变成了夸奖，再到对我们下次活动的期待，我们渐渐地喜欢上了周末到处去走走，为每周需要提交检查成果而想尽办法，希望做出更出色的活动让杨老师看；希望想出更加新颖的活动让杨老师赞赏。这些小小的奖励都会让我们乐此不疲。不论是到处找素材，还是夜间群里热火朝天的讨论，都会让我们为下一次更好的活动激动不已。

由"失去了兴趣"到"激动不已"，不是简单地靠严厉，而最主要的是学生从"经过一次又一次的作业"中领略到"从杨老师的失望变成了夸奖"的真情实感，悟到了"乐此不疲"的快乐，由此"渐渐地喜欢上了周末到处去走走"，激发了"希望做出更出色的活动让杨老师看""希望想出更加新颖的活动让杨老师赞赏"的内生动力。

尊敬的杨老师：

您好！

感谢您又给我们一次师生交流的机会，谢谢您半年来对我们的教诲。您算是我们大学生活中碰到的最为严厉的老师，您的课，我的出勤率达到100%，听课质量也还不错，相信严师出高徒，在您的带领下，未来我们班将出现大批的CEO，今日工商人，明日CEO，这就是我们的终极目标。

如果一定要说我们对杨老师有什么意见的话，我觉得您真的是一名优秀的老师，如果说是因为您的严格，给我们布置的作业多，而对您有什么抱怨，我觉得那就是我们做学生的不合格。虽然课上严格，但是课下您是和蔼可亲的；作业虽多，但是我们一周才那几门课，课余时间比上课时间多出好多，就没有一点时间做作业？

课上严格，课下"和蔼可亲"，尽管是"大学生生活中碰到的最为严厉的老师"，学生也会认为"真的是一名优秀的老师"。在实境实岗实战中取得实感实悟实效成果，激发学生的成就动机，获得学生思想上的高度认同，这是职业教育课程思政实践的基本路径。违背职业学校学生类型特点的语言思想灌输或道理系统阐述，在职业学校学生面前效果都会大打折扣或难以产生积极影响。

2021年9月1日，习近平总书记在中央党校（国家行政学院）中青年干部培训班开班式讲话时指出，党员干部有了坚定理想信念，才能经得住各种考验，走得稳，走得远；没有理想信念，或者理想信念不坚定，就经不起风吹浪打，关键时刻就会私念杂念丛生，甚至临阵脱逃。形成坚定理想信念，既不是一蹴而就的，也不是一劳永逸的，而是要在斗争实践中不断砥砺、经受考验。

职业学校学生的思想问题，基本表现为普通教育体系内的自我怀疑和人生迷茫，职业教育的课程思政首要任务是坚定学生的人格自信和帮助学生明确前进方向，这仅仅依靠一堂激动人心的课堂讲授或一番感人肺腑的语言交流是肯定不够的，关键需要他们在实践中不断砥砺，经受考验，逐步认同。

第七章　职业教育教师课程思政能力的类型特色

教师是课程思政的主力军，教师的育人能力对课程思政的实质效果具有决定性作用。“名师出高徒”，是否拥有一支强有力的、能遵循职业教育类型规律开展课程思政实践的教学名师队伍和一批拔尖创新人才、技术技能大师，将直接决定职业教育能否培养出高素质高技能创新人才。职业教育是不同于普通教育的教育类型，普通教育模式教育职业学校学生的类型错位是职业教育教师深陷育人困惑的根本原因，职业教育的课程思政要走不同于普通教育的类型特色之路，关键在于建设一支不同于普通教育的职业教育教师。育训能力融合的“教练型”教师就是职业教育教师队伍类型化转型的明确目标和方向，“教练技术”是职业教育教师课程思政能力的鲜明类型特色。

教师队伍的类型化是职业教育类型地位确立的基石。《国家职业教育改革实施方案》明确规定，从 2019 年起，职业院校、应用型本科高校相关专业教师原则上从具有 3 年以上企业工作经历并具有高等职业教育以上学历的人员中公开招聘，特殊高技能人才（含具有高级工以上职业资格人员）可适当放宽学历要求，2020 年起基本不再从应届毕业生中招聘。这表明以后职业教育包括应用型本科高校的师资队伍建设将从以前的“高学历”向“高技能”转变、从以前的“知识型”向“能力型”转变，从以前的“学者型”向“教练型”转变。

教练技术于 1995 年传入我国并在深圳市得到推广。它通过改善被教者心智模式来发挥其潜能、提升其效率，是促进一个人释放潜能进程的技术；它通过对话的方式，帮助被教者克服障碍，探索潜力及实现学习目标，追求内心变化和成长；它是一门支持被教人员持续成长与进步的学问，与普通教育启迪学生思维、开启学生心智等教育方法异曲同工，殊途同归，与职业教育发掘学生潜能、关注技术技能培养过程、涵养学生精益求精工匠精神的目标追求高度契合,它是职业教育教师课程思政能力的核心要义,是职业教育教师提高育人实效应该掌握的核心能力。因而,职业学校教师转型为“教练型”教师是必要的也是可行的。

一、“教练型”教师概念的提出

（一）“教练型”教师是职业教育师资队伍的鲜明特点

李克强总理在2014年6月召开的全国职业教育工作会上发表讲话时指出,职业教育要走校企结合、产教融合、突出实战和应用的办学路子,依托企业、贴近需求,建设和加强教学实训基地,打造具有鲜明职教特点、“教练型”的师资队伍。李克强总理的讲话给职业教育的教师队伍建设明确了“具有鲜明职教特点”的目标定位,指明了“教练型”师资队伍建设的目标方向。2015年,中华人民共和国教育部出台《关于深化职业教育教学改革全面提高人才培养质量的若干意见》,该意见在师资队伍建设部分明确提出要“培养造就一批‘“教练型”’教学名师和专业带头人”。这是国家政策文件首次使用“教练型”教师概念,指明了职业教育师资队伍类型化转型的核心任务。

（二）“教练型”教师是“双师素质”教师的发展

“双师型”教师是职业教育提及最多的关于师资队伍建设的概念,主要包括“双师结构”和“双师素质”两个方面,“双师结构”一方面指专兼职两支队伍间的结构,称为专兼结合的双师结构队伍,另一方面也指两支队伍内部的职称、学历、年龄、经历等结构。这是从形式上对职业教育师资队伍质量的判断依据。“双师素质”主要指学校教师个体所具备的教育教学能力或水平,现在也拓展为对企业兼职教师的能力要求。事实上,“教练型”教师是对“双师型”教师中“双师素质”内涵的具体化,是对职业教育专任和兼职两支教师队伍的共同要求。

关于“双师素质”的内涵,一直没有统一且权威的规范。2004年,《教育部办公厅关于全面开展高等职业高专院校人才培养工作水平评估的通知》(已废止)在评估指标里对双师素质内涵教师有过界定,即双师素质教师是指具有讲师(或以上)教师职称,又满足下列条件之一的专任教师:

(1)有本专业实际工作的中级(或以上)技术职称(含行业特许的资格证书及具有专业资格或专业技能考评员资格者);

(2)近五年中有两年以上(可累计)在企业第一线本专业实际工作经历,或参加教育部组织的教师专业技能培训获得合格证书,能全面指导学生专业实践实训活动;

(3)近五年主持(或主要参与)两项应用技术研究,成果已被企业使用,效益良好;

(4)近五年主持(或主要参与)两项校内实践教学设施建设或提升技术水平的设计安装工作,使用效果好,在省内同类院校中居先进水平。

2008 年,中华人民共和国教育部印发的《高等职业学校人才培养工作评估方案》对双师素质教师内涵作了微调,即双师素质教师是指具有教师资格,又具备下列条件之一的校内专任教师和校内兼课人员:

(1)具有本专业中级(或以上)技术职称及职业资格(含持有行业特许的资格证书及具有专业资格或专业技能考评员资格者),并在近五年主持(或主要参与)过校内实践教学设施建设或提升技术水平的设计安装工作,使用效果好,在省内同类院校中居先进水平;

(2)近五年中有两年以上(可累计)在企业第一线本专业实际工作经历,能全面指导学生专业实践实训活动;

(3)近五年主持(或主要参与)过应用技术研究,成果已被企业使用,效益良好。

2008 年版的双师素质教师内涵与 2004 年版相比,关于“双师素质”的认识有了明显的提升。

一是内涵有所扩展,“双师素质”教师的对象不再局限于具有讲师(或以上)教师职称人员,而是扩大到具有教师资格的全体人员;不再局限于专任教师,而是扩大到了校内专任和兼课全体教师。校内兼课人员多为学校行政管理人员,是为学校人才培养提供管理或服务的成员,双师素质是职业教育课堂对他们的基本要求,更是职业教育管理或服务工作对他们的基本要求,开展对校内兼课人员的“双师素质”认定,是非常有必要也非常有意义的。

二是要求有所提高,将 2004 版的第(1)项和第(4)项综合为二者必须同时具备,既对教师提出职业资格上的要求,也对其提出应用实践能力及效果的要求,取消了“两项”的数量要求,对双师素质由数量审核转向质量评价,这是认识上的进步。

但无论是 2004 版还是 2008 版“双师素质”教师认定条件,都具有明显的缺陷,即偏离了立德树人的根本任务。“双师素质”的核心应是育人能力,实践经历或资格证书只是形式,服务或引领行业企业技术进步只是职业教育教师的职责之一,是“目”而不是“纲”;而育好学生才是“双师素质”教师的根本职责,是“本”,任何时候都不可缺少;而现有双师素质认定条件虽有“能全面指导学生专业实践实训活动”的内容,但不是必备条件,有违立德树人的根本要求;将育人局限于“能全面指导学生实践实训活动”也弱化了双师素质的育人内涵,偏离了育人的根本任务定位。

这些缺陷导致的直接后果是双师素质的认定转向了“双证资格”或“双经历条件”的认证,将双师素质教师简化为同时拥有教师资格证和职业资格证的“双证教师”,或者同时拥有行业企业工作经历和学校教育教学工作经历的“双经历教师”,忽略了作为教师最应具备的育人能力,也就是课程思政实施能力。

真正意义上的“双师素质”至少应同时具备两方面的能力:

一是业务操作和示范展示能力,即自己不仅能实境实岗实战操作,而且还能向学生示范展示,具体生动形象地呈现,在学生面前以身作则,率先垂范,作出榜样,既为学生立起标杆,也激励学生主动学习。

二是育训融合、寓训于育的能力,即要能在涵养学生职业道德、传授学生职业知识、挖掘学生职业潜力、培育学生职业精神、孕育学生大国工匠潜质的过程中对学生进行系统的技术技能训练,培养学生的职业核心能力,激发学生积极进取,在育人的过程中提升学生技术技能。

跨界说认为,职业教育的学习场所,涵盖职业与教育两大领域的主体,涉及企业与学校这两个不可替代的学习地点,凸显了职业教育基于共时性维度的教育观。跨界的职业教育,必然需要有跨界的职业教育教师,专兼结合的“双师结构”是从人员构成上的跨界,能说会做、能育会训的“双师素质”是教师个体的“双师素质”的跨界。“教练型”教师就是典型的“跨界”教师。“教练型”教师不能“两耳不闻窗外事,一心只读圣贤书”,不仅要充分应用校内条件开展教学,还要主动整合校外资源开辟学生实境实岗实战场所、主动协调多方关系组织学生学习活动、主动通过多种方式了解行业发展动态、主动运用多种手段收集行业前沿信息,做到“课内与课外合二为一”。

师资队伍建设的终极目标是提高人才培养质量,因而育人能力的提升应该是师资队伍建设的根本任务。在过去很长一段时间,我们始终将师资队伍建设的重心放在提高教师个人的综合能力上而忽略了教师育人能力的培养;我们假定教师的个人综合能力提升了则他的育人能力就增强了,可事实上教师个人能力与育人行为经常是“两张皮”,不少教师在个人能力提升后选择了“躺平”,而职业教育教师参加各类大赛获奖后选择“躺平”也不在少数。几乎所有参赛教师都有停课备赛的经历,这严重违背了育人的根本职责。这是当前师资队伍建设的重要问题。

2019 年,教育部等四部门关于印发《深化新时代职业教育“双师型”教师队伍建设改革实施方案》的通知在总体要求与目标中明确:经过 5 至 10 年时间,基本建成一支师德高尚、技艺精湛、专兼结合、充满活力的高素质“双师型”教师队伍。整体看,还是将师资队伍建设的重点放在了教师个人身上,如果能在技艺精湛后再加上“育人能力突出”“育人效果明显”等体现学生中心理念的目标定位,师资队伍建设的目标方向就更清晰完整了。

不是说教师个人综合素质不重要,而是正如优秀的运动员要想成为合格的教练员,还需要有系统的育人理念和育人技巧,即“教练技术”,职业教育需要的是将运动员的技术技能与教练员的“教练技术”融为一体的“双师素质”教师,即“教练型”教师。这是职业教育的类型特征对师资队伍的基本要求,也是对职业教育类型地位的强力支撑。

二、“教练型”教师概念的内涵

(一)教练的内涵与类型

教练是体育界所熟知的概念,《中华人民共和国职业分类大典》对教练职业的定义和描述为:教练员是指在体育运动训练和竞赛中,培养、训练和指导运动员的专业人员。从事的工作主要包括:指导运动员进行体能训练;指导运动员进行技战术和心理训练;协助领队制定计划,确定参赛方案;在体育运动竞赛中指导运动员参加竞赛。因此,教练员的工作具有特定的内容和性质,在训练竞赛的社会活动中承担明确的社会角色。

随着社会发展,教练概念的应用不再局限于体育运动领域,教练所从事的工作也不再局限于培养、训练和指导运动员单一的工作内容,而是已经出现了管理教练、健康教练、婚姻教练、家长教练、青少年教练、单身教练、生存教练、意识教练和能量教练等一系列的新职业或新岗位。除此之外,教练这一概念在心理学等领域也得到广泛应用。

教练这个概念的内涵也有了很大的拓展,认为教练是运用“理清目标、迁善心态、反映真相、目标行动”四步教练技巧和“聆听、发问、区分、回应”四种教练技能以及真我价值系统、九型人格、360度回应工具、文化差异、身体意识与太极、情商与禅修、教练身心语等教练工具去帮助被教练者实现实际目标的专业人员。

现在人们将教练大体上分为“管理教练”和“生涯教练”两大类别。20世纪80年代，管理教练和生涯教练逐步发展成为专业行业，作为一种职业或事业而存在。

（二）管理教练的诞生

管理教练概念的应用起源于欧美国家，大概只有几十年历史。“教练”一词被引入企业管理领域，源于一个网球教练。

有一位美国网球教练叫添·高威，他声称可以让一个完全不会打网球的人在20分钟内学会打网球，此事引起了美国ABC的兴趣，他们决定派记者到现场对其进行采访。网球教练找来一个很胖的、从未打过网球的女人，他让这个女人不必去管用什么姿势击球，只需把焦点放在网球上，当网球从地面弹起时，先叫一声“打”，然后球拍击球就行了，果然在短短20分钟内，“胖女人”学会了自如地击打网球。

网球教练解释说：“我并没有教她网球的技巧，只是帮助她克服了自己不会打球的固有意识。”

这个采访在电视上播放之后，引起了企业管理者的兴趣，他们把那个网球教练请到公司来给经理们讲课。网球教练最初以为会被带到网球场上，不料却被带到了会议室。在授课过程中，经理们不停地在笔记本上记录着。下课后，网球教练发现经理们的笔记本上找不到任何和网球有关的字眼，满篇都是企业管理的内容。原来，高层管理者们正在将运动场上的教练方式转移到企业管理上。就这样，一个崭新的职业——管理教练诞生了。

管理教练技术实质是体育教练技术、技巧、方式、原则和文化在企业管理中的灵活运用，是一套能够激发企业或员工最好表现，增加效益、达成目标的有效管理技术。在企业中的具体作用有：1. 清晰员工或团队的目标，协助订立业务发展策略，提高管理效益；2. 激发员工的潜能和创新意识，提升他们解决问题的能力；3. 了解不同的团队、沟通及管理模式如何影响绩效；4. 建立持续化的自我学习和学习型组织文化；5. 使员工的心态由被动待命转变为积极主动，提升素质；6. 发挥领导才能，知才善用，以不同的角色去支持员工提升表现并达到共同目标；7. 发挥人力资源的作用，将合适的人才放在合适的位置；8.

协助并支持员工制订实际行动步骤，创造卓越的业绩。

管理教练技术针对的不是管理制度、流程、生产设备，而是针对人的态度。管理教练理论认为，如果执行的主体没有一个好的态度，无论多么完美的管理制度也是难以落实的。因而，它有别于以往任何人才培养方式。管理教练像是建筑师，他们着眼于客户的未来，辅助客户寻找答案，帮助客户学会变化，运用一系列的教练技巧和教练工具，通过让企业员工建立正面的态度去最大限度地提升企业生产力，最终取得成果。近年来，这种激励潜能、提高效率的技术，已成为欧美国家的企业家提高生产力的有效管理技术，越来越受到众多企业的青睐，在世界范围内被越来越广泛地应用。

管理教练是一个启蒙者、激励者、支持者和守护神。他通过方向性和策略性的有效问题，激发被教练者向内发掘自己的潜能，探求更多的可能性，令被教练者更加快捷、更加容易地达到目标。教练帮助渴望成长的人们认识并发现自身存在的价值和潜力，是实现专业领域目标或人生目标的领导者和能力开发者。

管理教练是21世纪经理人的崭新角色，面向的对象主要是企业管理者以及团队成员，工作内容主要涉及提升领导力、提高绩效、和谐组织内部关系等。企业引入教练模式，要求“教练型”领导给予下属建设性的反馈，提供绩效改进的建议，示范解决难题或突破困境的方法，并提供运用技术验证这些方法的机会。在企业，教练已经被细分为企业高层教练、销售教练和绩效教练等，如今很多企业几乎到了不了解教练就无法顺畅沟通的地步。现代学徒制试点企业都强调学校企业“双导师”，很多企业也把带训学徒的企业“导师”称为教练。

体育场上的教练技术引用到企业管理，有效提高了企业管理效益，关键的原因在于教练技术端正人的态度、激发人的潜能、改变人的意识等以人为核心的理念符合企业管理的以人为本的基本思想。

（三）生涯教练的诞生

20世纪80年代，当时担任财务规划师的托马斯·罗纳德与众多的客户进行了大量的沟通，对客户的需求了如指掌，他努力为客户提供量身定做的服务。在工作过程中，托马斯·罗纳德认识到自己在不知不觉中充当了客户们的教练。在财务咨询过程中，他意识到对客户需求的全方位理解以及专业的技术对改变客户的意识和行动是必不可少的，于是他开始潜心研究教练技法。1988年，托马斯·罗纳德开设了名为“设计人生”的课程,之后就开始了专门的教练培训。次年,他又开办了“生涯规划学院”,从此迈出了专业教练培养和职业教练活动的第一步。

生涯教练针对的是个人的自我发现、夫妻关系、个人与社会的关系、身体活动、职场生活和健康等与人生相关的所有方面。在过去,刺激成长和发展的关键词是成功、富足、竞争等,而现在人们更容易被信赖、和睦的关系、健康、生命的价值、幸福、均衡的成长等所激励。正因如此,那些能敏锐洞察人们需求并作出反应的人或产业更容易获得人们的关注,而他们在经济社会中发挥的作用也将会越来越大。

因为教练能显著提升人们软性层面的情感智能和社交能力,从而刺激个人左右脑的平衡使用,开拓个人富有创造性的领导力,对期待提升业绩、融洽人际关系、追逐职场梦想、期待开发领导力以及想要重新设定人生目标的人,具有强大的推动力,人们对教练先进的能力开发技术需求越来越大。无论是与下属保持日常的、双向的、持续的互动关系的经营管理教练,还是以开发自我潜能、规划人生未来、指导发展方向为己任的生涯教练,他们都与职业教育对教师的能力要求高度相似。职业学校是高技能型人才培养主阵地,“教师主导、学生主体”的教育理念与管理教练和生涯教练“以客户为中心”等基本理念不谋而合,引进教练技术,研究教练技术在人才培养中的应用,探索基于教练技术的“导学、导能、导业”的“教练型”教师培养,对提升职业教育课程思政实效和人才培养质量有着重大的现实意义。

(四)“教练型”教师概念的内涵

教练概念在教育领域的应用还要谈及美国知名教育咨询师安迪• 斯迪克斯,他在其倡导的中小学教育教练式指导原则和互动课堂理念中率先将教练与教师结合,使用“教师—教练”的概念,赋予“教练型”教师以下职责:明确所布置的任务和要求;激励学生树立主人翁意识和责任感;鼓励学生助人自助;认真关注和积极参与小组活动;引导学生理解领会学习内容,融会贯通;激发学生学习兴趣和激情,调动学生好奇心中所蕴含的学习动机。因而,“教练型”教师兼具教练职业和教师职业两种职业的共性,是职业教育职业属性和教育属性双重属性融合对教师类型发展的必然要求。

所谓职业性即应承担技术技能培养与传承功能,这是职业教育与普通教育的核心区别之一,普通教育的主要任务是传承和发展科学文化知识,而职业教育的主要任务是传承和发展技术技能。所谓教育性,即应承担育人功能,这是职业学校教育与职业培训的根本区别之一。职业培训注重职业技能的训练，而职业学校教育则要求职业技能与职业素质融合，即培养高素质技术技能人才。对于职业教育的教师，一方面要教会学生明事理、懂原理，另一方面必须要教会学生能操作、知规矩，这里的规矩主要是指行业企业对员工的基本素质要求，因而，“教师与师傅合二为一”即成为职业教育教师职业的基本要求；对于职业学校的学生来讲，一方面要当好学生，即遵守学生行为准则，搞懂工作基本原理，另一方面还得学会职业操作的技术技能，涵养职业道德操守，即做到“学生与学徒合二为一”，这就要求职业教育的课堂教学必须改变传统的教师一讲到底的“教师中心”模式，而要树立“学生中心”理念，运用教练技术践行育训融合的新的教学组织形式。

教练技术在国内企业已广为应用，企业兼职教师队伍中不少人具备一些教练技能。在学徒制试点企业也将师傅称为教练，他们在训练学生业务技术或技能方面轻松自如，但在激励学生潜能、教育引导学生思想等方面还比较欠缺。育人是课程思政的根本任务，育人能力是教师的核心能力。迷茫是青年学生成长时期的共性特征，这在职业学校学生身上表现得尤为突出，因此，引导学生定位人生目标，找到人生方向是职业教育课程思政的重要任务。虽然当前学校开设有诸如职业生涯规划和专业发展指导等类似的课程，但多数教师却依然沿用普通教育模式下的知识讲授方式，通过语言讲授向学生传播相关知识，而不是引导学生定位人生、找寻方向，对学生的思想引领作用不大，甚至会对部分学生起反作用。因而，无论是学校专任教师还是企业兼职教师，面对职业教育形象思维偏向型学生，都需要系统学习教练技术，掌握激励学生积极向上的技能技巧；都面临着由讲授型向“教练型”转型的紧迫任务。人们需要教练，也有不少人渴望成为教练。职业教育也需要教练，职业学校学生更渴望“教练型”教师。

尊敬的杨老师：

您好！

进入“能力提升训练”这门课程的学习已经两个月了，在短短的两个月里，我对人生观、价值观的认识从懵懂逐渐走向成熟，明白了世事的艰辛。

很多时候想起你那严肃的脸都不想来上课，从没有一个老师用这种教育方式指导我们学习，您可以说是“先例”了。说心里话，刚开始听说您用这种方式教导我们，心里持一种怀疑的态度，但经过两个月的学习，我感觉效果很好。同时，您好像也没有刚开始那么严肃了，这使我们在课堂上表现得更加活跃，思维也更加开阔了，您的能力也渐渐体现了出来，不得不承认，你确实很厉害，是一位好的教导员。

学生最后的落脚点不是“你确实很厉害,是一位好的老师”,而是“你确实很厉害,是一位好的教导员”,这既是学生在基于教练技术理念的教学模式下学有所获后,对教师角色定位的自然表达,也是学生对职业教育教师由传统型向“教练型”转型的热切期盼。引入教练技术的核心理念助力职业教育教师的类型化发展,是实现职业教育课程思政见实效的紧迫需求。

“教练型”教师不仅要懂讲知识,还要会用知识,不仅要懂教育,还要会技能,不仅要懂原理,还要会示范,这都要求职业教育教师首先必须要对自己所教授的行业或专业有亲身经历,有情感体验,有实操技能,有展示技巧。

开始上这门课的时候觉得这门课学不到什么东西,但是经过后面和同学们的合作与老师用心的教导,我从中学到了很多平常其他课学不到的东西,比如说团队合作、发现生活之美、各种综合素质等。并且也能找到自己的某些不足,比如说小组召开会议的时候经常迟到。当然以后我会改正这个缺点。在其中我也认真观察了老师是如何管理我们这个作业的形式,各种加分规则、算分规则,虽然是分数,但是也很人性化。我也很佩服老师能以这种形式来教导我们。在这门课程里我觉得我学到最多的是发现生活中的各种美,美的事物无处不在,就看你以何种角度方式去发现它,最终把它展现出来。这个过程可能辛苦可能艰难,但只要最终能把它呈现在别人眼前,一起分享美就是值得的。

“基础管理素质训练”课程,不能只是讲基础管理素质是什么、有什么、多重要,最关键要能运用管理的相关原理提高学生的基础管理素质,很欣慰这位学生居然能从管理的角度观察老师的教学改革,“老师是如何管理我们这个作业的”的管理示范,让学生产生佩服心理,同时对教师能说会做的“运动员”技能提出了更高的要求。

“教练型”教师不能像普通教育教师那样以讲完、讲清楚知识原理为主要目标,而必须还要像运动场的教练,针对不同学生的情况实施不同的专项训练,不断纠正学生的错误或不规范行为,不断鼓励学生持续改进,陪伴学生不断进步,让学生不仅学懂会做,而且还能独立完成,甚至熟练地做好。

我觉得经过这一学期的学习,我各个方面都有些提升,特别是我做事的积极性,平时上其他课我都不怎么爱听。我觉得只有您的这节课我们班上的同学是没有开小差的,因为没有时间开小差,这门课我是听得最认真的,每节课都是按照流程走,我觉得你把这门课安排得特别好,不光是口头上教我们该怎么做一名管理者,还让我们每周小组里做一个作业,这让我们的想象力和团队合作交流能力都得到了提升。同时对于细节方面的处理也有很多提升,每次汇报作业的时候老师总会先夸我们相比于上次汇报的改进提升,然后再挑一些小毛病和不足,最后再讲一些作为管理者所需要具有的能力。我觉得您讲得都挺有道理的,而且有一点我很佩服,就是您每次给我们讲知识的时候说话都很流畅,没有“卡过壳”,还有,那个加分的规则是老师您自己制定的吗?一定花了很多心思吧,作为一个管理者,制定一个体系,坚持自己的原则做事,我觉得很厉害,我还可以在您身上学到很多东西。

布置任务、检查任务、点评任务,肯定优点,激励继续前进,指出“小毛病和不足”,鼓励持续改进;在点评任务的过程中教给学生知识,引导学生悟透管理原理;在课堂管理中设定规则、“制定一个体系”,“每节课都是按照流程走”,让学生课上“没有时间开小差”;在教学过程中,“坚持自己的原则做事”,示范好“作为一个管理者”的基本形象,不只是口头上教学生“怎么做一名管理者”,更多的是要在实战中提升学生的管理能力与管理素质,当好一名教练。

教学组织是职业教育教师应具备的基本教学能力,职业教育课堂是教师主导下的学生相互交流、相互学习、互相取长补短、不断提高的职业素涵养和职业技能训练的场所,“教练型”教师除了需要如上面学生所讲的“制定一个体系,坚持自己的原则做事”外,还得需要熟悉规则,注意把控场面,把握时间,及时解决学习过程中学生遇到的问题,碰到的难题,化解学生心中的困惑,调解学生间发生的矛盾,确保教学组织有序高效。

前文曾讲到过李同学遇到的“第二件事就是打分的事情,另外一个小组的人对我们的打分提出了质疑。”的事情,这种情况,在朋辈教育法的实践中会经常遇到,这个时候,有时是朋辈之间自我协调、处理了!有时就需要教师出面主持处理,李同学就是同学内部处理完后才“事后给老师说了”的。无论是事后说还是事中找到老师协调,老师都得像裁判那样,依律调解,按规则办事,既要做到“有规则”,更要让学生“懂得事后处理好关系”,在实境实事中教会学生职场知识和处事技能。

“教练型”教师的职责就是将教练思维与教练技术广泛应用于课堂教学,教师主动将传统的角色转变为“教练型”的教师角色,将学生作为被教练对象,营造良好的学习环境,让学生能够自己寻找解决问题的措施与方法,主动学习,有效激发其行为,最大程度地发挥其潜能,有效提高其综合素质与专业综合能力,培养其创新精神与探究学习意识。引入教练技术,培养“教练型”教师队伍和教学名师是职业教育类型发展需要,更是职业教育教师类型转型的需要。

三、教练技术对职业教育的适应性

职业教育是以就业为导向的教育，让学生“愿做事、能做事、会思考、能做好”，这是衡量职业教育质量水平的重要内容。目前，我国职业教育的对象主要是文化基础差、行动欲望强、抽象思维弱、形象思维并不弱的形象思维偏向型学生，他们面对抽象的文字、概念、公式等感到无所适从，面对形象生动的具体事物、实在实际的具体行为兴趣浓厚；他们对传统的知识传授十分抵触，对在大学里自我提高、学有所获却充满渴望。他们不是“孺子不可教、朽木不可雕”的教育难题，而是亟需用新教育理念和教育方式来破解的教育课题。

教练技术“对人不对事”的核心理念和“端正人的态度、激发人的潜能、改变人的意识”的主要功能符合职业学校“学生中心”的基本理念，契合职业教育课程思政“提高受教育者素质”的思想目标定位，因而，将教练技术引入职业教育的课程思政，将发挥积极作用，主要表现在以下几个方面。

（一）符合职业教育人才培养的目标类型定位

职业教育，是指为了培养高素质技术技能人才，使受教育者具备从事某种职业或者实现职业发展所需要的职业道德、科学文化与专业知识、技术技能等职业综合素质和行动能力而实施的教育。实施职业教育应当弘扬社会主义核心价值观，对受教育者进行思想政治教育和职业道德教育，培育劳模精神、劳动精神、工匠精神，传授科学文化与专业知识，培养技术技能，进行职业指导，全面提高受教育者的素质。这是《中华人民共和国职业教育法》对职业教育人才培养目标的明确规定。

无论是技术技能还是职业道德、劳模精神、劳动精神、工匠精神等都难以通过课堂听课的方式实现提高，而需要学生从实境实岗实战的实践中感悟、积累和升华，这是一个从解决实际问题、总结反思、体悟领悟再到理论回归习得的过程。因而，技术技能的提升和职业素质的提高都离不开“任务完成、过程积累、用心改进、感悟升华”等基本要素，学生只有在长期的用心完成任务的实境实岗实战过程中才可能实现技术技能与职业素质的全面持续提高，而长期的过程积累仅依靠课堂教学时间是难以实现的，必须将学生的课外时间有效融入课程学习，实现“课内与课外合二为一”；用完成任务的心态或者敷衍的心态重复做事情是无法实现能力的持续提升的，因此，长期坚持的用心改进是能力提升的关键，将每次作业完成转化为作品创新，让学生将每次完成作业的过程均视为一次作品创造的过程，实现“作业与作品合二为一”，这是持续提高学生技术技能与职业素质的必然需要；实践经验需要经过思考提炼才能升华为理论认知，由实境实岗实战升华为实感实悟，从实践到理论，实现“铸魂与强能合二为一”，获得育人实效。

原来应用于运动员运动技能训练的教练技术引入企业管理后，提升了企业管理人员的管理技能，增加了企业的管理效益。这说明教练技术既适合于技术技能训练，也适合于职业素质提升，对培养技术技能型人才具有十分重要的作用。传统的讲授式教学方法、学科式教学内容、学者式教师类型与实现职业教育人才培养目标的要求存在结构性错位。“教练型”教师主要不是传授知识，而是培养学生拓展信念和开阔视野的能力与习惯；“教练型”教师的目标是帮助学生找到人生的方向，建立人生坐标，明确人生职业发展规划；通过有效运用教练技术，协助学生厘清目标、迁善心态、改善行动，再改善、再行动；通过持续的行动、改善、感悟和积累达成求学过程中的一个又一个阶段目标；通过聆听、发问、区分、回应等方式帮助学生总结、反思、领悟、提高，帮助学生以最少的消耗达到理论习得、素质养成和技能提升的多重实效，实现“全面提高受教育者素质”的职业教育根本目标。

因而，技术技能人才的培养和职业素质的提高需要坚定教练技术的信任理念，相信职业学校的学生不是无能之人，都能够自觉地确定解决问题的战略和对策，能够自主地用心把“任务完成”好；技术技能人才的培养需要教师扮演好引路者、支持者、陪伴者和促进者等角色，引导、支持、陪伴并促进学生做好“过程积累”；技术技能人才的培养还需要教师用好教练技术的激励技能，引导学生执着改进、热衷创新、感悟领悟，帮助学生由实践到理论，实现“行知合一”。

在每一期作业汇报过程中我学习了很多知识，首先，本组汇报准备和拍摄过程中我了解了如何处理超市内部各种突发情况，同时锻炼了我们的团队合作和沟通能力。其次，其他小组的汇报让我的知识储备更加丰富，也让我学习到了其他小组优秀的一面。最后，老师每节课程的知识讲解和视频分享让我的沟通和团队协作、自控能力都有所提高。

学生在教师的精心组织下变被动听讲为主动做事、变被动接受为主动思考、变被动应答为主动发问，“做中学，学中做，学做融合”；教师由以前单一的知识讲授者变为课堂组织者、讨论发起者、困难帮扶者、问题探讨者、过程促进者、精神激励者。这时，教师的“用心聆听、及时发问、精准区分、有效回应”等教练基本能力和有序组织、细致观察、知识应用等“教练技术”应用能力对职业教育课堂育人效果有着决定性的意义。

这门课是我喜欢的课程之一，他告别了传统意义上的教学方式，更多的是让我们自己动手实践，自己去体会这门课的意义。通过本学期的学习，首先，我感受最深的是团队意识和团队协作，每一次作业都要小组十人参加，每一个人都发挥着自己的才能，充分认识到自己在一个团队中的定位；其次，是自我能力的提升，思考问题更加全面，从第一次作业中出现的问题再到下几次不会出现类似问题的深刻反思和一次次细微的进步，我们学会了从多角度思考问题；其次，三分做，七分说。本学期我汇报过两次，每一次都能意识到自己不同的缺点，第一次声音小的问题，第二次总结小组游玩时讲得太过平淡，没有激情，没有感染力。还有老师经常说的我们“没有专业的水平但要有专业的态度”，这句话让我感触比较深，原因第一是我们没有接受过专业的培训，但我们都尽力去演，尽力去排舞，即使效果不太好，但这句话像是一句鼓励，一句认可；第二是告诉我们态度的重要性，端正我们对待事物的态度，尤其是在团队中，不能因为自己不负责任的态度而让全组受到惩罚，很多技能不会可以学，但态度不好，什么也不可能学到。最后是发现美、创造美、尊重美。我的理解是发现美体现在我们小组成员对生活细节上的感悟以及分享感悟的这种体验美。创造美体现在我们小组成员共同计划、组织、协调和完善美的过程，将自己的情感注入进去创造出来的美。尊重美体现在我们看待美和创造美的态度。三者协调才是美的内涵。

职业教育的教师身教胜过言传、纠错胜过讲说、引导胜过说教。职业教育的类型地位离不开教师的类型特色支撑。职业教育“铸魂强能合二为一”的培养目标要求需要职业教育的教师由传统的知识讲授型向引导学生主动学习、激发学生学习潜力的“教练型”转变。

（二）符合职业学校学生的现实状况

无论中等职业教育还是高等职业教育从规模上基本实现了与普通教育协调发展的战略目标。学生选择接受哪种类型的教育，理论上既应与智力类型有关，也应与职业倾向有关，而我国当前的职业教育对象基本都是因不适应普通教育而被动进入职业学校的，他们文化知识基础差、理论学习兴趣低、青春叛逆心理强；他们行为张扬、个性鲜明，有时懒惰迷茫、得过且过、进取心不足；他们虽对普通教育模式充满厌倦，却对职业教育方式充满期待。

深圳职业技术学院的王兴立、白洁老师通过对本校学生的调查分析，发现学生对听觉类教学方法的期望普遍比较低，其中对传统式教师讲授知识的期望值是所有教学方法中最低的，而学生对视频类教学方法、案例分析教学法期望值均较高，因而传统的以讲授法为主的教学模式明显不符合职业学校学生的期待，而基于具体形象事物的情境式、讨论式等教学方法却深得职业学校学生喜欢。苏州工业职业技术学院张璠争通过对高等职业学校学生行为类型研究发现，高等职业学校以“学习”为首要行为的学生只占42.7%，而以“娱乐消遣”为首要行为的学生占比30.7%，以“学生活动”“陪伴朋友或恋人”“打工兼职”为首要行为的学生分别占17.2%、5.2%、4.2%。这表明，职业学校的学生学习目标呈现多元化状态。而肇庆科技职业技术学院的徐学绥老师在《高等职业学校学生学习成就动机的特点及其对学业成绩的影响》提出，大多数高等职业学校学生有想取得成就的愿望，但能坚持积极主动学习的人却不多。

这些研究结果反映了职业学校学生挣扎的心理状态。长期的类型错位教育，让不少职业学校学生要么自暴自弃、要么自卑自怜，逐渐偏离正常轨道，如抵制教师说教、讨厌教师灌输、抗拒教师批评等。但无论是高等职业学校生还是中等职业学校学生，他们内心追求自我实现和证明自我价值的愿望大多都还是强烈的，只是因为缺乏一定的条件支持，所以他们能积极主动作为的人并不多，他们虽对传统的课堂讲授不太接受，但对职业教育的情境式、讨论式等教学方法还是充满期待，他们需要来自教师的信任、鼓励、帮助和引导，更需要来自教师的自我改变。

“教练技术”源于体育，其核心原理是马斯洛的需求层次理论，其实质是如何促进人有效释放自己潜能、实现自我价值的技术。信任是“教练型”教师的首要育人理念，“教练型”教师认为世界上没有无能之人，人们能够自主地创造答案，在适当的激励下，能够自觉地确定解决问题的战略和对策；教师的主要作用是鼓励学生自主解决问题，为其自主实现目标、获取成功提供帮助；“教练型”教师的核心技能是通过一系列方向性、策略性的过程，洞察学生的心智，赋予学生强烈的动机感，促进学生发现并释放内心的潜能，主动发现问题、解决问题，自觉地设计美好的未来，促使学生将实现自我的强烈愿望付诸实际行动。所以，“教练型”教师就是能熟练掌握并有效运用教练技术，洞察学生内心，发现学生潜能，激发学生学习动力，让学生发现更好的自己，拥有更好的表现，实现自我价值的教师。

“教练型”教师将教练思维与教练技术广泛应用于课堂教学，教师主动从传统的角色转变为教练角色，将学生作为被教练对象，让学生能够自己寻找解决问题的措施与方法，营造良好的学习环境，引发学生进行主动学习，对其行动进行有效激发，最大程度地发挥其潜能，有效提高其综合素质与技术技能，培养其创新精神与学习意识。用好教练技术可以助力职业教育教师帮助学生克服“学不会”或“不愿学”的心理障碍，激发学生积极进取的内生动力，从而让学生在掌握技术技能的过程中不断积累完善相关科学文化与专业知识，全面提高自我素质。

（三）符合职业学校学生的类型特征

传统智力理论认为语言能力和数理逻辑能力是智力的核心，智力是以这二者整合的方式而存在的一种能力。因而传统的教学都以“教师讲，学生听”为主要形式，忽视了不同智力类型在认知方式上的差异。多元智能理论关于“人在特定情景中解决问题并有所创造的能力”的智能定义，打破了传统的智能观念，为我们重新审视职业教育的类型价值提供了全新视角。它关于“语言智能、逻辑——数理智能、空间智能、运动智能、音乐智能、人际交往智能、内省智能、自然观察智能”的智能类型划分和“人的智力不是单一的能力，而是由多种能力构成，培养和发展学生各方面的能力占有同等重要的地位”的理论观点，为“七十二行，行行出状元”的俗语提供了理论依据；他“每个学生都有闪光点和可取之处，教师应从多方面去了解学生的特长，并相应地采取适合其特点的有效方法，使其特长得到充分的发挥”是职业教育“学生中心”理念的理论基础。

多元智能理论认为智能没有水平高低，只有类型差异。社会上长期存在以学生文化课考试分数的高低人为地将学生划分为所谓聪明学生和笨拙学生的现象，这种单一的功利性的学生智能评价模式，减少或限制了不少学生的持续发展空间，成为影响我国教育高质量发展的重要原因。与非职业学校的学生相比，职业学校的学生不是智力水平低，而是智能类型不一样。如果说普通教育的学生都整齐地体现为语言智能和逻辑——数理智能强的话，而职业学校的学生则相对地体现为有的空间智能、运动智能强，有的音乐智能、人际交往智能力强，有的内省智能和自然观察智能强。这种“形象思维偏向型”的学生喜欢动手做事、喜欢解决实际问题、喜欢亲身体验；能够在实践中做到熟能生巧，能够从实践中获得感悟，这就是职业学校学生的类型特征。因而职业教育绝对不能再沿用传统的“教师讲,学生听”的教学模式,而必须要根据学生抽象思维能力较弱而形象思维能力并不弱的形象思维偏向型特点,构建符合职业学校学生实际情况的新的教学模式,这就需要职业教育教师从传统的“讲师”角色转向适应职业学校学生类型特点的“教练型”教师角色。

职业学校形象思维偏向型学生,“行疑思学悟”是他们最基本的认知规律,教练技术让被教练者在实战中克服“不会”的固有认识的基本方法符合职业学校学生先行后知的基本认知规律,也符合职业学校学生信真实、服事实的基本价值认同,有助于他们通过实境实岗实战获得实感实悟,改变心智,增强技能,提高综合素质,取得实效。

大学上过很多课程,这是我唯一喜欢上的课。因为上这个课的时候,大家都能一起做活动,这个课让我们逐渐地熟悉起来,消除了陌生感。而且我第一次参加这样需要“动”起来的课,也是第一次跟小组一起出去做活动,玩得很开心。课上,四个小组的奇思妙想层出不穷,每一周都有新的想法,这让我们都逐渐成长了,能力也在逐渐提升。我最大的收获是学会了做PPT,这是我们在今后工作中需要具备的能力。这门课不仅锻炼了我的动手能力,而且拓展了我的思维能力,一个学期的课结束了,我获得了许多经验,因为这个课重视学生们的素质拓展,重视教学过程的完整性,也让我们懂得了团队的重要性。这门课还注重学习能力(收集整理PPT)、表达能力(PPT讲解)、沟通能力(团队合作)的培养。老师讲课也特别有意思,能和我们互动,既有认知的交流,也有情感的交流,能够做到讲课和互动并存,我很赞赏老师的讲课方式,这门课让我收获良多。

学生“唯一喜欢上的课”是“大家都能一起做活动”的课,是“需要动起来”的课。几十个学生有效“动”起来需要教练技术的助力。“教练型”教师“对人不对事”,因材施教,不同学生知识能力结构不同,完成同一项目时所遇到的问题也不尽相同,教师讲解的内容和方式也有所不同。

四、教练技术的育人理论基础

“教练技术”本是体育教练具有的专业性的技能,是运动员在赛场上获得奖牌的重要支持力量。20世纪50年代,伴随着人类潜能运动在美国西海岸的兴起,教练技术逐步从体育领域拓展到其他领域。事实上,这是一个心理学应用的专业技能。简单地说,教练技术是促进一个人引发内在思考从而释放内心潜能的专业技能,实质是教练通过一系列有方向性、有策略性的过程，洞察被教者的心智模式，向内挖掘被教者的潜能、向外发现被教者的可能性，让被教者有效达到目标。

教练技术的实质是积极心理学、马斯洛需求层次理论等成熟学科基础的发展和应用，涉及的主要学科基础有：

积极心理学。积极心理学创始人之一的比尔·奥汉隆的重新架构法，帮助客户从另一个角度看待现有的情景；马丁·赛里格曼提出了人的成就以个人强项为基础。

意义的探索。维克多·弗兰克在著作"追寻生命的意义"提出了一对概念，"你所抵制的会持续发挥作用"与"你投入能量的东西就是你展示的东西"，他主张发现工作和生活意义的多样性。教练可以运用这些理念帮助客户将意念集中在他们的欲求和所要达到的理想结果上。

直觉疗法。维琴尼亚·萨提亚坚持用直觉让家庭问题浮出表面，从而让家庭成员加深对问题的理解和认识，而且她没有按照一开始设定的路线进行治疗，但效果却总是出人意料。她的方法被认为运用到团队管理中同样有效。

客户中心法。卡尔·罗杰斯发展了客户中心方法，认为客户有能力自己找到解决方案的，他引入无条件正向关注，倡导聆听、反省、复述、沉默和神圣空间的价值，其深度倾听、共创空间、客户导向的过程是一个教练帮助客户探索的基础理念。

人本主义心理学。人本主义心理学派格式塔疗法创始人波尔斯，主要解决价值观与行为之间的内在冲突导致的人格问题，他的空椅子、胜者和败者、两极性（黑与白的思考方式）、当下意识等工具在教练技术上应用。弗洛伊德揭示了潜意识对行为的影响；荣格则从整体和精神层面上了解人的动机，认为个体能更自主地掌控自己的生活；阿德勒主要提出了人作为社会动物是关系的重要性，他的"如果……会……"和"假如……发生，就会做……"在教练技术上应用很多。

课程思政的核心是通过一系列有方向性、有策略性的授课过程，洞察学生思想状态，遵循学生成长规律，激发学生内生动力，改变学生思维方式，形塑学生价值观念，向内提高思想政治觉悟，向外展示积极正向行为，养成良好行为习惯，成长为符合社会主义核心价值观的人格自信、思想自觉、行为自发、习惯自然的社会主义建设者和接班人，因而，教练与课程思政教师，虽身份不同却肩负相同的职责；虽面对对象不同却有着相同目标追求。

五、"教练型"教师的基本育人思想

（一）"教练型"教师的理念

教练的基本理念是世界上没有无能之人。人们都能够自主地创造答案，所有的人都是富有创造性的存在，拥有自主解决问题的能力。通过适当激励，人都能够自觉地确定解决问题的战略和对策。

"没有教不好的学生，只有不会教的老师"，此话虽然理论上有点绝对，也不符合实际。因为毕竟学生各有特点，情况各不相同，学生的成长是各方面因素综合作用的结果，仅仅依靠教师甚至学校教育单一的力量，在一些特殊情况面前，确实收效甚微，甚至难有成效。但人具有可塑性，只要方法得当，是可以被改变或被教育的，而暂时没有改变或许是我们方法不当或许是量的积累不够。

习近平总书记在一系列重要讲话和批示中，多次指出了要着力破除束缚人才发展的思想观念，推进体制机制改革和政策创新，充分激发各类人才的创造活力，在全社会大兴识才、爱才、敬才、用才之风，开创人人皆可成才、人人尽其才的生动局面。

当前职业教育教师多有职业学校学生难育好或难改变的偏见，导致这种偏见重要原因的是大多数职业教育教师坚持用普通教育模式教育职业学校学生的类型错位。职业教育的"教练型"教师要坚定"人人皆可教""人人皆可成才"等育人信念，学习教练的"世界上没有无能之人"的基本理念，坚定对职业教育学生的"可育好"信念，筑牢育人信心，切实开展课程思政建设，用心追求课程思政实际效果。

（二）"教练型"教师的作用

教练陪伴、倾听、观察并激励客户，支持他们自主解决问题，为其自主实现目标、获取成功提供帮助。教练的作用就是帮助客户，使他们将拥有的技术、资源和创造性等最大限度地发挥出来。正因如此，和教练在一起的每个人会感到愉快和幸福，同时也会成为主动争取成功的人。

习近平总书记2022年1月18日在十九届中央纪委六次全会上讲话时指出，"一百年来，党外靠发展人民民主、接受人民监督，内靠全面从严治党、推进自我革命，勇于坚持真理、修正错误，勇于刀刃向内、刮骨疗毒，保证了党长盛不衰、不断发展壮大”。

党的百年辉煌历史是外因和内因共同作用的结果，课程思政要取得实效，教师只是外因，这个外因必须要通过学生自主这个内因才能发挥作用。因而，课程思政的学生中心思想，关键是“教练型”教师要能运用教练技术调动学生的主观能动性，支持他们通过自主地解决问题实现不断地成长，为他们的成长提供实际帮助。

（三）“教练型”教师的使命

教练能赋予个人强烈的动机感，使人主动发现问题、解决问题，自觉地设计美好的未来。教练帮助人自觉采取实际行动，对于想更高效地完成事情的人、想提升自己能力的人、想拥有更幸福人生的人，作用尤其明显。当然，教练效果因人而异，它取决于教练是否因地制宜、因人而异地有效应用教练技术。教练的作用在追求变化和成长的正直且健康的人身上会得到明显体现。对于期待提升业绩、融洽人际关系、追逐职场梦想、期待开发领导力以及想要重新设定人生目标的人，教练无疑会成为其强大的推动力。

普通教育将知识传播作为教师主要任务，注重教师的语言表达能力与学术水平，语言诙谐幽默、逻辑清晰、语义准确，授课内容旁征博引、系统前沿。这是普通教育教师中心理念下对教师技能评价的必然要求。

职业教育坚持学生中心理念，关注的是教师影响学生的能力和水平，“教练型”教师课程思政的主要任务是赋予普通教育体系下厌学学生强烈的个人动机，激励他们主动发现问题、解决问题、认识自己，重新设定人生目标，自觉地设计美好未来并为之付诸行动。

（四）“教练型”教师的责任

与传授知识的老师不同，教练是通过提问来引导客户自己寻找答案的，这体现了教练的引路作用；教练也有别于拥有专业知识、能分析现象并提出解决方案的咨询师，教练是一面镜子，客户能通过教练这面镜子看到现象；教练和导师之间也存在很大差异，导师往往以成功前辈的形象出现，让被指导者把自己当作楷模并追随自己，而教练是客户真正的伙伴，他们可以让人们认识到自身独特的价值，激励人们最大限度地发挥价值。

从以往经验来看，顾问和导师往往以专家的身份与人们单向沟通，而教练进行的是双向沟通。我们在顾问或导师面前总是不自觉地把自己放在弱势地位，并会依赖于他们。面对教练，人们就成了能够自己解决问题的专家。由于教练认为人们都具备巨大潜力和解决问题的能力,所以教练的重点是为客户提供挖掘和使用潜力的机会。

教学技巧是教学艺术的重要内涵,普通教育坚持知识改变命运的基本理念,将语言表达或信息传播技术等知识呈现或传播方式及手段的应用看作教学的基本技巧,关注教师讲课是否字正腔圆、语速节奏是否合适、语调韵律是否悦耳;关注教师教具或现代信息技术是否应用熟练、选用是否适当等。

职业教育要培养学生的技术技能、涵养学生的工匠精神,关键是引导学生主动作为、用心投入、持之以恒,教师单纯的语言表达对形象思维偏向型学生的作用非常有限,学生对基于知识传播的信息化教学手段认可度也不高。“教练型”教师的主要任务是引导学生通过持之以恒的主动投入,在实境实岗实战中实感实悟,自己寻找答,自明事理、自悟原理。有效引导学生是职业教育“教练型”教师课程思政的责任。

最开始上这门课的时候,我是不太喜欢的,甚至是讨厌的,因为我觉得老师太严格了,事儿太多了。而我们组因作业没做好,他把我们全组叫到讲台上批评,我就更不喜欢这门课了,觉得都上大学了还有必要这样吗?但是后来慢慢地,我觉得这门课也挺有意思的,杨老师会让我们做一些小游戏,课堂活跃度很高,同学们的参与度也很高,杨老师也会让我们看一些激励人的小短片。还有杨老师按学号分的组,我开始也是很不情愿的,因为跟有些同学不太熟,而且觉得有些同学不认真,后来相处久了,觉得大家人都挺好的,没想象的那么糟糕。平常完成的作业都是以视频的形式展现的,最开始是简单地把几个视频拼接在一起,后来老师说声音效果不好,我又开始学着加字幕,这件事很费时间,因为有的同学讲话太快或者含糊不清,通常加一句字幕要听很多遍,但我都完成了,而且现在我越做越好了,还挺开心的。总之,这门课让我认识了更多同学,也学会了很多我以前不太会的东西。

面对一位“不太喜欢”“甚至是讨厌”这门课的同学,坚持教练的信任理念,相信他能作出改变;设计课堂小游戏帮助他克服因随机分组“跟有些同学不太熟”的不情愿,每周作业点评肯定优点、指出不足,激励学生不断改进,在“越做越好”中收获“挺开心”,全程没有教学生怎么编辑视频、怎么给视频加字幕,只是运用如“看一些激励人的小短片”等措施,引导他尽可能把事情做好。

综上所述,教练技术弥补了许多普通教育教学方法的不足,蕴含了非常丰富的职业教育思想与理念,为职业教育课程思政提供了许多新思路和新方法。正是由于上述优势,作为人们解决问题的主要工具,教练技术已在世界范围内逐渐巩固了地位;职业教育教师应加速将教练技术引入职业教育的课程思政建设中，通过"教练型"转型彰显职业教育的类型特色。

六、"教练型"教师的育人角色

（一）"教练型"教师是对话者

教练不是顾问，不是提供解决问题方案的专家，而是支持被教者正视困境。因而，教练技术是一个对话的艺术，是通过优化促进被教者识别、发现、释放自己的内在潜能的方式，并因此形成现实能力的对话。对话的目的，是让一个人可以成为最好的自己，拥有自己最好的表现。

普通教育体系下职业学校学生因文化基础课成绩较差大多被划归为差生或问题学生，长期被学校无视或被老师漠视，这导致职业学校学生对教师传统的语言教育强烈反感，职业教育的教师如果再用传统的讲授法对学生进行思想教育，不但难有教育效果，而且可能适得其反！因而，职业教育的教师要学会做一个能引导学生正视自己、发现他们心中答案的对话者，通过教练式的对话艺术，促进学生识别、发现、释放自己的内在潜能，形成现实的职业能力，获得成长的满足感，激发为实现自我愿景而高度投入的内生动力，帮助学生发现最好的自己，拥有最好的自己。

回想第一节课，我不禁感叹时间过得太快了。最后在校的一个学期已过去一半了，上"管理能力提升训练"课也两个多月了，我们"健康饮食"的活动也进行两个多月了，还好，我们"LS4"的组员大多都很认真，大家都很积极，气氛也较和谐，进程相当的顺利，也有小小的成就感，虽然我做的事真的不多。

言归正传，对于这种教学方式，确实是在以前的学习中没有遇到过。以前都是被动地接受，现在是主动地做、展示。对于我本人来说，最大的收获是在积极性方面的锻炼吧，觉得自己已经不再是完全沉闷的那种人，在合作交流的时候很开心。人真的是被逼出来的，任何时候想超越自己，就要逼自己去接受，真正接受了，会发现其实它并没有想象中那么难，很感谢杨老师给了我们一个"逼自己"的机会。

这是一位学生在期中交流时写给我的话，我只是改变了传统的教师讲学生听的模式，改由学生做教师评，让学生由被动听转向主动做、主动学、主动悟，引导学生在实现自己的愿景中识别、发现和释放自己的内在潜能,做最好的自己,表现最好的自己。

又是一次4个半天的课,上学期上您的课是在夏天,而这次是在冬天。经过这几天的学习,首先我感受到的是每个同学刻苦认真地做好自己关于大学生活的PPT;其次能感受到老师您对我们的关心。在这几天里,我学到了自己缺乏的PPT制作技能,以及一个人在讲解PPT时候的仪容仪态。最后是每位同学讲解完自己关于大学生活PPT之后,我才发现很多同学都有趣的一面,这让我更深入地了解了他们。希望无论是在以后的学习还是工作生活中,自己都能够全心全力地去对待每件事,去拼搏!

4个半天的集中实训课,我通过让每位同学展示自己过去两年的大学生活,一方面引导同学们自己与自己对话,另一方面促进同学们相互间交流。因而,教练技术所强调的对话艺术不仅是教练与被教者之间的直接对话,还包括营造对话氛围、构建对话平台、组织对话活动等内容。这是"教练型"教师应具备的全面互动的教学能力。

(二)"教练型"教师是引路者

教练不是传统意义上的老师,教学生一滴水自己先得有一桶水,甚至不比被教者懂得更多,虽然他们不一定灌输概念和知识,但他们能支持被教者发掘自己的潜力和智慧。教练犹如一面镜子,以教练技巧反映对方的心态,使对方洞悉自己,并就表现的有效性给予直接回应,令对方及时调整心态,认清目标,以最佳状态创造成果。教练的主要任务就是指导被教者如何进行行为改变,让其全身心朝着自己期望的目标前进。

通过改变行为正向震撼学生思想是课程思政的路径选择之一,普通教育教师坚持知识改变命运的信念,希望通过知识的传播者塑造学生的思想、改变学生的行为,这对普通教育下的学生或许有积极作用。职业学校形象思维偏向型的学生不适应普通教育的育人模式,对教师灌输概念或知识的行为内心抗拒,甚至反感,因而,对于职业教育的课程思政,"教练型"教师的首要任务是指引他们洞悉自己、帮助他们发掘自己的潜力和智慧,同时,要能及时了解他们的心态,对他们的表现给予直接回应或反馈,引导他们及时调整心态、认清目标,让他们以积极的状态追求自己的理想目标,做学生人生路上的引路者。

跟着组长一起做活动,进行讨论、汇报,一开始我们慢慢地磨合,有很多的意见、想法可能不同,但是又不说出来,时间一长,我仿佛真的体会到了当初老师说的团队合作、自我管理是什么。以前做什么都喜欢自己一个人,不喜欢太热闹,其实后来发现也还好啦,有些事情一个人真的做不好。在小组里面,我也学会了相互包容、体谅,特别是组长对我们关爱有加，她的责任也很大。这门课呢，我觉得互动很多，经常需要我们自己讨论，不过这好像慢慢提高了我们的沟通能力，让我在有些方面不再那么尴尬。不过上完这门课程也有一些遗憾，虽然很讨厌上课，但其实突然结束了，好像又不习惯了。不过，还是谢谢您，杨老师，让我们有了一次新的体验。

面对讨厌上课的学生，苦口婆心说教是难有成效的，因此，需要通过制定课程学习规则，设计课程学习任务，坚持每周检查任务完成情况，引导学生及时调整心态、认清目标，主动解决团队合作中存在的问题，体悟团队合作的重要性，提高自我管理能力，学会主动沟通协调、相互理解。这个时候教师就是引路者，引导学生以积极的状态走向追求自己理想目标的逐梦之路。

（三）"教练型"教师是支持者

教练不是心理医生，不会去干预被教者的情绪，而是支持对方提升自己管理情绪的能力。教练的工作就是运用专业教练技术准确客观地反映当事人的实际现状，反映当事人的真实现状和局限，同时让对方看到自身更多的可能性，给对方一个重新选择的机会。被教者通过教练这面镜子看到真实自己的时候，更易找到属于自己内心的"宝藏"，有效地将其整合运用，从而实现自己的目标。

提高自我管理能力是职业学校学生普遍的思想需求，也是职业教育课程思政的重要任务之一。单一的听讲是无法提高学生自我管理能力的，常规的语言交流也难以提高学生的自我管理能力。职业学校学生提高自我管理能力需要教师运用教练技术帮助他们了解自己的真实现状和局限，支持、帮助或鼓励他们作出改变，拓宽视野，看到更多可能性，并协助学生结合自己实际情况重新作出选择，追求自己理想。

【案例分享】

2020 年 10 月 9 日，我在上 2020 级新生的第一堂课时，有位殷同学未到，经同学多方联系后他才赶到课堂，课后与之交流，他告诉我因不与班上其他同学住一个寝室，所以不知道今天有课！期末成绩出来后，他成了班上两位挂科的同学之一！大一第二学期，我们又有过多次交流，这学期我的另一门课他终于顺利过关了，但因以班级最低分过关，他不甘心，2021 年 6 月 11 日，给我发 QQ 消息：

同学：杨老师，我不服哦，为什么冉 XX 和李 XX 的分比我高？我竟然垫底！

老师：垫底也还是及格了，还是要表扬一下的。

2021 年 9 月 8 日，他再次给我发 QQ 消息：

同学：杨老师，您的课可能我近段时间不来了，我申请了休学，感觉在学校无所事事，想出社会深造半学期，下学期来把您的课补上。

老师：好的，好好出去锻炼锻炼吧！但休学是要修一年哦！（支持学生的决定，这个时候特别重要）

同学：请假半年吧，感觉心太浮躁了！

老师：休学只能是以年为单位，也就是半年后你回来，就只能跟今年的新生一起学习。

同学：年为单位，我明白了。

2021 年 9 月 13 日，他又发来消息：

同学：杨老师，我的想法是现在休学，明年三月份去当兵，但是家里反对我现在休学，只支持我明年三月份去当兵，这段时间我真的无所事事，你缺助理吗？我想给你当助理，让自己忙起来，在你身边也可以学到一些东西。

老师：可以啊！（学生想做事，有条件要支持，没有条件创造条件也要大力支持）

同学：那我明天就来找您，叫我做啥我给您做啥。

杨：好！

于是，我把他编入了 2021 级学生课堂，与 2021 级学生一起重修大一第一学期他没有及格的课程，同时担任我的课程教学助理，帮助我处理课程教学过程中的一些事务。另外，我还给他安排了课外学习内容，要求每周二下午向我汇报学习情况。

2021 年 9 月 23 日，根据他的情况，准备安排他去参加一项职业技能竞赛，他表现出高度热情，后因疫情被迫取消。

2021 年 10 月，学校公布了每学期一次的学籍清理警示名单，殷同学课程不及格学分达到相应标准，名字不出意外地出现在学籍清理警示栏里。

2021 年 10 月 12 日，估计是国庆节玩嗨了，他没有汇报课外学习内容，于是我主动联系他：

老师：你人呢？

同学：在寝室啊，杨老师怎么了？

老师：你在寝室干吗？国庆前我怎么给你安排的？

同学：那个我看不懂，太难了！

杨：你在寝室睡觉能睡出容易来？1+1=2是容易，你现在学来有用吗？

同学：没有睡觉！我还是在看你给我的视频。

老师：你都看了些什么视频？把你看过的内容写给我。

同学：业务指标表，看不懂，后面就开始滚雪球了！

老师：看不懂不知道问？不知道学？

2022年1月21日，我再次收到殷同学的QQ消息，他向我报告：

同学：杨老师，我这学期一科都没有挂！

老师：（一个肯定的表情包）

同学：感谢杨老师这学期抓了我一把，不然结果又是惨不忍睹。

老师：关键还是你懂事了！

同学：感谢杨老师栽培！

一年半以来，我们之间还有很多互动无法在此一一用文字表述，面对此类学生，课堂上简单的语言教育基本是无效的，激发学生产生做事的想法才是课程思政的首要任务。这个时候学生想做什么，我们首先不是去帮助他分析对错或可行与否，而是先表达支持，再告诉他可能会遇到什么问题，给予他充分的提醒！

我其实自始至终都没有对他提过课堂学习的事，但最终他却交出了一年半以来第一次所有课程全部过关的成绩单，这就是所谓的传“道”，解决了“愤”和“悱”的思想问题这个“道”，课程学习这个“业”就不是什么大问题，甚至根本就不是问题。

（四）“教练型”教师是引领者

教练不针对你的过去，而是关心你的未来；“对人不对事”，不提倡“对事不对人”，因为事情是由人解决的，教练相信并支持你自己解决；教练不是知识训练或者技巧训练，而是一种拓展信念与视野的能力和习惯的培养；帮助对方建立坐标，帮助当事人确定方向。只要找到了方向就不怕没有路，只要找到了路就不怕路远。运动场上，体育教练的目标是带领运动员去赢得体育竞技的奖牌；人生道路上，教练的目标是帮助当事人找到人生的方向，即以最少资源消耗取得最佳效果的“通路”。教练通过专业教练技术的运用，协助当事人厘清目标、改善行动，再改善、再行动，达成人生的一个又一个目标，赢得人生的“奖牌”！

迷茫是青年学生的成长困惑，职业学校学生因以前在普通教育体系里的类型错位教育,面对未来更显迷茫。因而,帮助学生找到人生方向,定位前行坐标,是职业教育课程思政的重要任务。教育是做增量的,抱怨学生过去是没有意义的,着眼学生未来才是每位教师应尽的职责。教育是塑造灵魂的工程,解决人的问题才是根本,课程思政应该也必须坚持学生中心理念,"对人不对事",始终把目光聚焦在学生身上,关注学生的成长。课程思政的核心内涵就是帮助学生坚定理想信念,养成良好行为习惯,做到知行合一,行知一体,自然自发,始终在正确的方向上前进,少走弯路,不走邪路。

职业教育教师面临的课程思政最大挑战是如何让学生听从指引,正确前行。这需要职业教师深入系统学习并理解教练技术,兼顾学生群体共性和个体实际差异,娴熟并艺术应用教练技术,征服学生。

2021 年 5 月 27 日,听说 2018 级有位同学专升本成功了,我当时有点意外,于是在 QQ 群里找到这位姓陈的同学,与她有一段对话:

老师:小姑娘,听说你专升本成功了,祝贺你哟!

同学:居然传到你耳朵里了!谢谢杨老师的关心!

老师:怎么?不想杨老师知道啊?

同学:没有没有!好事怎么会不想让老师知道。

老师:开个玩笑,真心祝贺你!

同学:谢谢老师!

老师:听说你成功了,我是特别开心!

同学:我也没想到能成功,都是运气!

老师:运气的基础是实力和态度。

同学:主要还是你把我拉回来了!不然一直都不听课、不进取!谢谢您,老师!

老师:你有想成功的态度,再有了能成功的实力,然后才会有能成功的运气。

同学:没想到你还会关心我的成绩!

老师:我的课不听不影响你专升本!我们专业每个孩子的进步,我们每个老师都是非常高兴的,也都是时刻关注着的!

同学:有空回来看您!

老师:嗯,欢迎你们随时回来!

同学:好的好的!

陈同学专升本成功之所以让我意外,是因为在大一大二两年时间里,无论是在我的课堂还是其他老师反映的情况，这个学生基本都是抱着手机打游戏，很少有在课堂上学习的时候。用她自己的话说就是"一直都不听课、不进取"，更让人意外的是她居然说是我把她"拉回来了"。两年时间，我没有专门针对她开展过系统的课程思政设计，当听到她说这句话时，这让我想起了2020年1月份的网课，当时她因为不认真完成作业，被我严厉批评，但在批评前，我先与她进行了深入的沟通。

一次是2020年3月5日，因她作业完成质量不高，我对她进行了批评并要求她马上修改，她修改完后联系我：

同学：后面多的评论我也删完了！

老师：嗯，看到了，小姑娘，这学期这认真劲儿要保持哟！

同学：好的，谢谢老师的提醒哈！

老师：上学期玩了一学期，这学期总还是要认真点了吧，不然，大学就结束了哟！

老师：嗯，好！

另一次是2020年3月8日，当时布置的任务是在网上阅读他人完成的作业，然后给出评论并打分，结果陈同学有一半的评论是直接复制前面其他同学的评论，于是我把她所有与别人完全相同的评论截图发给她，然后她回复我：

同学：老师，有一些我的确不知道该怎么评论，我就问了一下别人。不会有下一次了！

老师：你这个是在公共区域完成的作业，所有人都能看到你的评论！

同学：知道了，老师，不好意思，没有下次了！

老师：在课堂上肯定要拿出来给大家讲了，你要有思想准备！小姑娘，我从大一就说过，不做也比抄作业强！这都大二了，还犯这样的错？

同学：老师，这是第一次也是最后一次！

老师：好吧！相信你！在班上通报是为了警醒其他同学，这也算是你作出的"贡献"吧！

同学：可不可以不点名？你可以给我一次机会吗，老师？

老师：但是你打的所有分数都将作无效处理，同学们在统计自己的分数时就不能计算你的分数！

同学：那我这次又要扣分了吗？（注：开始因没有按时完成网络作业，已经被扣掉5分）

老师：扣分那都是按规定办！这学期才刚开始，希望你别像上学期一班的两个同学一样不过关!

同学:哎,好吧!

老师:你前面扣过分?

同学:前面有一次作业没做,我根本不知道,然后就扣了5分。我也不知道是什么作业!我这边信号不太好。我都是用流量在上课!

老师:难为你了!有特殊情况一定要及时与老师沟通。非常时期,困难要自己想办法克服,这学期我们设置有10分的加分项,后期你努力争取吧!明天要组织学习课程考核方案,只要你学懂弄通,再按方案规定去争取分数,相信你是能过关的!

同学:嗯嗯,好,谢谢老师!我争取后面不再被扣分了!

老师:我们共同努力吧!

同学:好!

老师:有这个态度,明天的通报也就不算什么了!犯错也不怕,改了就是进步,进步了挨批也值了!

同学:好的,老师,知道了!

育人为先是课程思政的核心理念,与陈同学半小时的一对一交流,不是在课堂主渠道,而是网络渠道;批评不是目的,让学生内心接受批评并愿意为之改变才是目标;网络课堂,特殊情况,多理解学生遇到的困难,并及时给予帮助,才能在解决实际问题中收获学生信任。

2020年5月10日,网课进入期末阶段,陈同学因为前面的扣分和不认真得分较低,即将面临课程期末考核不过关的情况,于是我找到她:

老师:你现在还差几分才能过关?

同学:3.31分;不是,3.19分。

老师:嗯,知道了!

同学:有办法补救吗?老师!

老师:正在想办法!

同学:好的,老师!

职业教育课程考核的目的是对课程学习过程的认定,过程中做好了,课程考核自然过关,过程中有进步,课程考核也可以过关!当然,必须是有规则地过关,而不是形式远大于内容的补考、重修!相较于学生的态度转变、行为改变,课程考核得分已显得不那么重要了!

陈同学说的“主要还是你把我拉回来了!”应该指的就是这两次网络谈话和最后的课程考核过关。事实上,我没有给她讲多少大道理,只是帮助她度过了人生迷茫期而已。

2021 年 5 月 25 日,陈同学主动给我发 QQ 消息:

同学:杨老师,我被录取了,给你报个喜讯!(录取通知书图片)

老师:祝贺小姑娘!

同学:谢谢杨老师!

陈同学能选择专升本是我没有想到的!作为老师,课程思政最重要的任务就是为那些路走偏了的或停下来不知道往何处走的同学把好方向,引导他们走正确的道路,至于他们在正确的道路上能走多远,那就要看他们的努力和能力了!

(五)“教练型”教师是陪伴者

教练能够站在被教者的立场,看其所看,听其所听,感受其所感受,是被教者生命旅程中的忠诚支持者。被教者的目标就是教练的目标,在被教者实现目标的过程中,教练永远是支持者。在被教者取得进步、获得成功时,支持被教者再接再厉,再创新高;在被教者灰心丧气、遭受挫折时,教练会引导被教者看到困境对于自己的正面价值和意义,并支持被教者挑战困难、迎难而上。

普通教育体系下,职业学校学生被教师漠视、社会歧视,他们的内心是脆弱的,也是孤独的,他们需要有人理解,需要有人支持,需要有人肯定,更需要有人陪伴。职业教育的课程思政要解决学生的思想问题,得先解决学生的实际问题,“教练型”教师就是要多站在学生的立场上,了解学生所看、倾听学生所听、感受学生所感,给予学生足够的理解、支持与帮助,引领学生进入以前所不曾见、所不曾听、所不曾感的新心境,由衷地为学生的进步成长感到高兴,并及时鼓励,强化正面效应;帮助学生分析挫折失败的原因,解析成长价值,坚持陪伴学生前行,让学生在不断克服困难的过程中日益成长、成熟。

2018 年 10 月 11 日,有位参加企业顶岗实习的学生在实习日志里写道:

又是这个时间来写日志,看了杨老师给我们每篇日志的回复,感觉自己一天不记录一下自己的工作都有一些不好意思,还是很感谢杨老师对我们的关注。

“又是这个时间”是指加班后的凌晨 3 点以后。学校要求上班期间必须每天写日志,因上班期间工作太忙,她经常是在下班后马上写日志。学生在企业,老师在学校,我坚持对学生写的每篇日志必读必复，通过阅读和回复实习日志陪伴着他们一步步成长。

这让我想起了2010年有位学生发给我的邮件，当时我刚开始作教学改革，想了解学生对改革的内心接受程度，于是在课程进行到第四周，我让全体同学将前4周的学习体会或建议形成书面文字以邮件形式发给我。我对学生发给我的每封邮件都及时阅读并认真作了回复，后来，我收到一位同学的第二封邮件，内容很简单：

老师，真的越来越喜欢你了，真好，每个同学发的邮件你都回复了的。真的是对我们负责的，不是吹捧你，说的是真心话，谢谢老师！

用实际行动陪伴学生成长，让学生感受到老师的陪伴，是职业教育课程思政实践的重要路径之一。

（六）“教练型”教师是促进者

在培养被教者的过程当中，教练如同催化剂，充当了促进者的角色。教练通过应用聆听、发问、分享、体验、交流、整合、应用、嘉许、支持、挑战等教练技术，使被教者更加明确自己的方向，充分挖掘自身的潜能，善用自身的所有能力，从而从平凡走向优秀，从优秀走向卓越。

育人的关键是引导学生自省自悟、自主自行。思政课程是以政治理论武装学生头脑，期待学生知行合一；课程思政特别是职业教育的课程思政，主要应通过应用聆听、发问、分享、体验、交流、嘉许、支持等教练技术，融思想教育于课程学习过程，促进学生在课程学习的行动中主动体悟、用心感悟、自主省悟，是由行到知再由知到行的良性循环，“教练型”教师的主要任务是促进学生采取行动，引发思考，升华感悟，养成习惯，在看似平凡的道路上逐步走向卓越。因而，职业教育的课程思政要求“教练型”教师要当好促进者，而非传播者。

2018年，我用一学期时间，守好课堂主渠道，通过每周观察学生的表现，适时调整育人策略，综合运用游戏体验、朋辈交流、心得分享、嘉许支持等手段，成功帮助一位学生实现转变，案例名为《此时无声胜有声》。之所以取这个名字，是因为一学期以来，我基本没有与这位同学有过任何的所谓思想教育上的语言交流，只是默默地当好一个促进者。此案例因时间跨度长，环节内容多，这里就不作详述。

课程结束后该班另一位学生写的“本门课程学习过程中你印象最深的三件事”：一是老师对教育的用心程度达到了极致；二是小组成员间的感情更深；三是学生之间的相互

制约与管理。

我的教学重点是运用朋辈教育法，让学生之间通过交流、分享实现共同进步，发挥好促进者的作用。

这次的管理课确实刷新了我的认知。的确，他可以教会你很多难以用语言叙说的东西。“寓教于乐”这四个字非常适合杨老师的上课风格。我参与并极大地享受了课堂的每一分钟，每一次的合作、讨论与行动对我都有着不一般的启迪性，今天收获很大，难以用语言去形容。

其实刚开始上这门课的时候我确实有点疑惑，因为从来没有体验过这种上课的方式，刚开始也不知道老师的用心，不知道这样的方式究竟能让我们学到一些什么东西，感觉好像跟玩儿似的，老师让我们自己每个星期提一个新的点子。通过小组的每一次合作、讨论，我发现大家都在不断地提高自己的技能，不断地学习更多的新东西，每一次合作都是一个提高我们团队凝聚力的过程。虽然我们团队可能不是最优秀的，但是我觉得通过这一学期的课程，每个人都得到了提高，这就是我们的收获。在我看来，这比得到一个优异的分数更加重要，所以下学期继续努力吧，让自己成为更优秀的人！

通过学习本门课程我体验了以前没有接触过的教学方式。以前都是拿着一本书，老师从头到尾看着书讲。而本门课程，从开始的被动学习到现在的愿意去学习，从最开始的新奇到现在知道怎么去完成，怎么样做会更好，我们学到了很多。刚开始我们小组选择了一个很好的主题，却没有很好地表现出来，只知道讲别人的故事，并没有自己动手，后来我们开始慢慢做手工品，并且开始现场汇报表演。刚开始时，学习小组开会时常有人迟到，后来大家都慢慢认真对待小组作业，迟到的人也越来越少，大家都积极为每周小组作业想主题，虽然刚开始大家的意见都会多少有些不和，但大家都会商量，并且很好地解决问题。我们知道了如何协调团队之间的关系，增强团队合作意识。

面对一开始不理解、不愿意改变的同学，教师就要像教练一样充当好促进者，督促学生走上人生的正确轨道，实现自己想要的未来。

“教练型”教师是基于“教练技术”的师资队伍建设新理念，丰富了职业教育教师的职责与内涵，在积极推进职业教育改革的实践中，职业教育教师不再是单纯的知识传播者，而是承担了更多职责，扮演了更多角色。

职业教育是不同于普通教育的教育类型，改变自己是所有从事职业教育的教师要面临的最重要的课题。我国当前的职业教育教师基本都是在普通教育的环境中成长起来的,对以“学生中心、能力培养”为核心理念的职业教育几乎完全陌生。更新教育理念对于职业教育教师尽快转变角色、了解和熟悉职业教育、推进育人模式改革、完成职业教育的人才培养任务至关重要,是职业教育教师应具备的最基础的能力。颠覆自己对传统教育的认识,树立职业教育思想,加快实现由“讲授型”教师向“教练型”教师转变,这需要职业教育教师不断地激励自己,改变自己,修正自己,去接受全新的教育要求,完成自我的蜕变。

网传有一个段子,或许对于职业教育教师的“教练型”转型有些帮助。

一个朋友,淘宝用户名是“我爹”,每次快递员给他送货的时候总是很为难:“你是…我爹吗?”“你是我爹吧,下楼取快递。”“是…我爹…吧,这有你的快递…”这让快递员很是苦恼。

有1天快递员在送快递途中遇到他中学时的语文老师,跟老师说起这事。语文老师给他支了一招!后来……

快递员:喂你好,你叫我爹对吧?

朋友:你……是?

快递员:你是不是叫我爹?

朋友:你是谁?

快递员:我问你叫我爹对不对?

朋友:你到底干啥?

快递员:你要是叫我爹我就把快递给你送过去。要是不叫,我就给你退回去!

网络上将快递员的“反败为胜”归功于语文老师,归功于知识的力量!其实,没有那么复杂,快递员只是因为身陷其中,一时迷糊,没能找到问题的关键!语文老师作为局外的旁观者,非常清楚问题的关键在哪里,抓住关键问题,迅速作出改变,马上就形势改观!

不少职业教育教师身陷类型错位育人困境难以自拔,把问题归罪于学生基础差、素质低等非关键原因,这不但无助于困境的消除,还会让自己在类型错位育人的困境里越陷越深。因而,“教练型”转型,教师个人自我革新的勇气很重要,职业教育的相关配套政策或管理制度的完善更重要!只有当我们的配套政策或管理制度实现了由“教师中心”向“学生中心”的转变,职业教育教师的“教练型”转型也就水到渠成了!在当前配套政策或管理制度尚不健全的状态下,职业教育教师只要切实抓住“学生中心”这个关键,完成由“我要讲什么”转向“学生需要做什么”的理念更新,“教练型”转型也就基本实现了。

参考文献

[1] 陈华栋,等.课程思政:从理念到实践[M].上海:上海交通大学出版社,2020.

[2] 徐国庆.从分等到分类:职业教育改革发展之路[M].上海:华东师范大学出版社,2018.

[3] 白显良.隐性思想政治教育基本理论研究[M].北京:人民出版社,2013.

[4] 孙培青.中国教育史(修订版)[M].上海:华东师范大学出版社,2000.

[5] 陶行知.生活即教育[M]//中央教育科学研究所.陶行知教育文选.北京:教育科学出版社,1981.

[6] 张岩,李新纲,朱秋莲.产教融合视域下应用型高校“课程思政”建设的问题与策略[J].教育与职业,2021,987(11):77-82.

[7] 刘建军.课程思政:内涵、特点与路径[J].教育研究,2020,41(9):28-33.

[8] 朱厚望,龚添妙.高职教育人才培养目标的历史演变与再定位[J].中国职业技术教育,2020(7):66-70.

[9] 王莉.试论“课程思政”的教育理念在高职院校“三教改革”中的实践路径[J].黑龙江教育(理论与实践),2020(6):18-21.

[10] 李忠军,刘建璋.无产阶级思想政治教育的立场、任务与实践原则:基于马克思恩格斯相关论述的考察[J].教学与研究,2020(1):24-31.

[11] 王丰晓.课程思政理念下高校工匠精神培养研究[J].高教学刊,2019(9):148-150.

[12] 刘聚晗,王宏林.黄宗羲对传统儒学教育理念的修正与发展[J],济宁学院学报,2019,40(3):17-21.

[13] 杨燕.儒家教育思想对现代教育的影响[J].管子学刊,2019(4):109-114.

[14] 姜大源. 跨界、整合和重构:职业教育作为类型教育的三大特征:学习《国家职业教育改革实施方案》的体会[J]. 中国职业技术教育,2019(7):9-12.

[15] 陈正江. 基于跨界特征的高等职业教育类型特色建构[J]. 职教论坛,2019(3):139-143.

[16] 宫维明. “课程思政”的内在意涵与建设路径探析[J]. 思想政治课研究,2018(6):66-69,91.

[17] 石书臣. 正确把握“课程思政”与思政课程的关系[J]. 思想理论教育,2018(11):57-61.

[18] 成桂英. 推动“课程思政”教学改革的三个着力点[J]. 思想理论教育导刊,2018(9):67-70.

[19] 史巍. 论以“课程思政”实现协同育人的关键点位及有效落实[J]. 学术论坛,2019(16):218-219.

[20] 陆道坤. 课程思政推行中若干核心问题及解决思路:基于专业课程思政的探讨[J]. 思想理论教育,2018(3):64-69.

[21] 杨兴林. 关于高校立德树人问题的思考[J]. 重庆高教研究,2018,6(1):118-127.

[22] 靳诺. 立德树人:高等教育的根本任务和时代使命[J]. 中国高等教育,2017(18):8-12.

[23] 邱伟光. 课程思政的价值意蕴与生成路径[J]. 思想理论教育,2017(7):10-14.

[24] 高德毅,宗爱东. 从思政课程到课程思政:从战略高度构建高校思想政治教育课程体系[J]. 中国高等教育,2017(1):43-46.

[25] 高燕. 课程思政建设的关键问题与解决路径[J]. 中国高等教育,2017(C3):11-14.

[26] 刘幸幸. 蔡元培德育思想对当代中国德育的启示[J]. 理论观察,2016(4):141-143.

[27] 顾坚男,黄群芳. 习近平系列讲话精神对思政课教学改革的几点启示[J]. 教育教学论坛,2016(20):85-86.

[28] 刘晓. 论职业教育的本质属性[J]. 教育与职业,2010(10):12-14.

[29] 高贵和. 论当代中国思想道德教育对先秦儒家道德教育的借鉴[D]. 合肥:安徽大学,2010.

[30] 汤广全. 自由与和谐:蔡元培“五育并举”观研究[J]. 教育学术月刊,2009(1):38-42,55.

[31] 和震. 论现代职业教育的内涵与特征[J]. 中国高教研究,2008(10):65-67.

[32] 徐国庆. 杜威职业教育思想论介[J]. 河南职业技术师范学院学报(职业教育版),2003(2):70-73.

[33] 徐国庆,石伟平. 杜威论职教与自由教育的整合[J]. 河南职业技术师范学院学报(职业教育版),2001(6):43-47.

[34] 习近平. 把思想政治工作贯穿教育教学全过程开创我国高等教育事业发展新局面[N]. 人民日报,2016-12-09.

后　记

2011年,有感于学生的学习盛况、学习才能的展示及课程学习过程中的积极、主动、用心,特别是课程期末汇报时的精彩演绎和创新创意,我萌生了要写一本书的念头,不为别的,就想与大家分享此刻作为职业教育教师的巨大幸福感。但那个时候各方面条件都不够成熟,写书的想法难以变为现实,因此一搁就是十年。

2011年12月8日晚,课程结束后,我回到家怎么都难以入眠。学生本学期课程学习过程中的点点滴滴不断涌入我的脑海,实在难以抑制激动的心情,为纪念那个美好而幸福的学期,我起身即作四首小诗,聊述心境,以自勉自励:

师惑

月影孤灯伴银屏

日耕夜作苦沉冥

万里长卷纸一张

激情一焚亮烛荧

这几句描述的是我们多数职业教育教师也包括不少普通教育教师的困惑。教师们每天对着电脑屏幕"春蚕到死丝方尽",可结果呢?当时网络上的新闻是高中学生高考结束,炎炎烈日在学校操场上焚书烤火。那熊熊燃烧的火焰,亮过任何教师蜡烛或烛群的光,教育要再不改变,那烧掉的就不仅仅是万里长卷了,而是万里"长城",是祖国的未来。

师悟

瓮破烟消云已散

瀚网无界须臾间

燃烛何堪激焚焰

重筑天梯勇登攀

这几句描述的是我当时的心境。互联网时代,时空、地域等限制被大大消除,学生如果想学习可随时随地自主学习。这时候,如果教师还迷恋神龛上“天地君亲师”的所谓教师权威,抱残守缺,故步自封,那点微弱的烛光就将被激情燃烧的“书焰”盖住光芒。教师职业的未来在于教师要勇于做出改变,勇于重筑天梯再登攀。

师寄

十年寒窗盼曙光

十年之后路茫茫

激焚何须怨烛荧

携手迈步跨甘凉

这几句诗是写给学生的。小学、初中、高中共 12 年,特别是高中 3 年,老师们总给学生灌输一个错误观念:现在好好学习,到了大学就可以好好玩了!这个观念确实支撑了不少学生在高中时苦苦求学,但是也让不少学生进入大学后陷入迷茫,因为他们发现真正的大学生活不可能如他们想象的那样“好好玩耍”,有学生将这种落差归咎于大学老师的严格,从而引发师生间的矛盾,这需要师生共同改变,共同面向未来。

师慰

曦阳初升孕万物

巫山云雨又何如

有限青春无限好

烛光摇曳泪亦珠

这几句描述的是我那一学期的感悟。2011 年,职业教育已经进入骨干院校建设的新时期,但职业教育的地位依然处在艰难探索阶段——学生遭歧视,教师陷困境。2011 年,也是我推行职业教育教学改革的第三年,学生们的表现越来越好,愈发坚定了我对“职业学校学生不是差生而是另一种类型学生”的基本判断;我始终坚信,只要学生能保持这种良好的状态,职业教育就有被认可的一天。教学改革的成效不是教师有多厉害,而是教师终于找到了“正道”,即遵循了职业教育的规律和类型特点。职业学校的学生不仅不是差生或问题学生,而且能在有限的时空里演绎出“无限好”的青春。此时此刻,教师的滴滴烛泪都如珍珠般珍贵。

改革是职业教育唯一的出路,却不是一片坦途,2013 年 1 月 7 日,我曾在给一位学生的邮件中写道:

说内心话,这学期跟你们的相处我真的感到很累,但我始终相信一点,那就是要想有收获,就必须要先有艰苦的付出,否则,即便是得到了,也不可能有成功与幸福的感受!

在期末的小组汇报会上,我被你们的认真与努力深深地感动了,那一刻我真的感到内疚,因为在这个过程中,我真的想过放弃!

其实,真要感谢你们的坚持,因为有你们的坚持,所以才有我的坚持,你们成长了,杨老师也在你们身上学到了很多,这为我以后的教学工作提供了宝贵的经验!

我还清楚地记得你在课堂对我提出反对时的表情,但我更记得你在镜头前那从容自若的讲解,有句话送给你:"做自己想做的事叫喜欢,做自己不愿做的事叫坚持,做自己不敢做的事叫突破",你愿意选择哪一种呢?

职业教育被称为兜底教育,职业教育教师如果选择了放弃,职业学校学生毕业后将面临社会的残酷,这不是他们这个年龄应该承受的!在教育大众化的今天,社会理应为他们提供适合他们的教育,以保障他们受教育的权利。类型错位教育对他们是极为不公平的。我很庆幸我当时坚持下来了,我也很感谢给了我动力的学生,是他们用自己的行动支撑了我继续前进,正所谓"携手迈步跨甘凉"。

转眼间十多年过去了,学生换了一茬又一茬,成长了一批又一批。今天,课程思政成为国家战略,全员行动,"三教"改革如火如荼,类型特色发展成为职业教育的根本任务,写本书的念头再次涌上心头。限于理论水平和学术能力,此书虽名为《职业教育课程思政类型特色论》,但更多的只是经验分享与思想交流,仅供职业教育同行参考借鉴。

为了真实再现教学改革的过程,本书引用的学生材料基本是原文摘录,尽管对如"得""地""的"的混用和语法错误、用词不准等明显问题已做出修改,但难免有所疏漏;在描述事实或案例时,多随性地使用了白话语言或日常用语,人称也为"第一人称",目的是更充分地与同行交流,但表述上可能存在不够严谨或严肃的问题,如影响了阅读,在此致以诚挚的歉意。

职业教育类型发展是个宏大的命题,职业教育的类型理论研究是项系统的工程。本书基于人才培养的目标类型和人才培养对象的智力类型两个视角,阐述了职业教育不同于普通教育的根本区别,是立足于十多年"三教"改革的成功实践,也是为了服务于"三教"改革的持续推进与推广,为"三教"改革形成职业教育的类型特色提供一些思想和思路,如能为职业教育的类型特色发展起到微弱作用,此书也就功德圆满了!